课程思政特色教材
现代经济与管理类系列教材

国际商务谈判实验教程

郝　凯　白小伟　孟东梅　潘素昆　邓　炜　编著

清华大学出版社
北京交通大学出版社
·北京·

内 容 简 介

本书为针对经贸类相关专业国际商务模拟谈判的实验辅导教材。该教材以国际商务合同的签订和执行为主线，针对合同签订和执行各环节的问题来安排章节，组织实验内容。本书由实验介绍、国际货物贸易谈判、其他国际商务谈判和实战演练 4 篇组成，各篇之间既相互独立又相互衔接，层层推进；每个独立实验在内容设计上统一有实验背景、实验目标、课程思政导入、实验准备、谈判技巧、谈判常用语、实验小结、延伸案例、课程思政案例及问题思考等栏目，栏目和内容设计的独特性便于教师和学生迅速理解和掌握实验要求与内容。全书可操作性、专业性、针对性和实用性较强，能给读者在学习和实践工作中指导和帮助，可作为高等院校经济类、管理类及工科类专业的国际商务谈判课程的教材，也可作为从事国际合作与交流等工作人员的培训教材和参考读物。

本书封面贴有清华大学出版社防伪标签，无标签者不得销售。
版权所有，侵权必究。侵权举报电话：010-62782989 13501256678 13801310933

图书在版编目（CIP）数据

国际商务谈判实验教程 / 郝凯等编著. — 北京：北京交通大学出版社：清华大学出版社，2023.8
ISBN 978-7-5121-5052-2

Ⅰ. ①国… Ⅱ. ①郝… Ⅲ. ①国际商务-商务谈判-教材 Ⅳ. ①F740.41

中国国家版本馆 CIP 数据核字（2023）第 145499 号

国际商务谈判实验教程
GUOJI SHANGWU TANPAN SHIYAN JIAOCHENG

责任编辑：	吴嫦娥
出版发行：	清华大学出版社　邮编：100084　电话：010-62776969　http://www.tup.com.cn
	北京交通大学出版社　邮编：100044　电话：010-51686414　http://www.bjtup.com.cn
印 刷 者：	北京鑫海金澳胶印有限公司
经　　销：	全国新华书店
开　　本：	185 mm×260 mm　印张：12.5　字数：320 千字
版 印 次：	2023 年 8 月第 1 版　2023 年 8 月第 1 次印刷
定　　价：	45.00 元

本书如有质量问题，请向北京交通大学出版社质监组反映。对您的意见和批评，我们表示欢迎和感谢。
投诉电话：010-51686043，51686008；传真：010-62225406；E-mail：press@bjtu.edu.cn。

前言

进入 21 世纪以来，随着经济全球化和国际分工步伐的加快，国际商务思维也正发生着深刻变化。在国际融合中，合作变得比竞争更重要，而利益分配由追求单赢转向实现双赢。这种转变也使得跨国间重要商业关系越来越通过和睦友好的谈判方式实现。事实上，当今时代，谈判已成为利益关联方进行分配时的角斗场。小到一笔简单的商品买卖，大到国家间合作，谈判都是解决分歧的最佳途径。至今让我们记忆犹新的重要谈判都关乎重大利益，如中国的入世谈判、中美经贸协议谈判、关于全球气候问题的哥本哈根谈判、中国铝业收购必和必拓的谈判等。有人说：谈判桌上定输赢。现在看来，这句话不无道理。谈判结果除了受实力因素影响外，谈判和沟通技能至关重要，谈判高手在关键时刻会起到力挽狂澜的作用。目前世界各国都比较缺乏谈判人才，谈判专家这类职业被誉为"未来十年薪酬最诱人的十大职业之一"。

有关谈判的理论研究早在 20 世纪 60 年代就已诞生，现在已成为一门成熟的系统科学。谈判学作为商学院的一门必修课风靡西方的大学课堂。在国内，对谈判的研究起步较晚但发展迅速，自 20 世纪 90 年代初被引入大学课堂，市场上逐渐出现了一批国际商务谈判相关的教科书。值得注意的是，谈判需要理论，但谈判本身不是理论而是一种实践，谈判水平只能通过实际演练才会得以提升。如何让学生能在校园里就能获得谈判方面的技能训练，成为谈判人才？这是摆在高校教育界面前的一个很棘手的问题。

我们作为国际贸易专业的教师，在 2010 年出版了《国际贸易谈判实验教程》。它是国内第一本针对国际贸易专业的模拟谈判实验辅导教材。该教材以国际贸易合同的签订和执行为主线，针对合同签订和执行各环节的问题来安排章节，组织实验内容，适应了高校培养人才向应用型和实践型发展的趋势，以及国际经济与贸易专业对学生专业技能和语言能力的双重要求。

2010 年我们编著的《国际贸易谈判实验教程》出版以后，该教材在实践应用中取得了良好的效果和不错的反响。然而，随着时间的推移，国际贸易形势和环境都发生了较大的变化，这些变化深刻地影响着我们的教学。针对各种变化，我们对谈判实验课程进行了优化调整和升级。我们认为，这些优化升级也应该反映在谈判教材中。于是，我们对《国际贸易谈判实验教程》进行修订，并更名为《国际商务谈判实验教程》，力求与时俱进，跟上时代的步伐，为国际商务谈判的实践教学奉献一本新的适用教材。总结来看，《国际商务谈判实验教程》主要反映了以下几个方面的变化和调整。

（1）教材的建设体现了课程思政的重要性。为贯彻教育部《高等学校课程思政建设指导纲要》，全国高校各专业都在开展课程思政建设工作。从专业属性来看，国际商务谈判具有很强的涉外属性，学生毕业后或赴对外贸易和涉外经济部门就业，或服务于外资企业，在工作中经常处理中国与其他国家之间的经贸往来事务，与不同国家的人打交道。培养学生在商务谈判中遇到涉及国家利益的问题时要做出正确的选择，亟须在教学中持续融入思政教育。在本次教材修订中，我们在每个实验中都加入了两项课程思政内容。第一，在实验的准备部分加入课程思政导入内容，对本章需达成的课程思政培养目标进行分析和说明。第二，在实验的结束部分加入课程思政案例，运用案例集中体现本章的课程思政目标，并使学生加深体会。通过课程思政内容的增加和改进，在价值层面，教育学生具有坚定的理想信念，强调我国经济发展和对外交往的成就，注重培养学生的思想道德、职业道德品质；在知识层面，培养学生获取国际商务知识和运用知识的能力；在实践层面，提升学生的语言表达能力，提高学生的创新思维能力和跨文化交流的能力，增强团队合作能力和敬业精神。

（2）国际贸易惯例和规则与之前相比发生了比较明显的变化，主要反映在国际商会颁布了新的《跟单信用证统一惯例》和《国际贸易术语解释通则》。国际贸易惯例和规则的变化对国际贸易实务的开展产生了显著的影响，因此也不可避免地会影响国际商务谈判。我们力求把这些变化和影响在课程和教材中进行总结和更新。

（3）多年来，我们对谈判实验课程进行了改造，对实验所涵盖的范围进行了扩展。以前，我们的谈判主要是针对国际贸易展开的。改造后，我们把谈判的范围扩展到国际商务层面，加入了除贸易之外的其他国际商务谈判内容，使谈判实验课程变成了一个国际商务谈判模拟的课程。我们力求把这一课程的升级变化反映在教材中。

（4）经过多年教学实践，我们探索出"竞赛式教学"及"团队策划—教师指导—分组谈判—学生互评—教师点评—团队总结"6级阶梯谈判教学法和"上届示范+团队互助+对手激发"三维学习模式。我们始终坚持把课程教学与学科竞赛相结合，形成了"结课举办校内赛、冠军参加全国赛"的教学与竞赛培养链条。近几年，我们的教学模式结出了累累硕果。在全国高校商务谈判大赛中，我们连续多年获得优异成绩。我们也力求将这一教学模式的转变反映在教材中。

《国际贸易谈判实验教程》升级为《国际商务谈判实验教程》，我们对全书的基本框架进行了调整升级。全书具体的内容安排共分为四篇。第一篇为实验介绍，它是实验的总体说明和要求，也是全书的总纲。第二篇为国际货物贸易谈判，是全书的主体部分，它以国际贸易最传统也最常见的货物买卖为对象，先按贸易合同主要条款分为六个实验，继而进行合同的综合谈判，都以化工产品糖醇的贸易谈判为背景案例贯穿始终，突出了内容的逻辑性和系统性。第三篇为其他国际商务谈判，以国际商务中其他标的和类型谈判为对象进行组织，反映了当前国际贸易实务的前沿，也是其他教材较少触及的谈判话题，包括国际服务贸易和技术贸易谈判、国际代理协议谈判和对外加工贸易合同谈判。第四篇为实战演练，以铁矿石采购合同谈判为例，描述了谈判的全过程，是指导学生如何谈判的范本。

各实验均按照统一的体例模块叙述。"实验背景"介绍谈判的基础条件和所面临的市场环境，通过设定背景为谈判定下一个基调，谈判各方不得违背此背景。"实验目标"是本次实验对应的训练重心或技能培养目标。"课程思政导入"对本实验需达成的课程思政培养目标进行分析和说明。"实验准备"提供与谈判相关的国际贸易实务基础知识，点明谈判的要点和注意事项，指导学生完成谈判方案。"谈判技巧"对与谈判主题紧密相关的谈判技巧和手段进行介绍，而且运用了具体情景作为说明，使学生能够灵活地运用到谈判中。"谈判常用语"给出了出现频率较大的相应的谈判用语，以便于学生模仿应用。"实验小结"是对该次实验的总结和提炼。"延伸案例"再次引入与主题相关的典型商务案例，以此加深理解，回顾和强化已掌握的知识和技能，也提供一个学生思考和讨论的素材。"课程思政案例"运用案例集中体现本实验的课程思政目标，并使学生加深体会。在全文的内容设计上，我们还根据需要灵活穿插"小案例""小贴士",用来帮助学生理解或强化要点,同时也增强了内容的可读性和趣味性。

本次编写由郝凯、白小伟、孟东梅、潘素昆、邓炜共同完成,具体分工是:白小伟负责第一篇,第二篇的实验三及第三篇的实验七;郝凯负责第二篇的实验一、实验四、实验五;潘素昆负责第二篇的实验二;孟东梅负责第二篇的实验六、第三篇的实验九、第四篇;邓炜负责第三篇的实验八。我们特别感谢北方工业大学经济管理学院院长赵继新教授、王伟宾书记、副院长孙强教授、经济系主任王书平教授、姜延书教授等给予本书的宝贵意见和大力帮助;北京交通大学出版社的责任编辑吴嫦娥女士为本书的设计、校对和后期制作付出了辛苦的劳动,我们为此表示由衷的感谢。本书吸收和借鉴了业内他人的成果,大部分都已在参考文献中列明,恕不能一一致谢。仓促之作,难免疏漏,期望诸位师友批评指正。

编著者
2023 年 5 月 20 日

目 录

第一篇 实验介绍 1

第二篇 国际货物贸易谈判 10
 实验一 品质、数量和包装谈判 10
 实验二 运输与保险条款谈判 27
 实验三 价格条款谈判 48
 实验四 支付方式条款谈判 74
 实验五 商检、索赔、不可抗力和仲裁谈判 89
 实验六 国际货物买卖合同综合谈判 109

第三篇 其他国际商务谈判 125
 实验七 国际服务贸易和技术贸易谈判 125
 实验八 国际代理协议谈判 151
 实验九 对外加工贸易合同谈判 167

第四篇 实战演练
 ——铁矿石谈判全景 179

参考文献 191

第一篇 实验介绍

国际商务谈判实验是一门理论性、应用性很强的应用学科。本课程是在市场经济背景下，以传授国际商务谈判基础知识为目的，注重培养学生以下商务谈判能力：
(1) 科学分析谈判的原因、谈判结构及影响谈判结果的诸多客观因素；
(2) 懂得控制谈判者个人心理和文化背景等谈判主观因素；
(3) 熟悉和运用各种谈判的方法，并培养集体谈判中的组织意识；
(4) 了解商务谈判的普遍规律，掌握不同谈判的技巧和策略。

一、国际商务谈判概述

（一）谈判的概念和分类

谈判是有关的利益各方就共同关心的问题进行磋商和协调，旨在使各方都感觉到有利的条件下达成协议，促成均衡。谈判是一个过程，其目的是协调利害冲突，实现共同利益。谈判过程不仅需要沟通的技巧，还涉及政治、经济、军事、科技、外交等领域的专业知识；谈判的目的不是"你死我活"的决斗，而是寻求能实现共同利益的折中点。因此，谈判是一项综合的艺术。

谈判有多种类型：按照参加的人数规模来划分，可分为双方只有一人参加的一对一的个体谈判，以及双方都有多人参加的集体谈判；按照参加谈判的利益主体的数量划分，可分为双边谈判和多边谈判；按照谈判双方接触的方式划分，可分为口头谈判和书面谈判；按谈判进行的地点划分，可分为主场谈判、客场谈判、中立地谈判；按谈判的标的划分，可分为外交谈判、经济谈判等。

（二）国际商务谈判的概念和分类

国际商务谈判是指在国际商务活动中，当事人为了达成和实施某项交易，彼此进行信息交流，就交易的各项要件进行协商的过程。谈判当事人可以是一国的政府、企业或个人。国际商务谈判是国内贸易谈判的延伸和发展，是国际商务活动的重要组成部分。

国际商务谈判按谈判标的和交易方式不同，可分为国际货物买卖谈判、国际技术贸易谈判、国际服务贸易谈判、国际加工贸易谈判、国际代理谈判等。国际商务谈判和国际贸易谈判不同，有一些研究者将国际商务谈判和国际贸易谈判都译为"international business negotiation"；本书中的国际商务谈判是指"international business negotiation"，其范围比国际贸易谈判"international business negotiation"要大。本书在国际货物贸易谈判的基础上，将谈判范围扩展至国际技术贸易与服务贸易、国际代理协议谈判、对外加工贸易合同谈判等。

国际商务谈判按其在国际贸易中所处的阶段不同，可分为国际贸易合同磋商阶段的谈判和国际贸易合同履行阶段的谈判。国际贸易合同的磋商是贸易双方订立合同之前的沟通和协商，磋商阶段的谈判直接关系到合同的订立和履行，关系到双方的经济利益。国际贸易磋商阶段谈判可分为询盘、发盘、还盘、接受或拒绝等几个环节，其中发盘和接受是达成交易必不可少的两个基本环节。在磋商谈判过程中，双方将就合同标的、质量、数量、支付方式、交货期和运输方式、保险、检验和索赔、不可抗力等具体条款的订立进行详细的沟通。当一项有效的发盘被对手有效地接受，交易即告达成。合同订立之后，进入履行阶段，即买方付款和卖方交货的过程，有时还会涉及与交货和付款相关的第三方，如银行、运输和保险机构。国际贸易合同履行阶段的谈判主要是合同的双方及其他相关当事人就合同履行中出现的问题进行沟通，寻找解决方案。国际贸易合同履行中可能存在的问题包括交货延迟、交货与合同不符、付款延迟等，因而这个阶段的谈判主要是针对这些问题的索赔谈判。此时的索赔谈判和合同订立阶段的索赔条款谈判不同：索赔条款谈判是在订立合同前对可能发生的问题和赔偿方式进行规定，而索赔谈判是针对合同履行过程中出现的实际问题来寻求具体解决方案。

本书第二篇以国际货物买卖为对象，以国际货物买卖合同订立过程为依据，逐一介绍合同主要条款的谈判实验，最后介绍包含所有合同条款的综合实验。第三篇则以其他主要贸易标的和方式为对象，分别介绍国际技术贸易和服务贸易谈判实验、国际加工贸易谈判实验、国际代理谈判实验，基本包括了当前国际贸易中所涉及的主要谈判。第四篇实战演练，以铁矿石采购合同谈判为例，描述了谈判的全过程，指导学生分析谈判的范本实例，提升商务谈判实践能力。

二、国际商务谈判实验的必要性和理论基础

（一）必要性

国际商务谈判实验是对正式谈判的模拟，是根据对国际商务过程的假设和构想，进行谈判的想象练习和实际演习。国际商务谈判实验的必要性体现在两个方面：一方面，通过实验能使谈判者获得实际经验，提高谈判能力；另一方面，通过谈判实验可以反复练习谈判的各种不同可能性，使谈判者获得比现实谈判更丰富的体验，而现实谈判只有一种结果，只能在谈判结束后总结经验，修正错误。

（二）理论基础

1. 学习理论对国际商务谈判实验的指导

建构主义代表人物是瑞士心理学家皮亚杰和美国心理学家威特罗克。他们认为，在学习过程中人脑并不是被动地学习和记录输入的信息，而是主动地建构对信息的解释，学习者以长时记忆的内容和倾向为依据，对信息进行主动选择，并进行推断。另外，学习者对事物意义的理解总是与其已有的经验相结合，需要借助于储存在长时记忆中的事件和信息加工策略。

建构主义学习理论提倡的学习方法是教师指导下的以学生为中心的学习。建构主义学习环境包含情境、协作、会话和意义建构四大要素。以建构主义理论为指导的教学活动应该以

学生为中心，在整个教学过程中由教师担任其组织者、指导者、帮助者和促进者，利用情境、协作、会话等学习环境要素充分发挥学生的主动性、积极性和首创精神，最终达到使学生有效地实现对当前所学知识的意义建构的目的。

国际商务谈判涉及的环节多、知识面广，且具有很强的实用性，可以在建构主义学习理论指导下开展实验。具体做法就是：① 由教师提供学习资源，创设情境，即提供国际商务谈判案例；② 组织学生进行探究和协作活动，即组织学生进行国际商务模拟谈判；③ 学生之间、师生之间进行会话，即模拟谈判过程中和谈判结束之后学生互评、教师点评等活动；④ 指导学生建造有意义的知识结构，即学生通过完成谈判评估报告等方式巩固国际商务谈判的知识和技巧。

2. 谈判结构理论对国际商务谈判实验的指导

谈判的结构理论包括马什提出的纵向谈判结构理论、斯科特提出的横向谈判结构理论以及威廉姆·扎特曼提出的谈判实力结构理论。纵向谈判结构理论认为，一次商务谈判通常是由 6 个阶段构成：计划准备阶段、开始阶段、过渡阶段、实质性谈判阶段、交易明确阶段、谈判结束阶段。横向谈判结构理论认为任何一次商务谈判实际上就是一次运用谈判技巧的实践，谈判方针要依靠一系列相应的谈判策略、方法和技巧来实现，而同一谈判策略、方法和技巧又可以为不同的谈判方针及不同的目的服务，谈判各方对于谈判策略、方法和技巧的运用是一个斗智的过程。因此，谈判者即使是为了某一特定的谈判方针或目的，在运用有关谈判策略、方针和技巧时，也应随时根据实际情况进行必要而又及时的调整。谈判实力结构理论主要通过实力结构对称模型和实力结构不对称模型分析了谈判双方之间的实力处在不同结构下的可能结果。

国际商务谈判实验的安排将横向结构理论和纵向结构理论两者结合起来，即首先按照马什的纵向结构论将贸易合同的谈判划分为若干阶段，然后在各个阶段按照斯科特的横向结构论策划出基本的谈判方针，并根据基本的谈判方针去规范和驱动各阶段的谈判。同时，根据谈判的实力结构理论，在模拟谈判中，通过抽签的形式分组（谈判实力或均等或悬殊的对手），进行反复训练，帮助谈判者掌握在不同实力结构下增强本方实力的方法。

3. 行为学理论对国际商务谈判实验的指导

行为学是 20 世纪中期兴起的理论思潮和边缘学科，它借助了数学、生物学等自然科学和人类学、心理学等社会科学的各项研究成果，得出了一些较有价值的分析结论，这些结论反过来又被应用到经济学、管理学、人类学、生物学等的研究中。美国管理百科全书给行为科学下的定义是："行为科学是运用研究自然科学那样的实验和观察的方法，来研究在一定物质和社会环境中的人的行为和动物（除了人这种高级动物之外的其他动物）的行为的科学。"

根据行为学的研究，任何事物的运动都有其内部原因和外部原因，人的行为也不例外，影响人的行为的因素可以从内、外两个方面去寻找。影响人的行为的内在因素主要包括生理因素、心理因素、文化因素和经济因素；影响人的行为的外在环境因素主要包括组织的内部环境因素和组织的外部环境因素。

从影响人的行为的诸因素可以看出，行为学理论在国际商务谈判中有着非常广泛的应用，从谈判开始前的环境因素分析、信息收集，到谈判人员的配备和管理、谈判方案的制定、谈判桌上的双方争斗、商务谈判的礼仪等，都离不开行为学理论研究成果的指导。因而国际商务谈判实验就是通过模拟场景训练，使谈判者掌握影响自己和对手谈判行为的因素和规律，从而应用到真正的谈判中。

4. 心理学理论对国际商务谈判实验的指导

国际商务谈判是一项综合性任务，从事谈判的人除了需要精通国际贸易知识、技术知识、语言、文化之外，还需要具有很强的心理素质和洞察对手心理的能力。要取得谈判的成功，不仅要研究谈判本身，更要研究参与谈判的人。

心理学的研究向我们解释了人们头脑中的种种神秘现象的本质。国际商务谈判中经常出现的心理包括文饰心理、压抑心理、移置心理、投射心理、角色心理等。一个人用对自己最有利的方式来解释一件事情，就是文饰心理在起作用。一个人在自己有意识的思想中，排斥那些令其感到厌烦的或痛苦的情感和事物，就叫"压抑"。有时，一次商务谈判进程一拖再拖，可能就是其中一方的压抑心理在起作用。移置心理是指人们往往迁怒于无辜者，拿他们当"出气筒"或"替罪羊"，这在谈判中时有出现。倘若对手有平白无故、莫名其妙的情绪变化，就很有可能是移置心理在起作用。一个人把自己的动机加在别人的头上，他就是在"投射"，这经常是一种完全无意识的行为。"以小人之心，度君子之腹"就是一种投射心理起作用的典型描述；而角色心理，是指这样一种行为方式：一个人有意识地掩盖了自己的真面目，扮演成另一种人。这就是说，虽然只有两个人在谈判，却至少有4种角色（有人甚至认为有6种角色之多）穿插其中。

由此可以认识到，国际商务谈判中，人们总是会自觉或不自觉地产生上面讲到的种种心理和行为。老练的谈判家能把坐在对面的谈判对手一眼望穿，猜测出对手在思考什么，将如何行动和为什么行动。通过国际商务谈判实验，有助于提高谈判者洞悉谈判心理的能力。

并且，根据心理学原理，通过想象练习可以提高"彩排者"的能力，有时甚至比实际行动更有效。人的深层心理或神经系统，根本无法区分实际行动所获得的经验和想象中获得的经验有何差异，因此只要正确地进行思想练习和实际演习，就能获得功效，提高谈判能力。

5. 博弈论对国际商务谈判实验的指导

博弈论又称对策论，是研究决策主体（个人、团队或组织）在一定的环境条件和规则下，同时或先后，一次或多次，从各自允许选择的行为或策略中进行选择并加以实施，并各自从中取得相应结果的过程。在博弈过程中，每个决策主体的选择受到其他决策主体的影响，而且反过来又影响到其他决策主体的决策。

博弈的划分可以从两个角度进行。第一个角度是参与者行动的先后顺序，从这个角度看，博弈可划分为静态博弈和动态博弈。静态博弈指的是博弈中，参与人同时选择行动或虽非同时选择，但后行动者并不知道前行动者采取了什么具体行动；动态博弈指的是参与人的行动有先后顺序，且后行动者能够观察到先行动者所选择的行动。划分博弈的第二个角度是参与人对有关其他参与人（对手）的特征、战略空间及支付函数的知识。从这个角度看，博弈可以划分为完全信息博弈和不完全信息博弈。将上述两个角度的划分结合起来，就可以得到4种不同类型的博弈：完全信息静态博弈、完全信息动态博弈、不完全信息静态博弈、不完全信息动态博弈。博弈的类型不同，博弈的均衡也将不同。一般来说，国际商务谈判大多是不完全信息动态博弈。

博弈论用量化方法分析了决策主体之间互相影响的动态过程，也使得通过反复训练掌握基本博弈原理成为可能。对于国际商务谈判而言，通过模拟性的谈判实验，能够提高谈判者根据对手的策略建立或调整自己策略的能力，能有效地预测对手进一步的策略，进而采取措施。

三、国际商务谈判实验的课程思政背景和目标

国际商务谈判实验是一门具有极强实践性的专业课程，开展课程思政应当顺应当前贸易形势，深入分析课程特征和学生特点，这样才能有助于学生价值观的塑造以及创新创业能力的提升。

1. 我国贸易地位提升提出新要求

我国"入世"以来，外贸经历了高速增长时期。2008年美国金融危机爆发之后，全球经济陷入低迷阶段，我国外贸从"量"的增长转入"质"的提高。近年来，随着跨境电子商务的发展，全球市场发生转型，我国贸易结构不断优化，在全球价值链中的地位不断攀升。然而，近年来在全球范围内，贸易保护主义抬头，中美贸易摩擦不断升级。2019年末出现的新冠疫情又一次对全球经济带来了冲击。

国际贸易局势变化迅速，我国贸易地位的提升，在价值层面要求国际贸易谈判人员坚定立场，具有正确的世界观、人生观、价值观，具备家国情怀，熟悉和把握我国对外经贸立场。在实践层面，则要求谈判人员有对形势的判断力，增强风险抵抗力，能够切实维护我国贸易利益。

2. 我国对外开放政策深化提出新使命

当前全球贸易自由化进程变缓，而我国始终坚持推动全面开放；"一带一路"倡议提出以来，取得了令人瞩目的成就，并朝着高质量发展方向不断前进。我国维护多边贸易体制，坚持"引进来"和"走出去"并重，尽力与各方实现优势互补、互利共赢。2020年11月，中国与日本、韩国、澳大利亚、新西兰、东盟十国正式签署了《区域全面经济伙伴关系协定》（Regional Comprehensive Economic Partnership，RCEP），成员覆盖世界近一半人口和近三分之一的贸易量，成为世界上规模最大、最具发展潜力的自由贸易区。

我国对外开放政策的深化，对国际贸易专业人才提出要求，从价值层面，国际贸易谈判人员应当深入理解习近平新时代中国特色社会主义思想在改革开放、经济建设、构建人类命运共同体方面的理论，增强对党的创新理论的政治认同、思想认同、情感认同，坚定"四个自信"。从实践层面，要求国际贸易谈判人员做到学思结合，知行合一，支持开放型世界经济，反对贸易保护主义，在工作中积极推动我国贸易主体参与经济全球化。

3. 把握国际贸易惯例与规则的发展

随着全球贸易的转型，出现众多新的贸易主体。产品、服务、贸易方式的创新让全球贸易规则和贸易治理面临挑战。全球贸易治理也走到"十字路口"。新的贸易规则正在形成，传统的贸易管理规则也在不断地演化。2020年，国际商会推出《国际贸易术语解释通则2020》（Incoterms 2020）。贸易实践的创新与贸易规则之间的相互适应和调整反映了贸易实务发展的基本特征。

针对国际贸易惯例与规则的发展，在国际商务谈判实践当中，从价值层面应当使从业人

员理解我国建设现代化经济体系、提升国际竞争力的发展理念,理解我国当前的开放要由商品和要素流动型开放向规则等制度型开放转变,认识到中国作为贸易大国崛起的同时,在国际组织中参与全球贸易规则制定的机会也越来越多。从实践层面,要求从业人员提高对重要法律概念的认知,学会在国际经贸往来中运用国际贸易惯例与规则维护自身权利,化解矛盾纠纷。

四、国际商务谈判实验的任务和组织形式

(一) 国际商务谈判实验的任务

要求学生在掌握国际商务谈判模拟理论的基础上,有针对性地查阅相关资料,增强对理论内容的感性认识并建立实践概念,给出设计选题的类型、范围原则,并进一步展开国际商务谈判模拟小组讨论。

(1) 了解国际商务谈判的原则分类,熟悉并掌握各种国际商务谈判原则的内容及运用。

(2) 了解和掌握国际商务谈判前的各项准备工作的内容,包括信息的准备、谈判计划的制订、谈判人员的组织以及谈判物质方面的准备等。

(3) 了解国际商务谈判结构和过程的划分,熟悉并掌握每一阶段国际商务谈判中的内涵和应当注意的问题。

(4) 了解和掌握国际商务谈判中不同阶段的谈判策略,重点掌握在不同情况下应对谈判的策略和技巧。

(5) 了解不同文化中的谈判背景差异,熟悉世界主要国家和地区谈判者的特点和风格。

(6) 了解国际商务谈判中的礼仪原则,掌握会面礼仪与礼品礼仪中的注意事项。

(二) 国际商务谈判实验的组织形式

国际商务谈判实验安排上具有如下特点。

1. 情景式体验教学

国际商务谈判实验室为学生进行谈判实验提供了现代化的模拟谈判场所,同时所有谈判的展开均以经过精心改编的真实贸易案例为依托,学生们在高度仿真的商务环境和特定的商务情境中进行角色扮演,让他们如同身临其境,增强了自身的角色意识。

2. 全英文沟通语境

所有的公开谈判均以全英文会话的形式展开,在国际经济与贸易专业贸易学生已具备日常英文会话技能的基础上,模拟谈判为他们创造了进一步提升专业英语会话能力的平台,使其对英语口语的运用逐渐适应国际商务层次的需要。

3. 综合性技能要求

国际商务模拟谈判集中体现了对学生综合应用能力的培养,要求学生在进一步深入理解国际贸易合同要件的基础上,灵活运用商务谈判的策略与技巧,在纯英语语境中完成沟通交流,实现企业的商务目的。

4. "练中学，学中练"教学模式

以第二篇为例，按照合同的要件，国际货物贸易模拟谈判被分为 6 个基本环节：品质、数量和包装谈判；运输与保险谈判；价格条款谈判；支付方式谈判；商检、索赔、不可抗力及仲裁谈判；综合谈判。每个环节均按照"练中学，学中练"这一指导思想来进行：学生根据素材准备谈判计划书→教师进行当面辅导（课下）→当堂 20 分钟的小组对抗赛→赛后由其他观摩同学点评（5 分钟）→场上谈判小组同学自评（5 分钟）→教师结合场上情况对双方进行评价（5 分钟），如发现与计划书出入较大，当场请其做出必要的解释。通过以上环节，同学们不仅对具体的合同条款有了深入的认识，而且对谈判中容易出现的问题及如何解决谈判中的意外状况（指计划书中未预料到的情况）有了初步的认识。第三篇的模拟谈判也遵循同样的安排。

具体内容和步骤如下。

（1）学生每 4～6 人为一组（由于学生总数限制，个别组的人数可机动调整）；谈判题目由各个班级研究并报系里审批决定。各班谈判小组名单、对手和谈判时间统一提交本班级指导教师。

（2）根据最后确定的题目，撰写谈判计划书，并在谈判开始之前提交本组的谈判计划书。

（3）在规定的时间内，与抽签确定的对手进行一次公开谈判。

（4）谈判结束后，以小组为单位对本次谈判进行讨论总结，并提交书面的谈判评估报告。

五、国际商务谈判实验的评估

（一）谈判的文件要求

谈判文件包括谈判开始前制作的计划书，以及谈判结束后的评估报告。谈判计划书具体应包含以下内容：

（1）项目说明（对本次谈判要解决的问题的简要说明）；
（2）背景与动机（本次谈判的必要性、可行性和替代方案）；
（3）形势分析（对本方及对手的优劣势进行分析）；
（4）对谈判对手的分析（对手的目标和可能采取的战略）；
（5）谈判目标（包括最优目标、期待目标和底线，并说明目标选择的理由）；
（6）谈判的战略与策略。

谈判评估报告应包含以下内容：

（1）谈判过程评估；
（2）谈判方法评估；
（3）对谈判对手的评估；
（4）对谈判结果的评估。

（二）考核方式

谈判实验的成绩由谈判计划书的完成情况、谈判实验的表现情况，以及谈判评估报告情况 3 部分构成。谈判计划书和谈判评估报告主要从格式和内容两个方面来评分，谈判实验的表现则根据小组及个人在谈判过程中对谈判策略的运用、成员之间的配合、谈判临场表现，以及谈判结果的实现来综合评定。

六、谈判备选案例

案例一：中美服装贸易

郑州大华服装有限公司成立于 1992 年，是经国家批准的具有进出口经营权的贸易公司，从事纺织服装等产品进出口业务，产品主要销往欧洲、美加地区及日本等国家和地区。公司具有一定的设计能力，拥有"淘淘""爱奇"等注册商标。公司的生产厂设在郑州，便利的交通条件为打制样板或制作服装节省了宝贵时间，节省了运输费用，减少了产品成本。近年来公司面临来自国内外同类厂家的巨大竞争，迫切需要塑造核心竞争力，巩固出口数量，提升出口品质。

美国 FASHIONFORC 是为大型超市进行海外采购的公司。他们此次来中国为客户采购一批童装、女式运动服和 T 恤衫。他们有童装样件，希望中方贴牌加工；女式运动服和 T 恤衫，则希望厂商提供设计方案并进行制作。他们对服装的原材料和质量非常重视。

案例二：中韩机电产品贸易

山东省蓝星商贸公司急需从韩国 SUNSHINE 公司进口一批空调附件供应国内需求，蓝星商贸公司主要从事各类家电整机和零部件的批发，在山东省内具有丰富的销售经验和完备的销售渠道。此次谈判除了进口之外，蓝星商贸公司希望能够成为 SUSHINE 公司的代理商。

SUSHINE 公司的主要产品为空调和冰箱，产品质量过硬，售后服务佳，但零部件价格偏高。他们在中国开拓市场已有十余年经验，市场份额不够理想。面对中国家电市场的激烈竞争，他们一方面继续走高端路线，为学校和企业提供中央空调方案；另一方面瞄准农村，希望尽快打开这个新兴市场。

案例三：中日化工产品贸易

保定光明化工厂是一家具有进出口经营权的企业，该厂经过技术改进，建成了具有先进技术的糖醇生产线，糖醇生产质量好，产量也有保障。糖醇主要用于生产各种树脂，是由糖醛加工而成的液态化工产品，而生产糖醛的原料是剥掉玉米粒后的玉米棒子芯。在中国，华北、东北地区原料充足，有不少生产糖醇的厂家，不过在产量与技术上相差较大，与光明化工厂具有同等生产能力与技术水平的仅两三家。由于树脂用途广泛，市场上对糖醇的需求很旺盛。

光明化工厂与日本岩井株式会社关系密切，在技术改造时，通过日本岩井株式会社购买过生产设备，产品出线后，又给日本岩井株式会社供货，双方合同履行愉快，交易量从几十吨到几百吨不等，且呈逐年上升趋势。受国际经济局势影响，此次日本岩井株式会社的购买量有所下降，并希望光明化工厂在价格和支付方面进一步优惠。

案例四：中德高技术产品贸易

西安市康健医院是一家位于城乡接合部的中型医院，就医人群主要是当地群众。西安市目前医疗供给总体不足，且各院医疗水平相差较大，患者总是尽可能到知名大医院去就医。康健医院希望能提升医疗水平，打造肿瘤和心脑血管特色医疗，在现有的规模条件下实现更好的效益。现委托西安华瑞贸易公司进口一批西门子医疗系统。

西门子公司拥有医疗诊断和治疗、化验和助听器三大系列几十种医疗产品，并且能够根据客户的需要提供技术和资金的支持。

国际商务谈判样例

第二篇 国际货物贸易谈判

实验一 品质、数量和包装谈判

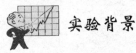 **实验背景**

本次谈判的卖方为中国保定光明化工厂，买方为日本岩井株式会社，双方将围绕化工产品——糖醇和糖醛的交易展开首次谈判。因为本次谈判是这一合同系列谈判的首次谈判，将为以后的谈判奠定基础，所以对于双方而言都显得非常重要。从谈判双方所拥有的筹码和具备的实力来看，日方公司的优势主要有：公司规模大，资金实力雄厚，在日本国内享有较高的声誉，对终端市场的控制能力较强，另外在亚洲地区能够生产糖醇和糖醛的企业较多，客观上造成买方有较大的选择余地。而中方公司的主要优势有：经过技术引进和改造，建成了先进的糖醇和糖醛生产线，其产品的生产能力很强，产品质量也在同类企业中名列前茅，而且其生产成本也明显低于包括日本在内的亚洲其他国家的同类企业，特别是今年国内玉米丰收，又使卖方的生产成本进一步降低。因此，买卖双方可以说各有优劣，实力相当，双方对对方都有相当程度的需要，彼此合作的意愿非常强烈。

从本次谈判所涉及的议题内容来看，谈判主要围绕交易标的的品质、数量和包装条款展开。这些条款均为合同的要件，虽然谈判不会涉及合同的主要条款——价格，加之前述双方合作意愿较强，因此预计双方在谈判立场上可能存在的分歧不会很大，谈判比较容易达成一致。

本次谈判的谈判要点应包括确定交易标的物的品质标准、确定交易数量的多少、确定数量的计量方法、确定交货的机动幅度、确定商品的包装条款等。

 实验目标

◇ 认识前置谈判的重要性，特别是确定谈判议程的重要意义。
◇ 熟悉合同中关于品质、数量和包装条款的规定。
◇ 熟悉挂钩战术、信息的图像化等谈判策略。
◇ 熟悉商务谈判的基本思维，掌握谈判中的挂钩战术。
◇ 掌握品质公差、溢短装、计重方法、运输标志等要点。

课程思政导入

首先，本次谈判是国际商务谈判中涉及的首要议题，对谈判的全局具有开局和引领的作用。良好的开端是成功的一半。因此，要树立良好的开局意识和大局观念，并利用开局谈判所达成的共识为后续谈判的开展奠定基础。为此，谈判团队需要加倍重视此次谈判，并在谈判之前做好准备工作。其次，国际商务谈判是双方在国际商务规则下展开的博弈，一切谈判和交易都应建立在对国际商务规则和惯例的遵守之上。因此，学生需树立遵守国际商务规则和惯例的意识，熟悉和理解关于商品数量、品质和包装方面的贸易规则和惯例，并将这些规则和惯例贯彻在谈判之中。最后，在涉外商务谈判中，中方谈判团队不仅代表所在公司的商务利益，而且还代表了国家的形象。因此，谈判团队应在谈判过程中注重对外形象展示，树立自信、大方、谦逊、有礼、不卑不亢、专业有素的形象气质，为中国企业软实力的提升做出应有的贡献。

综上，本次谈判的课程思政目标如下。

◇ 树立良好的开局意识和大局观念，加倍重视开局谈判，并在谈判之前做好准备工作。

◇ 树立遵守国际商务规则和惯例的意识，熟悉和理解关于此次谈判的国际规则和惯例，并将其贯彻在谈判之中。

◇ 注重对外形象展示，对外树立良好的中国商人形象。

实验准备

一、关于前置谈判的准备

本次谈判涉及多个议题，在这种谈判中前置谈判占有非常重要的地位。在前置谈判阶段，双方会就谈判议题的范围和谈判顺序进行沟通，然后在这方面先达成一致，以利于后续谈判的顺利进行。在多议题谈判中，前置谈判相当于整个谈判的指路图，将为如何达到谈判目标指明路径，因此具有非常重要的意义。

因为本次谈判的现场谈判只有20分钟的时间，所以双方应该在前5分钟进行前置谈判，以明确后续谈判的范围和顺序。而在谈判之前，双方应该对前置谈判做一定的准备，主要是拿出一套本方关于谈判议题和顺序的方案，以供和对方讨论。具体而言，可分为两个步骤。

第一步，确定本方拟谈的议题范围。首先，可将与本次谈判有关的议题全部列出来，即本次谈判应该包括哪些议题，不包括哪些议题。其次，按照议题对本方是否有利进行分类：对本方有利的分为一组，对本方不利的分为一组。最后，把对本方有利的议题安排在谈判议程中，而把对本方不利的议题安排在议程之外。当然，有的议题是中性的，并没有明显的有利和不利，这种议题也可根据其重要程度安排在议程中。

第二步，确定本方议题的优先级别和谈判次序。在确定议题次序时，总的原则是：对本方有利，本方想要得到而对方有可能让步的议题在前，尽量多安排时间；对本方不利且本方可能做出让步的问题在后，尽量少安排时间。在谈判之前，本方一定要明确拟谈议题的优先级别，因为各个议题对我们的重要性都是不一样的。一般而言，最高级别的议题是本方必须得到,如得不到将离开谈判桌的议题。中间级别的议题为本方可要可不要的议题,通常可以拿它来做交换:拿到很好,拿不到能够换来别的东西也不错。最低级别的议题为本方可以送给对方的议题,通常在谈判的开始或关键阶段送给对方用来建立互信。这里有两个问题需要注意:一个问题是被本方列为"最低"的议题,在送给对方时,不能真把它当作"最低"。如果真的像没有价值一样,对方也不想要,因此要假装它至少是一个中间议题。另一个问题是每个议题对双方的意义不尽相同,本方认为是"最高"的可能对方只认为是"中间",而本方认为是"中间"的可能对方又认为是"最高",因此才有谈判的空间和余地。

> 以保定光明化工厂出口糖醇案为例,本次谈判的议题是糖醇的数量、品质和包装问题。在这里,3个议题对双方的意义并不相同。对于买方而言,最关心的可能是商品品质;而对于卖方而言,最关心的可能是交易数量。因此,双方在谈判前将制订各自的议程方案。在现场谈判时,需要双方利用较短的时间确定谈判议程。谈判的讨价还价和让步从这里就开始了!

二、确定商品的品质标准

确定商品的品质标准是指谈判双方需要确定要按什么标准去衡量商品品质,目前国际上通行的做法有两种:一种是凭样品买卖,另一种是凭文字说明买卖。

(一)凭样品买卖(sale by sample)

凭样品买卖(交易)是国际货物买卖活动中大量存在的一种交易方式。所谓样品,通常是指从一批货物中抽取出来的或由生产和使用部门设计加工出来的能够代表出售货物品质的少量实物。凭样品买卖则是指买卖双方同意根据样品进行磋商和订立合同,并以样品作为交货品质的依据。这种品质方法主要适用于难以标准化、规格化,难以用文字说明其品质的商品,如部分工艺品、服装、土特产品及轻工产品等。

凭样品买卖按样品来源不同,分为凭卖方样品(quality as per sale's sample)买卖和凭买方样品(quality as per buyer's sample)买卖。

1. 凭卖方样品买卖

凡凭卖方提供的样品作为品质依据进行的买卖称为凭卖方样品买卖。卖方在向对方客户寄送样品时,应留存一份或数份同样的样品,以备日后交货或处理争议时核对之用,该样品称为"复样"。寄发样品和留存的复样,都应编上相同的号码和/或注明提供(寄送)日期,以便日后联系时引用并便于查核。

有些货物还可能使用"封样",即由第三者(如商检局)从整批货物中抽取出来的样品分成若干份,在每份样品经包裹捆扎后用火漆或铅封,除第三者留下若干份外,其余封样交卖方使用。封样有时也可以由卖方自封,或由买卖双方会同加封。

凭卖方样品买卖中主要应注意卖方提供的样品必须符合自己的生产能力。如提供的样品质量过高,虽然比较容易达成交易,但是在交货时,容易因所交货物与样品不一致而引起不必要的争议。因此,卖方以提供正常生产情况下生产的样品为最佳。

2. 凭买方样品买卖

由买方提供样品，卖方同意后以买方样品作为交货品质依据的买卖称为凭买方样品买卖。其中买方样品可以是照片，也可以是图案设计或者实样。

在进出口业务中，对于买方出样，卖方往往必须"回样"，即制作一个对等样品，再寄给买方确认，经买方确认以后，卖方可以按"回样"交货。这样可以提高卖方产品的适应性和竞争性，避免在交货时因双方对样品的品质理解不同而引起贸易合同纠纷。

虽然凭样品买卖在理论上看来比较简单，但在实际操作中却往往引起贸易纠纷。这主要是因为凭样品买卖在合同中通常表示为"quality same as the sample"，即所交货物品质与样品相同，或"the quality of the goods delivered shall not lower than the sample"，即所交货物品质不低于样品。这些表示方式中缺乏具体的衡量标准因而容易引起歧义，最后导致贸易纠纷。因此，凭样品买卖合同中常用"quality to be considered as being about equal to the sample"，即货物品质与样品大致相同，以此来代替所交货物品质不低于样品。

（二）凭文字说明买卖

在国际贸易中，除了用样品表示品质外，还有很多货物用文字说明来表示品质。买卖双方凭文字说明磋商交易和订立合同，交货品质以文字说明为依据，被称作"凭文字说明买卖"。这种方法又可以分为以下 5 种。

1. 凭规格买卖（sale by specification）

凭规格买卖在合同中一般应该明确商品的各项指标。例如："质量要求：卖方供应的大豆必须符合下列规格：水分，最高 14%；含油量，18.5%，如低 1%，则按合同单价扣 1.5%；杂质，1%，最高不得超过 7%，如超过 1%，则按合同单价 1∶1 的比例扣价，不得含有带毒籽/壳。"

2. 凭等级买卖（sale by grade）

商品的等级制是就同一类商品，根据长期生产与贸易实践，按其规格的差异进行的分类。通常以甲级、乙级、丙级；一等、二等、三等；大型、中型、小型等文字、数码或符号来表示。例如，某等级黄大豆的品质为含水量不高于 14%，含油量不低于 17%；不完善粒不超过 1%，杂质不高于 1%。因此，凭等级买卖只不过是凭规格买卖的一种简化方式。

3. 凭标准买卖（sale by standard）

商品标准即将商品的规格和等级予以标准化。商品标准有的是由国家或有关政府部门规定，在我国也是如此；也有的由同业公会、交易所或国际性的工商组织规定。例如，国际标准化组织在 1987 年颁布了 ISO 9000 质量管理体系，在 1996 年颁布了 ISO 14000 环境管理标准体系。

由于农副产品具有品质变化较大而难以规定统一标准的特性，在国际贸易中通常采用"良好平均品质"（fair average quality，FAQ）这一术语来表示其品质，有时也采用"上好可销品质"（good merchantable quality，GMQ）。所谓 FAQ，通常有两种解释方法：一是指农产品的每个生产年度中的中等货；二是指某一季度或某一装船月份在装运地发运的同一种商品的"平均品质"。FAQ 相当于我国的大路货，通常在合同中除了标明采用 FAQ 外，必须加上最基本的规格，如中国花生仁 FAQ，水分不超过 13%，不完善粒最高 5%，含油量最低 44%。

4. 凭说明书买卖（sale by description）

凭说明书买卖一般适用于技术密集型产品。由于这类产品构造复杂，对材料、性能、设计的要求严格，安装、使用、维修都有一定操作规程，无法简单地用几项指标来表示品质的全貌，所以在洽谈此类商品买卖时，必须用产品说明书来介绍其形状、构造、性能、操作程序及包装条件等，必要时还应辅以图样或照片。采用此表示方法时，还须订立相应的品质保证条款、技术服务条款和产品检验条款。在保证期内，买方如果发现货物品质与说明书不符，有权提出索赔或退货，如超过保证期，卖方不再承担上述保证。

5. 凭商标或牌号买卖（sale by brand or trademark）

对某些品质比较稳定并且在市场上已树立了良好信誉的货物，买卖双方在交易洽商和签订合同时，可采用这些货物的商标或品牌来表示品质。条款中一般写明商品的商标或牌号、货物名称，有时也注明货物的规格。

三、品质条款谈判的要点

在围绕品质条款进行谈判时，双方应注意以下要点。

（一）表示品质的方法要选择得当

不同的商品有不同的表示品质的方法，应该遵循商业习惯。凡是可以用一种方法表示品质的，就不要用两种方法表示，以免顾此失彼。

（二）品质条款要切合实际

订立品质条款时既要考虑市场的消费水平和消费习惯，同时又要考虑本国的生产能力，如果把质量定位太高，超过本国的生产能力，就很难保证交货质量，从而导致不必要的贸易纠纷；如果把质量定位太低，又会影响价格和商誉。

（三）文字表达应该具体明确

在订立品质条款时，用词尽量做到明确具体，以便分清责任。切忌使用含混不清的词语或绝对化的词语。

以保定光明化工厂出口糖醇案为例，糖醇的交易既可以样品为标准买卖，又可以文字说明作为标准买卖，具体的标准取决于双方的谈判。但不论采用何种标准，谈判双方尤其是买方在谈判中要对糖醇的品质提出明确的要求，如糖醇的纯度和色度。另外，还要明确品质公差的允许值和品质机动幅度的上下限。品质公差是指国际上同行业所公认的或买卖双方所认可的品质差异，如糖醇纯度的误差为1%。品质机动幅度是指买方允许卖方所交货物品质在一定幅度内灵活浮动，如上下5%。在订立品质条款时应该写明品质公差值和品质机动幅度。如糖醇纯度不低于95%，以95%为基础，纯度每增加1%，价格增加2%。

四、确定商品的交易数量

商品的交易数量是合同中较为主要的一项条款，因此也是本次谈判的焦点。买卖双方关于交易数量的谈判内容应包括交货数量、计量单位与计量方法等，以此作为买卖双方交接货物和日后处理数量争议时的依据。

一般来说，大多数货物买卖的数量均以货物的重量来表示。在国际贸易中，按重量计量的商品很多，根据一般商业惯例，通常有以下几种计算重量的方法。

1. 毛重（gross weight）

毛重是指货物本身的重量加上包装的重量。通常适合于低价值的商品。一般包装条款要规定商品包装的重量要求，以免不必要的权益损失。

2. 净重（net weight）

净重是指商品本身的重量，即除去包装物后的商品实际重量。在国际贸易中，合同中未明确规定用毛重还是净重计算的，按惯例应以净重计。但有些价值较低的农产品或其他商品，有时也采用"以毛作净"（gross for net）的办法计重，即以毛重当作净重计价。

在采用净重计算时，对于如何计算包装物重量，国际上有以下几种做法。

（1）按实际皮重（active tare）。即按包装的实际重量计算。

（2）按平均皮重（average tare）。如果商品所使用的包装比较统一，重量相差不大，就可以从整批货物中抽出一定的件数，称出其皮重，然后求出其平均重，再乘以总件数，即可求得整批货物的皮重。

（3）按习惯皮重（customary tare）。对比较规格化的包装，按市场公认的包装重量计算。

（4）按约定皮重（computed tare）。即按买卖双方约定的包装重量为准。

3. 按公量计算（conditioned weight）

按公量计算是指先用科学方法从商品中抽出所含的实际水分，然后加入标准水分而求得的重量。此法主要用于价值较高而水分不稳定的商品，如羊毛、生丝、棉纱、棉花等。其计算公式如下：

$$公量 = 商品实际重量 \times (1+标准回潮率)/(1+实际回潮率)$$

按公量计算的商品通常在国际上有公认的标准回潮率。实际回潮率是指商品中所含的实际水分与剩余的干量之比。

4. 按理论重量计算（theoretical weight）

按理论重量计算是指对一些按固定规格生产和买卖的商品，只要其重量一致，每件重量大体是相同的，一般可以从其件数推算出总重量，即理论重量。一般适用于马口铁、钢板等商品。

五、数量条款谈判的要点

在围绕数量条款进行谈判时，双方要注意以下几点。

（一）数量的确定可以是一个区间

在货物买卖谈判中交易数量和价格往往是密切相关的。如果交易数量大，价格往往较低；而如果交易数量小，价格往往较高。然而，现实中很多谈判双方先谈数量，后谈价格，而没谈价格怎么确定数量呢？面对这种情况，一种解决方法就是在数量谈判中双方不把数量敲死，而是确定一个大致的区间，最终具体的成交数量要视价格谈判的结果而定。如价格较高，则成交量取区间下限；如价格较低，则成交量取区间上限。这就为后续的价格谈判预留了空间，并埋下了伏笔。

（二）签约时应明确具体数量和计量单位

在签订合约时，不仅要写明成交的总数量，如若干箱、桶、盒等，有时还要注明每箱、每桶、每盒内的货物净重。对合同中规定的包装数量，不能擅自改动，否则容易引起争议。如果采用重量计算，应写明是公吨还是长吨，是毛重还是净重；采用长度计算要明确是米还是英尺。在数量条款中，不要使用诸如"大约""左右"等笼统含糊的字眼，因为各方对这些词语的解释可能不一致，容易引起争议。

（三）规定交货的机动幅度

有些商品，如粮食、食糖、矿产品之类的大宗商品由于受运输条件、包装条件的限制，装运时不易计算精确数量，往往不是多装就是少装，为了避免日后的争议，买卖双方一般都会订立一个双方都可接受的机动幅度。这一机动幅度往往用溢短装条款（more or less clause）来表示。

所谓溢短装条款，是指在农副产品和工矿产品的大批量散装货物交易中，往往由于商品的特性、生产过程、船舶舱位、装载技术等原因，比较难以准确按合同规定的数量交货，为了照顾买卖双方的利益，按照国际惯例，双方在商定交货数量时，应该有一定的机动幅度，允许卖方多交或少交合同规定的若干百分比，按签订合同时市价或按装船时的市价计算。

> 以保定光明化工厂出口糖醇案为例，因为本次谈判并未涉及商品的价格，因此双方交易的数量此时应为一个可行的区间。例如，糖醇500～1 000吨。糖醇的计量单位可为长吨或短吨，也可为公吨，双方应尽量熟悉几种计量单位的换算。而计重方法可采用毛重，也可采用净重。一般而言，采用毛重对卖方较为有利，而采用净重则对买方较为有利。当然，也可采用以毛作净的方法。本次谈判中，一个较为重要的谈判点是溢短装条款。双方应为将来所交货物规定一个机动幅度，例如，在条款中规定："糖醇：1 000公吨，净重，卖方可溢短装5%。"这样卖方所交货物数量在950公吨和1 050公吨之间，都是符合合同规定的。

六、确定包装的类型

国际市场上买卖的商品品种繁多，性质、特点各不相同，规格、形状各异，对包装的要求也有相应的差别。有的出口货物只需略加捆扎或以其自身加以捆扎，即以裸装（nude packed）货物出口，这种方法适用于钢材、木材、橡胶、车辆、铝锭等货物。有的出口货物可以采用散装（bulk），以节省运输费用，加快装卸速度，从而降低成本。此种方式适用于煤炭、矿砂、粮食及油类等液体货物。有的出口货物则需采用一定的包装容器、材料及辅助物进行包裹。有的出口货物属于危险品或半危险品，则需要防危包装。

根据商品包装在流通领域中所起的作用不同，可以分为运输包装和销售包装两种。

（一）运输包装（shipping package）

运输包装又称外包装，其主要作用在于保护商品，以防止货物在储运过程中出现破损丢失。为了适应商品在运输、装卸、保管过程中的不同要求，运输包装又可以分为单件运输包装和集合运输包装。

（1）单件运输包装。单件运输包装指货物在运输过程中作为一个计件单位的包装。按照包装的造型不同可分为箱装、捆包、袋装。而根据包装材料不同，又可分为纸制包装，金属包装，木制包装，塑料包装，麻制品包装，竹、柳、草制品包装，玻璃制品包装和陶瓷包装。

（2）集合运输包装。集合运输包装即将若干单件运输包装组合成一件大包装，以便更有效地保护商品，提高装卸效率和节省运输费用。常见的集合运输包装有集装包和集装袋，通常是用塑料重叠丝纺织成的圆形大口袋或方形大包，这种袋或包的容量不一，一般为1～4吨，最高可达13吨左右。此外，随着集装箱运输和托盘运输的出现，将货物装在特制的集装箱内或固定在特制的托盘上进行运输的情况越来越多。虽然集装箱和托盘是运载工具的组成部分，但由于它们也起着保护商品的作用，故有人把它们也当作运输包装看待。

（二）销售包装（selling package）

销售包装是指直接接触商品，并随商品进入流通市场直接与消费者见面的包装，因此又称内包装、小包装或陈列包装。这类包装除了具有保护商品的作用之外，现在更多地起到美化与促销作用，成为企业竞争的一种手段。尤其是随着零售业的发展，摆在货架上的商品除了以价格吸引消费者外，更多地体现在包装的促销作用上。

七、确定包装标志

为了方便运输、仓储、商检、通关和货物交接工作的顺利进行，货物在付运之前都要按一定的要求，在运输包装上面书写、压印、刷制简单的图形、文字、数字和字母。这些图形、文字、数字和字母就被称为包装标志。包装标志按照其作用可分为运输标志、指示性标志和警告性标志。

（一）运输标志（shipping mark）

运输标志俗称唛头。国际标准化组织建议的标准唛头包括4行：① 收货人缩写或代号；② 参考号（合同号码、订单号码）；③ 目的港（地）；④ 箱号（件号），但每一行不超过17个字母（包括数字和符号），不能采用几何图形。

（二）指示性标志（indicative mark）

指示性标志是在商品的运输包装上标明醒目的图形和简单文字，提示人们在装卸、运输和保管过程中加以注意，如"小心轻放""此端向上"等。

（三）警告性标志（warning mark）

警告性标志又称危险品标志，是指对一些易燃品、爆炸品、有毒品、腐蚀性物品、放射性物品在运输包装上应清楚明显地打上各种标明危险性质的标志，用以警告有关人员谨慎对待其运输、保管等。根据我国国家技术监督局发布的《危险货物包装标志》规定，在运输包装上应标有警告性标志。

八、包装条款谈判的要点

在围绕包装条款进行谈判时，双方应注意以下要点。

（一）包装要求应当明确、具体

一般情况下，尽量避免使用"习惯包装"（customary packing）和"卖方习惯包装"（seller's customary packing）等笼统的词语，否则易引起贸易纠纷。最好明确而具体地标明包装材料和包装方式以及单位包装内的商品含量。

（二）明确额外的包装费用由谁承担

包装费用通常包括在货价之内，由卖方负责。但有些特殊的、附加值高的包装以及买方要求的额外包装所产生的费用由谁承担，必须在合同条款中明确规定，否则容易出现贸易纠纷。

（三）明确包装材料由谁提供

如果由买方提供包装材料，那么在合同中应该明确规定买方提供的包装材料的名称、规格、数量以及到达卖方的时限。如果是由于买方提供的包装材料未按期到达，引起卖方未能按时交货，那么，一切损失均由买方承担。

（四）注意各国有关包装的禁忌和特殊规定

由于各国都有自己的一些民族特色及禁忌，在向不同国家出口时应该避免触犯这些禁忌；同时，由于各国都有自己的包装偏好，因此独特的包装也可以起到促进销售的作用。

> 以保定光明化工厂出口糖醇案为例，因为糖醇是一种液态化工产品，因此可选择耐腐蚀的容器作为包装材料。具体而言，可选择铁桶包装，每桶的容量可由双方商定。此外，也可选择较为经济的新型包装方式——液态集装箱。双方在谈判时还须确定包装的费用由哪方承担。

 包装条款谈判时应该注意的问题

- 包装要求应当明确、具体；
- 明确额外的包装费用由谁承担；

➢ 明确包装材料由谁提供；
➢ 注意各国有关包装的禁忌和特殊规定。

九、确定谈判方案

（1）确定本次谈判的必要性、可行性和替代方案；
（2）分析本方及对方的优劣势；
（3）确定最优目标、期待目标和底线；
（4）确定谈判的战略和战术；
（5）人员组成与分工。

谈判技巧

本次谈判是合同系列谈判中的首次谈判，双方将围绕标的物的品质、数量和包装展开谈判。可以说，本次谈判是典型的多议题谈判，而在多议题谈判中，"挂钩战术"是较为常用的谈判技巧。此外，因为是首次谈判，双方都希望为后续的谈判奠定良好的基础，所以双方都应设法为整个谈判创造一定的可行性，让谈判对对方具有相当的吸引力。怎样才能使谈判成为具有吸引力的解决方式呢？"信息的图像化"策略是较为适用的技巧。因此，下面将介绍"挂钩战术""信息的图像化"等策略的使用方法。

一、挂钩战术

本次谈判涉及3个议题：品质、数量和包装。当谈判涉及多个议题时，通常有两种谈判的方法。一种是按一定的顺序来谈，一个议题谈完以后再谈下一个议题，这种方法叫作"纵向式谈判法"；另一种是把几个议题挂在一起同时谈，一个议题的确定对另一个议题有所影响，这种方法叫作"横向式谈判法"。在"横向式谈判法"中，当把相关的议题挂在一起谈时，就使用了"挂钩战术"。可以说，"挂钩战术"是谈判中最基本的一种战术，它体现了谈判的基本思维方式。

"挂钩战术"最早起源于《孙子兵法》。《孙子兵法》虚实篇中说："故我欲战，敌虽固垒深沟，仍不得不与我战者，攻其所必救也。"这句话的意思是：我军想与敌军开战，但敌军高悬免战牌，而且其城墙高，护城河深，我军想与敌军开战而不能，这怎么办呢？强攻吗？可能不行。一个好方法是我军围魏救赵，进攻另一个地方，把敌军引出来。《孙子兵法》这句话可以说对挂钩战术进行了透彻的解释。

在谈判中，我们也可以使用类似的战术。例如，我方与对方谈A项目。A项目是我方的弱项，我方有求于对方。我方希望对方把A项目让给我方，对方一定不肯。这时候怎么办呢？我方可以把B项目挂钩进来（B项目是我方的强项，对方有求于我方）。我方可以跟对方说："如果你方把A项目给我方，我方就把B项目给你方。这样行吗？"如果还不行，我方还可以加码，把C项目也挂进来（C项目也是我方的强项，对方也有求于我方）。我方可以说："如果你方给我A项目，我方不仅给你B项目，而且还给你C项目。"这时候，我方的谈判实力明显在增加。本来谈判桌上只有一个议题，但可挂第二个、第三个进来，这就是谈判上的"挂钩战术"。这种战术的核心是利用双方在不同项目上实力的差异而在项目之间形成交换。在实际谈判中,善于区分双方在不同议题上的实力差异,并在不同议题之间形成交换对谈判成功将是至关重要的。

在实际的商务谈判中,不一定只是一个议题交换另一个议题,也可能是一个议题与若干个议题相交换,当然也可能是本方若干个议题与对方若干个议题相交换。具体怎样挂钩,怎样交换,要由双方具体来谈。其实,挂钩战术只是一种解决问题的思路,并不构成问题的直接答案。

> 在20世纪90年代末期,有一家中国的OEM厂商,帮日本某公司做半导体的晶元代工,但日本方面支付的加工费很低。中国厂商想让日本公司提高加工费标准,但由于日本方面可选择的加工商很多,中国厂商没有谈判的筹码,于是只能暂时忍耐。
>
> 过了几年,中国厂商终于等到了合适的机会。日本方面集团里生产显示器的部门缺一个芯片,没法及时供应。于是他们就到中国来调查,看哪家厂商会加工这种芯片。前述那家厂商刚好会做,他们抓住机会就生产了,并把产品拿给日本人看。日本人一看很高兴,说:"你们不但质量好,而且最关键的是能够赶上我们交货的期限,价钱怎么算呢?"中国厂商说:"价钱好说,你们把以前我们代工的那个晶元的价格标准提高一些就可以了。"日本人说:"可是我们是两个部门,不相干嘛!"中国厂商说:"这是你们自己的事情,反正我们是帮你们整个集团嘛!"于是日本人就回国了。
>
> 没过多久,以前代工的那个晶元的价格果然被拉了起来。

上述案例就是利用双方在不同项目上的强弱而使用挂钩战术谈判的例子。日本公司在晶元代工的谈判上是强势,中国厂商是弱势,本来没法使对方让步,但后来的机会是中国厂商在显示器芯片的谈判上具有强势,于是他们把两个项目挂在一起谈,取得了出其不意的效果。结果中国厂商利用自己在强势项目上的让步换取了对方在本方弱势项目上的让步。而且,这个结果是双方都得到了利益的满足,谈判的空间通过利益的切换被创造了出来,取得了皆大欢喜的双赢结果。

当然,在实际的谈判中,不一定只是一个项目交换另一个项目,而可能是一个项目与几个项目交换,也可能是若干项目与若干项目的交换。而且,交换的过程也不一定是在一次谈判中完成的,也可能是本次谈判中买方在某个项目上的让步与下次谈判卖方在某个项目上的让步相交换。具体怎样挂钩,怎样交换,要由双方具体来谈。此外,双方具体在哪些项目上做出多大程度的让步,也需要根据具体谈判来决定。因此,挂钩战术只是一种解决问题的思路,而不是答案本身。

> 在保定光明化工厂出口糖醇案中,由于本次谈判涉及3个不同的项目,而双方在3个项目上的侧重点可能不同,所以谈判应该具有较为充分的挂钩与交换的空间。例如,假设买方比较看重商品的质量,而卖方比较看重交易的数量,则双方在谈判时可以将质量和数量进行挂钩,同时来谈这两个项目。买方提高购买的数量,卖方提高商品的质量,双方以买方在数量上的让步换取卖方在质量上的让步,完成不同项目的挂钩与交换。这样,谈判的结果很可能是一个双方都满意的双赢结果。

二、信息的图像化

"信息的图像化"是一种常用的谈判技巧，在商务谈判中经常使用。严格来说，它是一种谈判的说服技巧。其实，谈判的本质是一种相互说服的活动。通过说服，让对方的立场尽量向本方的立场靠近。对方的立场越向本方靠近，双方谈判立场的重叠区就越大，谈判成交的可能性也就越大。因此，在谈判过程中，说服工作是谈判的主要的工作之一。

那么，应该如何说服对方呢？在谈判的不同阶段，说服的技巧不一样。在谈判的开局和前期阶段，说服工作的主要目标是要提高对方对谈判利益的期待，增加谈判的吸引力。也就是说，对方对谈判利益的期待越高，谈判就对对方的吸引力越大，从而对方就越有欲望跟本方进行谈判，谈判成功的可能性也就越大。那么，如何提高对方对谈判利益的期待，增加谈判对对方的吸引力呢？信息的图像化，就是能够达到这一目标的一个有效的方法。

具体来说，"信息的图像化"是指在谈判时，本方把能够为对方提供好处的信息具体化，并像图像一样生动地展示在对方的面前，信息越生动、越具体越好，看得见，摸得着，而不是提供一些抽象的信息。通过信息图像化，能比较容易地打动对方，增加其对谈判的欲望，提高其对获取利益的期待，这是比较符合心理学研究规律的。

"信息的图像化"这一技巧已经被广泛地运用在商务谈判、市场营销等商务活动中。在很多消费品和工业品的销售中，厂商往往要召开一个新品发布会。在发布会上，厂商要把这个新产品的模型展示出来，让消费者看到新产品的具体样态。这样，就能把一个生动的图像传达给消费者，起到增加吸引力、打动受众的作用。例如，在汽车销售中，车企往往要举办汽车销售展览。在车展上，车企往往是通过向公众提供概念车或新车的样车，把新车概念做成一个模型展示给公众，让公众能够看到这个概念车具体形状、外观等，这样能够增加消费者的感性认识，提高对此产品的期待。再如，世界上较大的手机厂商，像苹果手机这样的大品牌，在推出新的手机型号时往往要召开新品发布会，而其发布会一般都会引发全球关注。

> 在保定光明化工厂出口糖醇案中，双方也可以使用信息的图像化策略增加谈判对对手的吸引力，尤其是糖醇的卖方，可以使用具体的事例增强本方说服的效果。例如，卖方可以举出以往使用本企业糖醇的用户，最好是一家著名的企业，在使用了本企业产品后提高市场份额、增强竞争力的具体事例。在事例中，最好采用具体的数据说明自身产品的优势等。

在国际商务谈判中，近年来运用信息的图像化的突出案例就是中国的"一带一路"项目。众所周知，中国企业是"一带一路"国家基础设施的主要供应商。在项目招投标的谈判中，中国企业通常采取的一种方法就是信息的图像化方法。比如，在高铁项目谈判中，把对方国家的谈判代表邀请到中国，让他们现场到我们中国的高铁站看一看；然后邀请他们亲自坐上高铁，体会一下高铁的高速运行的速度，以及其平稳度和舒适度。这样，对方国家代表往往会对中国高铁就会有一个具体、感性、深刻的认识。在谈判中，我方给对方提供了一个具体的图像化信息，对方对这个项目落地到本国的期待就会非常高，从而增加中国供应商中标的可能性。在实际应用中，我们采用这种方法以后，确实达到了很好的效果，很多国家都会把这类的基础设施建设项目委托给中方进行建设。应该说，信息的图像化技巧在此类谈判中得到了很好的应用。

一、品质谈判（negotiation of quality）

✓ I am interested in your products. Would you like to give me some introduction about your products?
我对你们的产品很感兴趣。您能就产品方面做一些介绍吗？

✓ Our products are a hundred per cent natural.
我们的产品可是100%纯天然的。

✓ It is skillfully manufactured and finely processed; besides, it is famous for its elegant shape and superior quality.
它不仅制作精巧、加工细致，而且式样优雅、质量上乘。

✓ Let me tell you about our products' special features. They're made of leather. Each of them weighs just 3 kilos. They come in a wide range of colors.
让我介绍一下我方产品的独特之处吧。它们是用真皮制成的。质量仅有3千克。有多种颜色可供选择。

✓ Our products win warm praise from customers.
我们的产品深受顾客欢迎。

✓ Our products have won prizes at international and domestic contests and have been sold well in more than 80 countries and regions.
我们的产品在国内及国际评比中荣获了很多奖项，远销80多个国家和地区。

✓ This item has a long standing reputation and sells well all over the world.
这项产品久负盛名，畅销全球。

二、数量谈判（negotiation of quantity）

✓ If you purchase such large orders as more than 4 000 units, you can enjoy our quantity discount, that is, we will reduce our price to $17 per set.
如果贵方订购4 000台以上，即可享受我们的数量折扣，也就是17美元一台。

✓ On condition that you take more than 2 000 sets, we are prepared to offer this special price of $9.15 per set, a 5% discount.
如订购2 000台以上，我们可以给予特殊优惠，每台9.15美元，也就是给5%的折扣。

✓ Can we get a 3% discount if we place an order of 5 000 sets for next months?

如果我们下个月有 5 000 台的订单需求,能否得到 3% 的折扣。

三、包装谈判(negotiation of packing)

✓ It is no doubt that your products are of superior quality, but I think your packing needs a little improvement.
毫无疑问贵方的产品质量是上乘的,但我认为贵方的包装有待改进。

✓ It's impossible for us to accept your counter offer.
我们不能考虑接受你方的还盘价。

✓ This order shall be packed in cartons with polythene tops.
这批货将用表面上有透明塑料薄膜的纸盒装。

✓ For better effect, we now use plastic bags instead of paper ones. This not only gives better protection but adds to the attraction of the goods.
为了取得更好的效果,我们把纸袋改为塑料袋。这样不但保护性能更好,而且使商品更有吸引力。

✓ We have especially reinforced our packing in order to minimize the extent of any possible damage to the goods.
我们已经特意加固了包装,以便使货物遭到损坏的程度降到最低。

✓ Please use normal export containers unless you receive special instructions from our agents.
除非你们收到我方代理的特别指示,否则请用正常出口集装箱。

✓ To make them more attractive, elegant and expensive, I suggest you use double packing, i. e. , use an outer cardboard box with window display that can provide a look inside.
要使它们更吸引人、更高雅、更华贵,我建议你们用双层包装,即外包装用纸盒,并且上面有顾客可以看见其内容的透明"窗口"。

✓ On the outer packing please mark our initials "ABC" in a triangle, under which the origin of the goods, the port of destination and our order number should be stenciled conspicuously.
关于外包装,请在三角形内印刷我公司缩写名称"ABC",其下应印刷货物原产地、目的港及我方的订单号。

✓ In view of precaution, please mark "KEEP DRY" and "HANDLE WITH CARE" on each package.
预防起见,请在每个包装上注明"保持干燥"和"小心轻放"的字样。

四、开局阶段谈判(beginning stage)

✓ Thank you for coming into this meeting.
感谢贵方来参加这次会谈。

✓ It's kind of you to come all this way.
你们远道而来,真是太好了。

✓ This is our first visit to China. I'd appreciate your consideration in the coming negotiation.

这是我们初次访华,在未来的谈判中请多加关照。

✓ Shall we talk about the reason why I'm here?

我们是否可以谈谈我们来这里的原因?

✓ Perhaps we could talk about the subject of our meeting.

也许我们可以谈谈我们会见的主题。

✓ May I give a brief account of our company's activities? I believe that you have a brochure outlining our company and our products. Here is our company's most recent annual report.

我想针对本公司的业务做一个简介。大家手中都有一本关于我们公司的历史和产品的小册子。这些是本公司最近一年的报表。

✓ I think we have got a general picture about your company and products, thank you very much for your account.

我想我们对贵公司及产品已经有了大致的了解,谢谢您的讲解。

✓ We will all come out from this meeting as winners.

这次会谈的结果将是一个双赢的结果。

✓ In order to give you a general idea of the various kinds of our products now available for export, I'd like to give you our latest catalogues and prices lists.

为了让你们对我们现在可出口的产品有个大致的了解,我想给你们几份我们最新的商品目录和报价单。

✓ Let's get started.

让我们开始吧。

品质、数量及包装谈判是国际商务谈判中的首位谈判。虽然是合同中的要件谈判,但并不涉及过多的利益划分,因此谈判成功的可能性很大。因为是首次谈判,比起在具体条款上的争议,双方营造一个和谐的谈判环境并为后续谈判争取主动权更为重要。

在品质、数量及包装的谈判中,品质条款双方争议主要为杂质的含量标准。包装条款中,若存在附加包装则会涉及费用的摊派问题,数量条款中会涉及重量的计算方式。在整体谈判中,商业礼仪和贸易专业术语的掌握也是首次谈判中的重点。

品质、数量及包装条款中容易出现的问题有:资料准备不详,双方信息不对称,商业礼节不到位,谈判效率不高等。

中德商品买卖合同谈判

中国某公司与德国一家公司围绕某种出口德国的商品进行谈判。谈判中,双方对商品的品质和数量达成了一致。数量为100长吨，单价为每长吨CIF不来梅80英镑。品质规格为：水分最高15%、杂质不超过3%，交货品质以中国商品检验局品质检验证书为最后依据，双方据此签订了合同。但是，在成交前中方公司向对方寄出了样品，合同签订后又电告对方，确认成交货物与样品相似。货物装运前由中国商品检验局检验签发了品质规格合格证书。

货物运抵德国后，德国公司提出，虽有商检局出具的品质合格证书，但货物的品质却比样品低，卖方应有责任交付与样品一致的货物，因此要求每长吨减价6英镑。中国公司以合同中并未规定凭样交货，而只规定了凭规格交货为由，认为所交货物符合合同规定，因此不同意减价。于是，德国公司请德国某检验公司进行检验，出具了所交货物平均品质比样品低7%的检验证明，并据此向中国公司提出索赔600英镑的要求。中国公司则仍坚持原来的理由而拒赔。德国公司遂提请国际仲裁机构给予仲裁。

以上是一则商品品质谈判与索赔谈判混合在一起的谈判，请阅读之后思考以下问题。

问题思考：

1. 这笔交易究竟是凭文字说明买卖还是凭样品买卖？
2. 双方纠纷的责任在哪一方？中国公司是否应向对方进行赔付？
3. 双方在品质谈判中存在哪些问题？这则案例提示我们买卖双方在就商品品质和数量谈判时，应当注意什么？

课程思政案例

中韩橡胶谈判

中方某公司向韩国某公司出口丁苯橡胶已有一年。第二年中方又向韩方报价，以继续供货。中方公司根据国际市场行情，将价格从前一年的每吨成交价下调了120美元（上一年为每吨1 200美元），韩方觉得可以接受，邀请中方到韩国签约。

中方人员一行两人到了首尔该公司总部，双方谈了不到20分钟，韩方说："贵方价格仍太高，请贵方看看韩国市场的价格，3天以后再谈。"

中方人员回到饭店后感到被戏弄，很生气，但人已到首尔，谈判必须进行。中方人员通过有关协会收集到韩国海关丁苯橡胶的进口统计数据，发现从哥伦比亚、比利时和南非等国进口量较大，从中国进口也不少，中方该公司是进口份额较大的一家。南非价格较低但仍高于中国。哥伦比亚、比利时价格均高于南非。在韩国市场的调查中，韩国的批发和零售价均高出中方公司现报价的30%～40%，市场价格虽呈降势，但中方公司的报价是目前最低的。

为什么韩方人员还这么说？

中方人员分析，对方以为中方人员既然来了首尔，肯定急于拿合同回国，可以借此机会再压中方一手。

那么，韩方会不会不急于订货而找理由呢？

中方人员分析，若不急于订货，为什么邀请中方人员来首尔？再说韩方人员过去与中方人员打过交道，签过合同，且合同执行顺利，对中方工作很满意。这些人会突然变得不信任中方人员了吗？从态度上看不像，他们来机场接中方人员，且晚上一起喝酒，保持了良好的气氛。

经过上述分析,中方人员共同认为:韩方意在利用中方人员心理再次压价。根据分析,中方人员决定在价格条件上做文章。首先,态度应强硬(因为来之前对方已表示同意中方报价),不怕空手而归;其次,价格条件还要涨回市场水平;最后,不必用两天给韩方通知,仅一天半就将新的价格条件通知韩方。

在一天半后的中午前,中方人员电话告诉韩方人员:"调查已结束,得到的结论是:我方来首尔前的报价低了,应涨回去年成交的价位,但为了老朋友的交情,可以下调20美元。请贵方研究,有结果请通知我们,若我们不在饭店,则请留言。"

韩方人员接到电话后一个小时,即回电话约中方人员到其公司会谈,韩方认为中方不应把报价再往上调。

中方认为这是韩方给的权利。我方按韩方要求进行了市场调查,结果应该涨价。

韩方希望中方多少降些价,中方认为原报价已降到底。经过几个回合的讨论,双方同意按中方来首尔前的报价成交。

这样,中方成功使韩方放弃了压价的要求,按计划拿回了合同。

资料来源:杨晶. 商务谈判 [M]. 北京:清华大学出版社,2016.

问题思考:

1. 在上述谈判中,韩国商人采用了怎样的策略来向中国公司施加压力?他们想要达到什么目的?

2. 在压力面前,中国公司是如何应对的?他们采用了什么策略?

3. 通过此次谈判,中国公司展示了怎样的形象和素质?这些形象和素质体现了哪些中国文化和内涵?

谈判计划书例样(1)

实验二 运输与保险条款谈判

 实验背景

本次谈判是在前面关于品质、数量和包装谈判的基础上进行的,运输保险条款的谈判比较关键,这一谈判中将涉及价格术语,直接关系到双方的利益,因此谈判可能会产生分歧,甚至出现僵局,在谈判中应注意谈判策略和技巧的运用。在贸易术语上买卖双方会存在比较大的争议,此时如果无法争取到对己方十分有利的贸易术语,那么在保持己方更多主动权的前提下,可以做一些妥协和让步;但应该明确各自的责任和义务,在最大范围内维护己方的利益。

 实验目标

◇ 在谈判中熟悉运输路线、装运时间、转船与分批交货及投保种类的谈判。
◇ 掌握运输责任与保险责任与贸易术语之间的内在联系。

 课程思政导入

本次谈判比较关键。这一谈判中将涉及价格术语,直接关系到双方的利益,因此谈判可能会产生分歧,甚至出现僵局。首先,应注意做好商务谈判的准备,使学生领悟准备的重要性,同时明白自身的社会责任及团队精神。要引导学生多维度、多视角地分析和研究各国的文化差异和谈判风格,引入变化、发展、系统、创新理念,引入文化自信,增强学生的民族自豪感和使命担当。其次,在贸易术语上买卖双方会存在比较大的争议,要培养学生具有双赢意识,养成正确的积极解决问题的态度。引导学生构建理论联系实际的思维方式,引导学生形成健全的人格和养成良好的谈判心理素质。最后,在出现僵局的情况下,引导学生在磋商中树立正确的人生观、价值观、法治观、消费观,树立正确的沟通、交流、团结、合作共赢意识;围绕社会主义核心价值观、爱国主义、工匠精神,脚踏实地、实事求是地展开谈判。

综上,本次谈判的课程思政目标如下。
◇ 使学生领悟商务谈判准备的重要性,同时明白自身的使命担当、社会责任,并培养学生的团队精神。
◇ 多维度、多视角地分析和研究各国的文化差异和谈判风格,引入文化自信,增强学生民族自豪感和使命担当。
◇ 强调双赢意识;引导学生构建理论联系实际的思维方式,树立正确的积极解决问题的态度；引导学生形成健全的人格和养成良好的谈判心理素质。

◇ 在磋商中树立正确的人生观、价值观、法治观；树立正确的沟通、交流、团结、合作共赢意识；围绕社会主义核心价值观、爱国主义、工匠精神，脚踏实地、实事求是的展开谈判。

 实验准备

一、运输路线和装运条款的选择

（一）运输路线的选择

在运输路线的选择上，应尽量选择直达路线。谈判前应了解运输班次、运输路线和收费标准。如不能选择直达路线，要选择适当的中转地点，了解中转的额外费用和中转所需的时间。如果承运人不负责安排中转，自己还应妥善委托中转地的代理人。根据卖方的生产时间确定卖方自己的交货期，并与买方协商。确定装运港、目的港，计算出装运港到目的港的航运时间，以及大致航线。

在有关糖醇谈判的案例中，初步确定装运港为天津新港，目的港为日本大阪港。航运时间为 4～5 天。此案例的运输路线为直达航线。

（二）装运期

装运期和交货期在国际贸易中是两个不同的概念，在时间上有区别；但是在装运港交货和内陆交货的贸易术语中，装运期等同于交货期；在目的港交货的贸易术语中装运期一般早于交货期。合同中对装运期规定如下：

1. 明确规定具体的期限

（1）限于某月或几个月内装运：

① 20××年 3 月装运（shipment during March 20xx）；

② 20××年 7—8 月装运（shipment during July, August 20xx）；

③ 20××年 5 月底前装运（shipment on or before the End of May 20xx）。

（2）限于某年某月某日前装运：

20××年 3 月 31 日前装运（shipment on or before the End of March 20xx）。

（3）装运日期规定 20××年 10 月、11 月跨月装运（shipment during Oct./Nov. 20xx）。

（4）装运期由卖方选择，允许分批、转运：

20××年 5—6 月装运，卖方选择，允许分批、允许转船（shipment during May, June with partial shipment and transshipment allowed, sellers option）。

上述规定使卖方有一定时间进行加工备货和安排运输，同时也有利于买主掌握货物装运期，做好支付货款和接收货物的准备。

2. 规定在收到信用证后若干天内装运

该规定适用于以下 3 种情况。

（1）根据买方来样加工的商品或国外定牌商品，此种商品既不能内销，也不能转销其他客户，卖方为了避免积压商品，可以采取这种方法。

（2）对外汇管制较严的国家的买主，买方定购商品还需申请进口配额或进口许可证。

（3）对某些信用较差，或对某些没有把握的客户。

这种规定对卖方的好处是卖方的出口货运是以收到信用证为前提的，只要保证单货证一致，货款收回是没有问题的。但如果买方因某种原因开证无期，也将使卖方处于被动的地位。所以在实行这种规定时，就应加列"买方如不按合同规定开证，卖方有权按买方违约提出索赔"或规定"买方最迟于20××年××月××日以前将信用证开抵卖方"。

3. 避免使用下列表示时间的术语

下列术语规定含混不清，解释不一，容易造成误解，应避免使用或要求对手澄清，如：立即装运（immediate shipment），即刻装运（prompt shipment），尽快装运（shipment as soon as possible）。UCP600规定：在信用证中，装运期不应使用该类词语，如若使用，银行将不予办理。

 签订合同装运期时应注意的问题

➢ 货源情况。装运期规定远近应和生产、库存情况相适应。如现货或加工需时较短，装运期可以规定近一些；加工费时较多，则远一些。对于粮油、矿砂等大宗交易的商品而言，在合同中应规定跨月装运。

➢ 运输情况。在由我方负责租船订仓的条件下，对装运的规定必须考虑有关运输情况。例如，航线是直达的，还是需要转船；交通是便利的，还是偏僻的；有没有班轮挂港，港口条件如何，有没有特殊的要求。

➢ 市场需求。注意市场的销售季节，装运时间如能赶在销售季节之前，将是我方争取好价的因素之一。

➢ 商品性质。某些商品由于本身性质的要求，如某些商品梅雨季节出运要受潮、发霉、生锈，还有的商品遇热溶化等，实际规定装运期时应尽可能避开这些情况。

（三）装运港（port of shipment）和目的港（port of destination）

装运港又叫装货港，是货物起始装运的港口。如果使用装运港交货类价格术语时，那么装运港同时也是货物的交货地点。目的港又叫卸货港，是指买卖合同规定的卸货港口。一笔交易达成，必须确定装运港和目的港，主要为了卖方安排装运，同时也为了买方接货。一般习惯是：装运港由卖方提出，买方同意确定；目的港由买方提出，卖方同意确定。买卖双方在确定装运港和卸货港时，可以确定一个，也可以确定几个，并可从中选一个为装运港或卸货港。

在我国的出口业务中，对装运港的规定主要应考虑货源比较接近的港口，以方便运输和节省费用。规定"中国口岸"为装运港比较灵活机动。注意装运港的规定必须和信用证一致。

在我国进口业务中，卸货港可规定为"中国港口"，具体卸货港应尽可能选择离用货单位和消费地区近的港口。

采用CIF、CFR出口对目的港选择时应注意以下问题。

（1）要根据我国对外贸易政策的规定来选择港口，不应选择我国政策不允许往来的港口为卸货港。

（2）目的港争取选择航线多、装卸条件好、费用低的寄航港。特别应注意国外装卸港口的具体运输和装卸条件。例如，有无直达班轮、港口装卸设备、码头泊位的深度、冰冻期和港口的规章制度，已注册船只有无限制，以及运费、附加费的水平等。

（3）不能接受内陆城市为卸货港。

（4）对运往偏僻港口的，应争取"允许转船"（transshipment to be allowed）。

（5）对装卸港的规定要明确，如"汉堡""伦敦"；不要笼统定为"欧洲主要港口"（European Main Ports, E. M. P）、"非洲主要港口"（African Main Ports, A. M. P），因为这样容易引起误会。

（6）不能接受指定码头或泊位的装卸条款。如果因业务需要必须接受这种条款时，应在合同中加列下述内容："载货船舶到达目的港时，若指定码头无泊位或有吃水限制，则卖方或承运人有权命令该船前往其他码头卸货，除非买方坚持在指定码头卸货，在这种情况下所发生的费用均由收货人负担。"

（7）有的国外进口商在与我方成交时，尚未找到最终卖主，因此要求在几个港口中任一个，即选择港（optional ports），又叫任意港。我方可以同意，但同时应规定：① 任意港不能超过 3 个；② 卸货港必须在同一航线上，为班轮都能挂港的港口，跨航线的不能同意；③ 运费按选择港中最高费率和附加费计算。选港附加费由买方负担，CIF 伦敦/汉堡/鹿特丹，任选（CIF London, Hanburg, Rotterdam Optional Additional for Buyer's Account）；④ 买方最后选择的任意港应在装船时明确，或最迟也不应晚于该船抵达第一选择港前 48 小时宣布。

（8）对内陆国家的贸易，一般应选择最近的港口或传统的卸货港口。

（9）为防止发生差错，应注意国外港口有无重名。如有重名，要注明装卸港所在国家的地区。

（四）装运通知

这是一项买卖双方相互配合、相互衔接的工作。在 FOB 条件成交时，卖方在约定装船期开始前一个月，向买方发出货物备妥，准备装船的通知（催派船电报，shipping instruction）。买方接到卖方通知后，应及时将船舶名称、船期，用电报通知卖方准备接船。

在 CIF、FOB、CFR 条件成交时，卖方应于货物装船后，立即将合同号、货物的品名、件数、重量、发票金额、船名及装船日期电告买方（shipping advice），以便买方准备接货，办理进口手续及投保。

（五）分批装运

凡一笔成交的货物，分若干批次装运叫分批装运。根据 UCP600 第 31 条规定：表明使用同一运输工具并经由同次航程运输的数套运输单据在同一次提交时，只要显示相同目的地，将不视为部分发运，即使运输单据上标明的发运日期不同或装卸港、接管地或发送地点不同。如果交单由数套运输单据构成，其中最晚的一个发运日将被视为发运日。合同中的分运条款如下。

（1）允许分运（partial shipment allowed）。该条款对同一信用证规定的多类商品或一类商品的多种规格，可根据货源情况全部或分批多次装运。

（2）批内不能分运（partial shipment prohibited within lots）。多种商品或一种商品多种规格，只能划分一批次全部装运，在划分的范围内不能再分运。

（3）禁止分运（partial shipment prohibited）。信用证下的货物，必须一次装运。

（4）其他分运条款。

① 定期分运，定量分运。

例如，4月100箱，5月100箱，6月100箱。

② 等量分运，按比例分运。

例如，每次100吨，一级品40吨，二级品60吨。

注意在信用证有效期内，分批装运中任何一期未按期完成，信用证对该期及各期货物均告失效。

分批装运有利于减轻卖方的供货压力，所以卖方应考虑分批次装运的问题。在糖醇买卖的案例中，可以根据买方需要及卖方的生产能力，分为两批或三批较好。每一批次的装运时间应作出明确规定。

（六）转船（transhipment）

凡我国出口货物运往没有直达港的，在合同中应订有"允许转船"的条款（transhipment to be allowed），同时应说明转船费由买方或卖方负担。

凡我国进口按FOB条件成交时，在合同和信用证中，为了灵活主动，不宜规定"不准转船"的条款。

根据银行办理信用证业务的习惯，凡信用证内未明确规定禁止转船者，即视为可以转船。

在糖醇买卖的案例中，作为卖方，在贸易术语上首先选择CFR，这样对卖方在船货衔接上比较好控制。可以掌握货物整个的运输过程。卖方要对此提出自己的理由，努力说服对方使用CFR进行交易。买方如果接受CFR，可能会提出买方派船运输的条件，因为买方也想在货物上取得更好的控制。对此，卖方一定要给买方派的船规定到达装运港的时间，以免货物在港口产生过多的仓储费用。如果对方坚持不用CFR贸易术语，而用FOB贸易术语，则卖方必须要求对方在规定的时间派船到达起运港口。

在糖醇买卖的案例中，因为有直达航线，出于运输方便及货物安全等方面的因素，一般不予考虑转船问题。

在分批次问题上，卖方为减少生产压力可能会提出分批装运的条件；而作为买方，如果买方需要，或者买方的下家需要，也会提出分批次装运的条件。对于此点而言，双方可以协商。而转船问题，作为卖方则应该考虑到货物的安全性，在控制货物主动性上应该占有一定优势，故一般不予考虑。

此案中糖醇生产过程比较麻烦，而且糖醇属于化工原料，数量较多，所以应该考虑分批次装运的问题。

在运输标志上，因为糖醇有一定的危险性，所以应该有危险性标志，如标注上易燃品、有毒品、易爆品。

二、运输方式的选择

国际货物运输方式很多,根据使用工具的不同,可以分为水上运输、陆上运输、航空运输、管道运输、邮政运输等。水上运输又分为内河运输与海上运输。目前,国际贸易货运总量的2/3是由海洋运输完成的。海洋运输也是我国对外贸易运输的主要方式。近年来,虽然航空货运量增长迅速,但国际货物贸易运输以海运为主的格局并未发生改变。国际货物海洋运输按照船舶经营方式划分,主要分为班轮运输和租船运输。

(一)班轮运输

有固定航线,沿途停靠若干固定港口,按照事先规定的时间表航行的船舶。对于停靠的港口而言,无论货物数量的多少,一般都可以接受托运。其特点是固定航线、固定装卸港、固定船期、固定运价,船方管装管卸,即所谓的"四固定""两管"。

目前我国使用的班轮主要有3种:一是自营班轮,即中国远洋运输有限公司和中国对外贸易运输总公司经营的班轮;二是合营班轮,即我国与外国合资经营的班轮,如中波轮船股份公司、中坦联合海运公司等;三是外国班轮,如TOHOLINE、DSRLINE、RICERS LINE等。

(二)租船运输

根据协议,船东将船舶出租给租船人使用,以完成特定的货运任务,并按商定运价收取运费。租船运输方式有以下3种。

(1) 定程租船。定程租船又称航次租船。船方按租船合同规定的航程完成货物运输任务,并负责船舶的经营管理及船舶在航行中的一切开支费用;租船人按约定支付运费。

(2) 定期租船。船舶出租人将船舶租给租船人使用一定期限,在期限内由租船人自行调度和经营管理。租金按月(或30天)每载重多少吨若干金额计算。

(3) 光船租船。光船租船是定期租船的一种。船东不提供船员,由租方自行配置船员负责船舶的经营管理和运行各项事宜。在实际中采用得很少。

> 商品的交接必须借助于空间的转移来实现,各种运输方式各有特点。运输方式不同,运费差别很大。双方应在明确由谁支付运费的基础上,规定运输方式及应负的责任。应根据进出口货物的性质、运量大小、运输距离的远近、货物需要的缓急、运输费用的高低、装卸地的条件、法律法规与惯例、气候与自然条件以及国际政治形势的变化等因素,慎重地选择运输方式。
>
> 在糖醇买卖的案例中,运输方式选择海洋运输是最好的。双方更愿意选择租船订舱,因为货物不是很多,而且路程比较近。此次的装运港是天津新港,目的港是日本大阪港,花费4~5天的时间,全程海运费6 000~7 000美元。

三、运费的计算

(一) 班轮运费的计算

1. 班轮运费的含义

班轮运费 (liner freight) 是班轮公司为运输货物而规定的运输价格并按这种价格向货方收取运费 (loading charge) 和在目的港的卸船费用 (unloading charge)。货方按班轮运价支付运费后,除有特殊规定外,对于载货船舶在任何港口的延误或速离,既不负经济责任,也不享受经济利益,即不计滞期和速遣费用。

班轮运费有印就的运价表,具有相对的稳定性,即在一定时期内,如半年、一年或更长时期内保持不变。贸易合同中如运输条款规定为"班轮条件"(LINER TERM 或 BERTH TERM),其含义是货物必须以班轮方式承运,船方负担装卸费用,不计滞期、速遣费,并签发班轮提单。

2. 班轮运费的构成

班轮运费由基本运费和附加费组成。

1) 基本运费

基本费率是计算运费的基础,它不包括附加费。等级运价表的基本费率就是各航线的等级费率。基本运费率是必须收取的,包括各航线等级费率、从价费率、冷藏费率、活牲畜费率及议价费率等。基本费率的计收标准有以下几种。

(1) 按货物的毛重计收。也称按重量吨 (weight ton) 计收,即以每公吨作为运费计算单位,用"W"(Weight) 表示。

(2) 按货物的体积计收。也称按尺码吨 (measurement ton) 计收,即以每立方米或40立方英尺作为一个运费计算单位,用"M"(measurement) 表示。

(3) 按商品的价格计收。即所谓从价运费,用"A. V."或"AD. VAL"(advalorem) 表示,其费率一般占 FOB 货价的百分之零点几到 5% 不等。

(4) 按货物的件数计收。如装运卡车,按辆数计收运费。

(5) 按重量或体积计收。即按收费高者为准来计算运费,运价表内用"W/M"表示,即在重量与体积两者中,由船方选择其中收费较高的一种计收运费。货物的重量吨或尺码吨都统称为运费吨 (freight ton)。若有"W/M or A. V."字样,即指船方可从货物的重量、体积或货价三者中选取收费较高的一种计收运费;也有列明"W/M Plus A. V."字样的,即船方除先按货物的重量或体积中较高的一种计收运费外,还须另收一定百分比的从价运费。

(6) 由货主和船公司临时议价。这种方法通常是在承运粮食、豆类、矿石、煤炭等运量较大、货价较低、装卸容易、装卸速度快的农副产品和矿产品时采用。

2) 附加费

除基本费率外,班轮运费还包括各种附加费 (surcharges),用于补充基本费率的不足。其计算方法,有的用百分比表示,是在基本费率基础上计算的;有的则用绝对数表示,一般指每运费吨若干元,可以与基本费率直接相加计算。常见的附加费有以下几种。

（1）燃油附加费（bunker adjustment factor or bunker surcharge，BAF 或 BS）。几乎各条航线都有此费用。

（2）港口附加费（port surcharge）。由于有些港口设备差、装卸效率低、费用高、增加船舶成本开支而加收的附加费。

（3）港口拥挤附加费（port congestion surcharge）。

（4）货币贬值附加费（currency adjustment factor，CAF）。

（5）绕航附加费（deviation surcharge）。

（6）转船附加费（transshipment surcharge）。对运往非基本港的货物，需在中途港转运至目的港，为此而加收的费用。

（7）直航附加费（direct additional）。去往非基本港口的货物，一次货量达到一定数量时，可以安排直接卸货，为此加收的费用。

（8）选港附加费（additional for optional destination）。货物托运时不能确定具体卸货港，需要在两个或两个以上的卸货港中选择，为此而加收的费用。

货方必须在该航次中船舶抵达第一卸货港 48 小时前向船方宣布。

（9）变更卸货港附加费（additional for alternation of destination）。如改卸的港口运价高于原来的卸港费用，船方则另补运价差额；如运价低于原卸港运价则已收运费不予退还。

上述各种附加费的计算方法根据不同的情况来确定，有的是按每运费吨加收多少金额计收，也有的是按基本费率的百分比计收，有的则是一些临时性措施。外贸企业在支付运费时，应根据实际情况进行认真审核，避免多付和错付，以节省运费支出。同时，应熟悉和掌握有关运价业务的专有名词和英文缩写以减少差错，提高工作效率。

3. 计算过程

（1）选择相关的运价表。运价表包括适用范围、计价币别、计算单位、港口规定、货物等级表、航线费率表、附加费率表、冷藏货费率表及活牲畜费率表等。

运价表一般分为以下几类：班轮公司运价本、班轮公会运价本、双边运价本和协议运价本、单项商品费率运价表、等级运价表。

（2）在货物等级表中查运费计算标准和等级。

（3）在等级费率表中，找到相应的航线、启运港、目的港，按等级查找基本运价。

（4）再从附加费部分查出所有应收的附加费项目和数额及货币种类。

（5）根据基本运价和附加费算出实际运价。

4. 班轮运费的计算标准

（1）按货物毛重计收：W。

以每一公吨为计算单位，吨以下取两位小数。

（2）按货物的体积计收：M。

以一立方米为计算单位，也有按 40 立方英尺为一尺码吨计算。

（3）按货物的毛重或体积计收：W/M。

（4）按货物的价格计收：AD. VAL。

5. 班轮运费的计算公式

$$F = F_b + \sum S$$

式中：F——运费总额；
F_b——基本运费额；
S——某一项附加费。

$$F_b = fQ$$

其中，f——基本费率；
Q——货运量。

> 例如，一批棉织品，毛重1.020吨，体积3.040立方米，目的港为一基本港，基本费率为人民币37.00元，W/M，燃油附加费每吨运费人民币8.5元，港口附加费10%，求运费。
>
> **解** 基本费率：37.00元
> 燃油附加费：8.50元
> 港口附加费：37.00×10%＝3.7元
> 合计：49.20元
> 运费吨：1.020＜3.040，取M按尺码吨计算。
> 运费：49.20×3.040＝149.57元

（二）租船运费的计算

租船运输方式运费的计算方式，一般规定费率（rate of freight），即按所装货物每单位重量（或单位容积）所表示的金额；或整船包干运费（lump-sum freight），即按提供的船付一笔运费，不管实际装货多少，一律照付。

运费的交付方式要明确币别和支付时间，并明确预付、到付或者部分预付及其百分比。

四、保险险别的选择

保险险别的选择要根据货物的性质特点、包装情况、运输方式、航线、港口和装卸货的损耗情况，目的地的货物市场价格变动趋势，季节、气候及安全等具体情况全面考虑。

根据货物的特性，考虑需要投保的险别，在贸易术语确定的前提下，确定买方或卖方应负责的投保范围。CIF术语成交，卖方办理保险。CIF条件下，卖方只需对货物投保最低险种。FOB或CFR术语成交，卖方在装船时发出装船通知，由买方办理保险。

国际货物保险包括基本险和附加险。

（一）基本险

基本险分为平安险、水渍险和一切险3类。

1. 平安险（free from particular average，FPA）

（1）负责被保险货物在运输途中由于自然灾害造成的全部损失。
（2）负责由于运输工具遭遇意外事故造成的货物的全部或部分损失。
（3）负责运输工具已经发生意外事故的情况下，货物在此前后又在海上遭受恶劣气候等自然灾害所造成的部分损失。
（4）在装卸或转运时由于一件或数件货物整件落海造成的全部或部分损失。
（5）被保险人对遭受承保范围责任内危险的货物采取抢救、防止或减少货损的措施而支付的合理费用，但以不超过该批被救货物的保险金额为限。
（6）运输工具遭遇海难后，在避难港由于卸货所引起的损失，以及在中途港、避难港由于卸货、存仓和运送货物所产生的特别费用。
（7）共同海损的牺牲、分摊和救助费用。
（8）运输契约订有"船舶互撞责任"条款，根据该条款规定应由货方偿还船方的损失。
平安险适用于大宗、低值、粗糙、无包装的货物。如废铁、木材、矿砂等。

2. 水渍险（water particular average，WA or WPA）

（1）平安险所保的全部责任。
（2）被保险货物在运输途中，由于恶劣气候、雷电、海啸、地震、洪水等自然灾害所造成的部分损失。
排除了货物的锈损、碰损、破碎及散装货物的部分损失。

3. 一切险（all risks）

（1）水渍险的全部保险责任。
（2）被保险货物在运输途中由于一般外来风险造成的全部或部分损失。
一切险是平安险、水渍险和一般附加险的总和。
对于货物内在缺陷和自然损耗所致损失，以及运输延迟、战争和罢工所致损失，保险人均不负赔偿的责任。

（二）附加险

附加险包括一般附加险和特殊附加险。

1. 一般附加险

（1）偷窃、提货不着险（risk of theft pilferage and non-delivery，T.P.N.D.）。
被保险人对于偷窃行为所致的货物损失，必须在提货后10天内申请检验；而对于整件提货不着，被保险人必须取得责任方的有关证明文件，保险人才予以赔偿。
（2）淡水雨淋险（fresh water & or rain damage，F.W.R.D.）。
发生损失后的10天内申请检验，并要用外包装痕迹或其他证明为依据。
（3）短量险（risk of shortage）。
（4）混杂、玷污险（risk of intermixture and contamination）。
（5）渗漏险（risk of leakage）。
（6）碰损、破碎险（risk of clashing and breakage）。

（7）串味险（risk of odour）。
（8）钩损险（hook damage）。
（9）受潮受热险（damage caused by sweating and heating）。
（10）包装破碎险（breakage of packing）。
（11）锈损险（risk of rust）。

在基本险为平安险或水渍险时选择加保，已经包括在一切险的责任范围内。

2. 特别附加险

（1）交货不到险（failure to deliver risk）。

被保险货物从装上船时开始，如果在预定抵达日期起满6个月仍不能运到原定的目的地交货，则不论何种原因，保险公司均按全部损失赔付。

（2）进口关税险（import duty risk）。

该附加险承保的是被保险货物受损后，仍需在目的港按完好货物交纳进口关税而造成相应货损部分的关税损失。

货物遭受的损失必须是保险单承保责任范围。

（3）舱面货物险（on deck risk）。

（4）拒收险（rejection risk）。

货物在进口时，由于各种原因，被进口国的有关当局拒绝进口或没收所造成的损失，保险人负赔偿责任。

投保时需持进口所需的一切手续。被保险人所投保的货物在生产、质量、包装、商检等方面，必须符合产地国和进口国的有关规定。如果被保险货物在起运后至抵达进口港之前的期间内，进口地宣布禁运或禁止进口的，保险人只负责赔偿将该货物运回出口地或转口到其他目的地所增加的运费，而且以该货物的保险价值为限。

投保拒收险的主要是食品、饮料、药品等与人体健康有关的货物。

（5）黄曲霉素险（aflatoxin）。

承保被保险货物（主要是花生）在进口港或进口地经卫生当局检验证明，其所含黄曲霉素超过进口国限制标准，而被拒绝进口、没收或强制改变用途所造成的损失。

（6）出口货物到香港（包括九龙在内）或澳门存仓火险责任扩展条款（fire risk extension clause for storage of cargo at destination Hong Kong, including Kowloon, or Macao）。

我国出口到港澳地区的货物，有些是向我国内地在港澳的银行办理押汇。

3. 特殊附加险

（1）海运战争险（ocean marine cargo war risk）。

① 直接由于战争、类似战争行为和敌对行为、武装冲突或海盗劫掠等所造成的运输货物的损失。

② 由于上述原因引起的捕获、拘留、扣留、禁制、扣押等所造成的运输货物的损失。

③ 各种常规武器，包括水雷、炸弹等所造成的运输货物的损失。

④ 由本险责任范围所引起的共同海损牺牲、分摊和救助费用。

（2）罢工险（strikes risk）。

罢工者、被迫停工工人或参加工潮暴动、民众斗争的人员的行动，或任何人的恶意行为所造成的直接损失以及因上述行动或行为所引起的共同海损的牺牲、分摊和救助费用。

> 在糖醇买卖的案例中，糖醇属于化工用品，具有一定的危险性，所以在铁桶包装的基础上，也应该考虑海运中的投保。如果买方进行投保，在一切险的基础上，还应该投保一般附加险，如短量险、钩损险等。如有必要，还可以投保一些特殊附加险，如海运战争险、罢工险。保险是运输的前提条件，当贸易术语确定之后，由哪一方对货物进行投保就显而易见。

五、确定运输保险谈判方案

（1）确定本次谈判的必要性、可行性和替代方案；
（2）分析本方及对方的优劣势；
（3）确定最优目标、期待目标和底线；
（4）确定谈判的战略和战术；
（5）人员组成与分工。

谈判技巧

一、投石问路

投石问路策略是指买方在谈判中通过不断的询问，直接尽可能多地了解从对方那儿不容易获得的如成本、价格等方面资料，以此来摸清对方的虚实，掌握对方的心理，以便在谈判中作出正确的决策。

投石问路的关键，在于选择合适的"石"，提出的假设应该是己方所关心的问题，而且是对方无法拒绝所回答的。很多时候，如果提出的问题正好是对方所关心的，那么也容易将己方的信息透露给对方，反而为对方创造了机会。所以，在使用投石问路策略时，也应该谨慎，并且注意不要过度。

例如，现在一位买主要购买3 000件产品，他就会先问如果购买100、1 000、3 000、5 000、10 000件产品的单价分别是多少。一旦卖主给出了这些单价，敏锐的买主就可从中分析出卖主的生产成本、设备费用的分摊情况、生产的能量、价格政策、谈判经验丰富与否等情况。最后，买主能够得到比购买3 000件产品更好的价格，因为很少有卖主愿意失去这么多数量的买卖。

（一）问路方式

不同的谈判过程，获取信息的提问方法不同。概括起来，提问形式有6种类型。
（1）一般性提问，如"你认为如何？""你为什么这样做？"等。
（2）直接性提问，如"这不就是事实吗？"等。

(3) 发现事实提问，如"何处？""何人？""何时？""何事？""何物？""如何？""为何？"等。
(4) 探讨性提问，如"是不是？""你认为？"等。
(5) 选择性提问，如"是这样，还是那样？"等。
(6) 假设性提问，如"假如……怎么？"等。

这些提问方式是有力的谈判工具，我们必须审慎地、有选择地、灵活地运用这些工具。任何一个问题都使买方更进一步了解对方的商业习惯和动机，卖主想要拒绝回答也是很容易的，所以大多数卖主宁愿降低其价格，也不愿意受这种疲劳轰炸式的提问。

美国商业顾问机构首席代表在购买东西时，经常采用投石问路策略，通过许多假设性提问，获得了很多颇有价值的资料，引导新的选择途径。

- 假如我们订货的数量加倍或减半呢？
- 假如我们和你签订一年的合同呢？
- 假如我们将保证金减少或增加呢？
- 假如我们自己提供材料呢？
- 假如我们提供工具呢？
- 假如我们要买几种产品，不只购买一种呢？
- 假如我们让你在淡季接下这份订单呢？
- 假如我们自己提供技术援助呢？
- 假如我们改变合同的形式呢？
- 假如我们买下你的全部产品呢？
- 假如我们改变产品的规格呢？
- 假如我们分期付款呢？

（二）注意事项

采用投石问路策略时，应注意以下几个方面的问题。

(1) 提问题要恰当。如果提问题规定的回答方式能够得到使对方接受的判断，那么这个问题就是一个恰当的问题，反之就是一个不恰当的问题。

例如，在经济合同的再谈判过程中，买方与卖方在交货问题上进行激烈辩论。卖方晚交货两个月，同时只交了一半的货。买方对卖方说："如果你们再不把另一半货物按时交来，我们就向其他供货商订货了。"卖方问："你们为什么要撤销合同？如果你们撤销合同，重新订货，后果是不堪设想的，这些你们明白吗？"在这里，卖方提出："你们为什么要撤销合同？"这是一个不恰当的问题，因为这个问题隐含着一个判断，即买方要撤销合同。这样，买方不管怎样回答，都得承认自己要撤销合同。这就是强人所难、逼人就范，谈判自然不欢而散！所以，谈判必须准确地提出争论的问题，力求避免包含着某种错误假定或有敌意的问题。

(2) 提问题要有针对性。在谈判中，一个问题的提出要把问题的解决引导到交易能否做成这一方向上去，并给予足够的时间使对手尽可能详细地正面回答。为此，谈判者必须根据对手的心理活动运用各种不同的方式提出问题。

例如，当需方不感兴趣、不关心或犹豫不决时，供方应问一些引导性问题："你想买什么东西？""你愿意付出多少钱？""你对我们的消费调查报告有什么意见？""你对我们的产品有什么不满意的地方？"等。提出这些引导性问题后，供方可根据需方的回答找出一些理由来说服对方，促使买卖成交。

（3）尽量避免暴露提问的真实意图，不要与对方争辩，也不必陈述己方的观点。

二、欲擒故纵

"欲擒故纵"策略是指对志在必得的交易，故意通过各种措施让对方感到自己满不在乎的态度，从而压制对方在谈判中要价的胃口，确使己方以预想条件成交的做法。战争中，该策略有"惑敌""麻痹"对方的意思。在商业谈判中主要用于掩盖己方谈判真实意图，谨防被对方利用压己方成交条件。该策略系基本谈判策略，运用较多。由于该策略既有守的功夫，又讲攻的技巧，所以其功效较大，为谈判手必修之策略。

该策略直接打击的是对方的自信心，追求的是对方的积极反应——担心自己地位。其"虚假态度""迷惑对方"的信息，均是围绕对方心理活动来实施的。该策略不受谈判人地位和谈判阶段的约束。其做法重点在"故纵"，立足点却在"擒"，具体表现在以下几个方面。

1. 态度

谈判者先要保持自己对谈判对方一种不冷不热的态度。当然，不冷不热要有礼貌。仅在对人对事，不急于求成，不过于殷勤。说话要形同"路人""陌生人"。即使是好朋友、老客户，也仍持"随你便""不勉强"及"做朋友可以，强买强卖没必要"的态度。

2. 进度

反映"纵"的另一种形式是放任谈判进度，不赶时间，使谈判显得松弛、随意。对方想快，可以陪，但也不全满足。自己绝不主动加快谈判节奏，让对方感觉这生意没有"大戏"，或"摸不着头脑"。

3. 挑火

边"纵"，要边挑火。即在"冷"对方的同时，还要挑起他们的"火"。用分析、结论性的评语揭示对方长处、竞争优势，燃起对方成功的希望，挑起对方投入谈判的欲望。如："贵方在×方面有优势，可以参与竞争，若真想赢得交易，我方可以配合。""照贵方目前态度，我很难明确合同是否能签约，除非贵方扬长避短。贵方若失去交易实在太可惜，因为不是没竞争性，而是没发挥竞争力。"这些评语，与人们常说的"阴一句、阳一句"的做法一样，可煽起对手的"火"来。

中国某公司（A方）与美国某公司（B方）及日本某公司（C方）就电视机显像管用的玻壳生产设备的采购进行谈判。从技术、报价、保证条件分析看，C方条件较有优势，A方内定成交对象为C方。为了防止C方"翘尾巴"、趁机抬价，决定使用"欲擒故纵"的策略对付C方。首先，A方在谈判日程上把B方放在前面，且谈判时间也较充裕。C方在其后,"边角料"似乎为时间。使用A方多余时间,整个日程使C方受到冷遇。然后,A方在谈判中热情不够,似乎信任C方,随C方的步骤走,却又时而打断其节奏说:有事需调整日程。谈判中,仅了解C方情况,随机批评C方几句,也不勉强C方改善。这个态度让C方很难受。

在充分与B方谈判后,A方掌握了更多的信息。在与C方谈判时,时而插入这些信息,或肯定C方有所长,或提示C方该如何做,又让C方找到了谈判方向和信心。

这样维持一段时间后,被冷落的C方主动要求与A方谈判。这时,双方大步靠拢,很快就交易条件达成了一致。最终A方如愿以偿,按预期条件与C方达成采购协议。A方策略运用得很规范,效果也好。

 欲擒故纵谈判技巧应用时的注意事项

➢ 该策略成功的关键在对"擒"与"纵"的把握上。

➢ 忌"无度"。"纵"过了头,对方与你"拜拜"了;"擒"早了,又要付"大价钱"。所以,应该做到"纵"而不断,即冷中有热、慢中有紧、放中有收。"擒"时,应不费力,智在于己,力在对手。

➢ 忌"无火"。具体来讲,要让对方产生积极性及交易欲望。这样,在压抑对方的同时,又要逐渐"点火"鼓励对方,让其有自信、有希望、有决心一战,方能达到"擒"不用力,不用"大价钱"。

三、诱敌深入

诱敌深入指先谈简单的,然后用一个个小让步,让对方越陷越深。要成功地诱敌深入,有一种战术可以配合使用,那就是报酬。因为先从简单的谈起,小的摆在前面,所以往往容易谈成。第一个问题对方让给你之后,谈成了;第二个问题你让给对方,然后双方又接着谈第三个问题。第二个问题你让给对方,这在理论上叫报酬。也就是说,绝对不要对对方的善意无所表示。对方让步后,会看你有没有让他,然后他才能决定是否有下一次让步。如果你没有相应让步他就不会做下一次的让步了。所以,谈判的时候,对对方的要求要有积极的回应。在谈判桌上切记,千万不要什么都要,否则你会发现你忽然抓了一把原来可以不必抓的东西在手上。他把这个东西给你,你忽然赢了怎么办?你也要还东西给他。

四、反悔策略

懂得反悔之道,是一个人通权达变、实现自我价值的必要开端。在商务谈判中,适当地运用反悔策略,有时能收到事半功倍的效果。

你方给客户的交货时间已是你的底线了,可对方还要求交货时间再提前一星期。这时,你可以假装翻看文件,然后告诉对方说:"非常对不起,我方的销售员没有经验,先前的交货时间估计错了。由于没有考虑到内陆运输中可能会出现的恶劣天气,正常的交货时间应该还要延迟三天。"对方听后暴跳如雷,大骂你们不讲信誉,不过最终生意还是成交了,以先前的最终交货时间成交。交货时间延迟三天当然是不可能的,但对方也不再要求提前一星期了。

反悔策略讲求"毁诺"要有礼有节。在商务谈判中,"我保证"是最危险的句子之一。因此,在谈判桌上许诺时八成把握就应该只说五成,而不应把话说绝说满,免得忽生变故时没有回旋余地。至于不能兑现的请求有时也可答应下来,但也应许诺巧妙,缓兵有术,更不应经常以拖延去反悔。

 谈判技巧应用时必须注意

- ➢ 采用反悔策略易导致对手缺乏信任感;
- ➢ 采用了不当的策略导致相反的效果;
- ➢ 要牢记技巧并不能解决所有问题。

 谈判常用语

一、国际货物运输谈判

✓ We have booked a direct steamer to sail to your port in the middle of next month.
我们已经订好直达你方港口的船只,下个月中旬出发。

✓ You know what we ordered are seasonal goods, so time of shipment means a lot to us.
您知道我们订的是季节性货物,所以装运时间对于我们来说很重要。

✓ Could you see your way to advance shipment?
能不能想些办法提前装运?

✓ There is no direct steamer from here to your port in these two months.
这两个月没有从这里开往你方港口的直达货轮。

✓ If you can't get hold of a direct vessel, we may agree to have the goods transshipped.
若你方找不到直达船,我方同意转船。

✓ Good quality and competitive price would mean nothing if goods could not be put on the market on time.
尽管质量优良、价格低廉,若货物不能准时投放市场,那一切都是枉然。

✓ The first partial goods will be shipped on the first available steamer in the middle of June.
第一批货物将于六月中旬装上第一艘订到的船。

✓ Air freight is certainly becoming more and more popular because of its speed. But the freight cost will be higher and that will affect the retail price.
由于速度快,空运确实越来越受欢迎了。但是,运费较高,会影响零售价格。

✓ We'd better have a brief talk about the loading port.
我们最好能就装运港问题简短地谈一谈。

✓ It will cause a lot of problems in our transportation.
这将给我们的运输带来很多问题。

✓ We can effect shipment in December or early next year at the latest.
我们最晚在今年 12 月份或明年年初交货。

✓ Today let's discuss the mode of transportation of the steel we ordered.
今天我们谈谈关于我方订购的钢材的运输方式吧。

✓ The order No. 105 is so urgent required that we have to ask you to speed up shipment.
第 105 号订单所订货物我们急用，请你们加快装运速度。

✓ We are scheduled to have large exhibition in New York on June 10. The commodity must therefore be shipped before June, otherwise we won't be in time for the exhibition.
6 月 10 日我们在纽约有个大型博览会，因此这批货物必须在 6 月前装运，否则我们就赶不上博览会了。

✓ I can understand your position, but, to tell you the truth, our factories are heavily committed at this moment, and many clients are in urgent need of our products.
我理解你的处境，但是，说实话，我们工厂目前的生产任务已经排满，许多客户都急需我们的产品。

✓ A timely delivery means a lot to us.
及时交货对于我们来说意义重大。

✓ I suggest that you ship the goods by a steamer of Johnson Co.. The main reason is that their steamers offer the shortest time for the journey between China and America.
我建议使用约翰逊公司的货轮，主要是因为该公司可提供往来于中国与美国之间的最短时间的货轮。

二、国际货物保险谈判

✓ People's Insurance Co. enjoys a high prestige in settling claims promptly on the principles of seeking the truth from facts, fairness, and reasonableness.
人民保险公司享有极高声誉，能够实事求是，公正合理，迅速理赔。

✓ Should any damage be incurred, you may, within 60 days after the arrival of consignment, file a claim, supported by a survey report, with the insurance agent at your end.
一旦发生损失，在货到后 60 天内，由保险代理人根据调查报告代表贵方理赔。

✓ The extra premium will be your account.
额外保费将由贵方负担。

✓ If more than 110% is asked for, the extra premium for the difference between 130% and 110% should be borne by the buyer.
若要求的投保金额超出 110%，则 110% 与 130% 之间相差的额外保费由买方负担。

✓ Generally speaking, premium varies with different risks, different destination and routes and different periods of insurance, etc.

一般地讲，保险金根据不同险别、不同目的地、不同路线及不同保险期而有所不同。

✓ In that case, you can apply for immediate survey to the surveying agent or the claim-setting agent.

如果这样的话，你方可向验货代理或理赔代理申请立刻进行货损检验。

✓ If the loss of damage is caused by the perils of sea or maritime accidents, the insurance company shall be liable to pay.

如果损失是由海上风险或事故造成的，保险公司有责任赔偿。

✓ We've been taking an open cover insurance policy with RH Insurance Co., London. That gives automatic protection on all our shipment.

我们同伦敦 RH 保险公司订有预约保险单，对我们所有的发货自动给予保险。

✓ We only cover FPA for CIF price.

按 CIF 成交的货物，我们只保平安险。

✓ When it comes to insurance, what has been within the scope of the coverage?

提到保险，它的范畴包括什么？

✓ What kind of insurance can you suggest for these goods? We don't want to take the risk of losing money because of under insurance.

这批货物您认为投保什么险种好？我们不想冒因投保不足而造成损失的风险。

✓ I wonder whether your price is calculated with this coverage.

我想知道贵方的价格是否涵盖这一险别。

✓ Who will pay the premium for the risk of leakage?

谁将承担渗漏险的费用呢？

✓ By convention, we will cover WPA for 110% over the total invoice value with the People's Insurance Company of China.

依照惯例，我们将按发票总额的 110%在中国人民保险公司投保水渍险。

✓ I'd like to insure against All Risks. That way, we will cover any kinds of loss or damage.

我想投保一切险，那样的话，任何损失或损坏都在投保的范围内了。

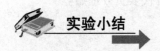 实验小结

（1）熟练掌握国际货物运输与保险业务知识；
（2）注意把国际贸易术语选择和报价相结合；
（3）在实践中灵活运用各种谈判策略。

延伸案例

洛文兹贸易公司花生仁贸易

A进出口公司与洛文兹贸易有限公司达成一笔花生仁出口贸易,于1996年6月26日由通知行B银行通知信用证,其部分有关条款规定:

"Credit available with freely inform by any bank by negotiation against presentation of the documents detailed herein...400 M/Tons of Groundnuts Kernels H. P. S, packed in newgunnybsgs. Shipment from Dalian to London not later than 31st July, 1996. Partial shipments and transhipment are prohibited."(本证凭提交如下详列的单据可由任何议付行公开议付。……400公吨手拣花生仁,新麻袋装。从大连装运至伦敦,最迟装运期1996年7月31日。不许分批装运和转船。)

A进出口公司接到信用证经审核后未发现问题,准备安排装运,但在即将装运之际,于7月5日又接到买方信用证修改书:The quantity is increased by 100 M/Tons. The Shipment date is extended until 31st August 1996.(数量增加100公吨。装运期延长至1996年8月31日) A进出口公司根据合同规定:7月份装运400公吨;8月份装运100公吨,认为该信用证增装的100公吨部分属于8月份交货额,所以修改日期也延长至8月31日。原信用证既规定400公吨不许分批,应理解为该400公吨须原数装出。对于增装修改部分也应按照100公吨原数不分批另行装出。所以,A进出口公司仍照原计划安排装运该400公吨,同时以书面形式向通知行通知接受该修改。

A进出口公司于7月8日将400公吨货物以集装箱装运完毕,7月9日将该信用证项下的全套单据向A进出口公司的往来银行——C银行办理交单议付。A进出口公司在交单时认为本议付单据属于原证400公吨项下的,与修改项下待装的100公吨无关,所以在议付时未将修改书附在信用证上即向C银行办理了议付。

但单据寄到开证行,于7月18日被提出单证不符——

"第××××号信用证项下你方第××××号单据,经审核发现单证不符:

1. 我行信用证规定总数量500公吨不许分批装运,即应一次不许分批装出500公吨。但你所提交的第××号提单只装400公吨,因此违背我行信用证规定。

2. 我行信用证规定不许转运,但你方所提交的提单上记载有将转运的字样,故不符合我行信用证要求。

根据以上不符点,我行无法接受,单据暂代留存,并告单据处理的意见。7月18日。"

进出口公司接到开证行上述拒付电后,经研究于7月19日向开证行答复如下:

"你行7月18日电悉。我们认为:

1. 你行第××××号原信用证数量规定400公吨不许分批装运,我们已经按照你行信用证规定,将400公吨货物不分批原数装出。至于你行7月5日又修改信用证增加数量100公吨,我们仍然要按照该修改的要求于8月31日前将100公吨原数亦不分批装出。因此,我们认为单证相符。

2. 关于转运问题,提请你行注意,该批货物系以集装箱装运。根据UCP600第20条c款规定:'即使信用证禁止转运,只要提单上证实有关货物已由集装箱、拖车或子母船运

输,银行仍可接受注明将要发生或可能发生转运的提单。……'我们提单上明确表示'Containerized',说明该货物系由集装箱运输。依照上述UCP600条文,即使你行信用证规定不许转运,而我们在提单上证实了由集装箱装运,又在该提单上包括了你行信用证所规定的海运全程,你行仍然应予以接受将转运的提单。

综上所述,我们单证完全相符,你行必须按时付款。"

A进出口公司发出上述反驳电后,7月22日又接到开证行电:

"你19日电悉。关于第××××号信用证项下分批装运事,我行前电已阐明过:我行信用证既已规定不许分批装运,就是说在本信用证项下所规定的货物只能不分批地一次装运。信用证原规定数量400公吨,后又增加数量100公吨,经你方接受该修改,本信用证数量变成500公吨,则500公吨应不分批地一次装出,才能符合信用证的要求。据你方所提交的单据装运数量仅装400公吨,所以不符合信用证要求。

我行亦联系申请人,申请人不同意接受单据。速告你方对单据处理的意见。"

7月22日,开证行虽然对转运问题在上述电文中再未提出异议,但对分批装运问题仍然坚持不放。A进出口公司又几经与买方交涉,均无效果。由于买方拒收单据,使货物无人提取,A进出口公司为了避免货物的损失,委托目的港的船方代理又将货物运回内销处理,结果损失惨重。

问题思考:
1. 双方最终未能完成交易,责任在哪一方?
2. A进出口公司在谈判中犯了什么样的错误?应怎样做才能避免以上的结果发生?
3. 这则案例提示我们买卖双方在货物运输保险谈判时应当注意什么?

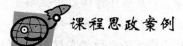

课程思政案例

中国浙江某工艺进出口贸易企业(卖方)和美国某企业(买方)达成了数量为5万棵工艺圣诞树生产的合同,以FOB宁波方式成交,合同规定卖方代买方向某保险公司投保海运一切险,被保险人为买方,货物的出发地址是浙江义乌;目的港口为美国纽约。在卖方按规定时间将货物运往宁波港装船途中出险,造成20%的货损;卖方依海运保险条例中的"仓至仓条款"向保险公司索赔,保险公司以卖方公司不是该保险单的被保险人为由予以拒绝,卖方转而请求美国公司以买方的名义向保险公司索赔,同样被保险公司遭拒。接下来,卖方以自己的名义向杭州中级人民法院提起诉讼,判决结果为卖方败诉,判决理由:贸易在FOB宁波港方式下成交,风险划分点为装运船只船舷,即货物未越过船舷时,风险由卖方承担;所运货物越过船舷后,风险由买方承担。本案中,虽然卖方在发生货损时对保险标的具有保险利益,保险单中也包括了"仓至仓条款",但由于保险单所显示的被保险人与投保人为买方美国公司,则中方企业在本案中没有合理的法律身份,即不享有索赔权;由于货损发生在未越过船只船舷时,即拥有保险单的被保险人与合法持有人双重身份的买方美国公司并不具有合法的保险利益,法律意义上保险公司没有赔偿义务。

由此得出:在FOB、CFR贸易条件下,一般情况下,货物运输保险的负责人和被保险人是买方,即使保险单内容涵盖了"仓至仓条款",但若贸易货物在未越过风险划分点前出现风险,保险公司普遍的处理方式是拒绝理赔。在这种情况下,海运保险责任的起讫不是严格的仓至仓，而是实际缩短为"船至仓"或者"港至仓"。因此，货物在离开卖方所在地仓库到越过装运港船舷之间的一段时间变成了保险的真空期。在现有法律制度下，就造成卖方和买方在货物出险后均无法获得保险赔偿的现象。

问题思考：

1. 在国际海洋货物运输中，相对而言，以 CIF 成交的货物买卖双方的风险承担和运输保险索赔界面清晰，一般不存在保险索赔真空期。但是，以 FOB 或 CFR 成交的货物，对于卖方而言存在保险索赔真空期，容易导致卖方权益受损。卖方应如何应对 FOB、CFR 条件下的保险真空期？

2. 国际商务谈判中如何树立正确的沟通、交流、团结、合作共赢意识，同时承担自身的使命担当，与团队成员一起合作采取适当的谈判策略，争取对己方有利的贸易术语？

实验三 价格条款谈判

实验背景

价格谈判是国际贸易谈判的核心和关键。在本次谈判之前,双方已经就商品的品质、数量和包装问题、运输与保险问题达成了初步一致意见,但价格条款谈判的进展随时会影响到已达成的协议。事实上,双方常常将前两次实验的谈判中做出的让步当作压价的砝码,也会把价格条款和后面章节中的条款尤其是支付条款结合谈判。这不仅是因为价格的高低最直接、最集中地表明了谈判双方的利益切割,而且由于谈判双方在其他条件,如质量、数量、付款形式、付款时间等利益因素上的得与失,在很多情况下都可以折算为一定的价格,并通过价格的升降而得到体现或予以补偿。如果买卖双方在价格方面分歧过大,很可能会推翻之前达成的一致,导致整个贸易谈判的破裂;相反,如果买卖双方在价格方面存在交集,则可以在这个共同的区间内寻求最终的合作方案。因此,价格谈判的结果直接关系到此项交易能否最终达成,此次谈判训练必须引起双方的足够重视。

对于糖醇这类产品而言,供应商多,产品同质化严重,加上国际市场需求受宏观经济形势影响较大,出口商的议价能力大打折扣。尽管如此,中方的出口商也并非没有优势,因为日本企业是在经过认真研究之后才选定保定的生产商作为重点谈判对象的,日方对质量要求严格且需求量大,国内仅有少数供应商才有此供货能力。鉴于双方曾有过愉快的合作基础,这次的价格谈判环节成功的希望仍比较大。

本次谈判的谈判要点应包括确定交易单价和总值、确定支付货币、确定价格术语和作价方法等。

实验目标

◇ 熟悉不同进出口商品价格谈判方案的制订。
◇ 掌握贸易术语的选择,能够灵活转换报价。
◇ 灵活运用价格谈判的技巧和常用语言。

课程思政导入

国际贸易谈判的类型复杂多样,具体过程和策略千差万别,无论哪种类型都要围绕价格条件展开。报价及随后的磋商是整个贸易谈判的核心。首先,掌握行情是报价的前提,谈判人员需要根据以往和现在所收集和掌握的、来自各种渠道的商业情报和市场信息,对其进行比较、分析、判断和预测,这需要有放眼世界的全球化视野。其次,成本核算是合理报价的基础，学生需要熟悉和掌握与价格相关的国际贸易惯例和规则，在国际惯例和规则的框架下进行成本核算，树立遵守国际惯例与规则的意识，从而不断提升制定规则的实力；最后，围绕报价、让步、敲定价格的谈判阶段，需要制定并灵活运用谈判策略，谈判的过程中既要有交锋，也要有让步，关于价格的谈判要建立在公平交易、互利共赢的基础上，既要争取合理利润，也要为我国企业树立良好的口碑和形象。

综上，本次谈判的课程思政目标如下：

◇ 了解市场调研的基本方法，熟悉和掌握进出口成本核算，准确把握我国企业在国际贸易中的供需情况和谈判地位，并据此制定合理的谈判策略。

◇ 牢固掌握和价格相关的国际贸易惯例和规则，运用于贸易谈判实践当中，提升将理论和实践相结合的能力，为我国从规则遵守者向规则制定者转变积累实力。

◇ 在谈判过程中根据具体情况灵活运用谈判策略，合理处理价格差异，争取让步，以双赢为目标敲定价格，注重塑造学生的商业思维，在对外贸易活动中为我国企业争取最大利益，树立良好的口碑和形象。

实验准备

一、核算出口成本

商品价格主要由成本、费用和预期利润 3 部分构成。成本是出口企业或外贸单位为出口其产品进行生产、加工或采购所产生的生产成本或采购成本；费用包括国内发生的包装费、仓储费、运输费、认证费、港口费、商检报送费、捐税、购货利息、经营管理费，以及国外发生的出口运输费、出口保险费及佣金等。成本和费用构成出口总成本。

计算成本时，将采购成本扣除出口退税，得到实际采购成本，公式如下：

$$实际采购成本 = 含税采购成本 \times [1 - 出口退税率/(1+增值税率)]$$

运费方面，先根据运输各阶段的运费标准分别计算，再加总得到总运费。

保险费方面，按照以下公式计算：

$$保险费 = 保险金额 \times 保险费率$$

$$保险金额 = CIF 报价 \times (1+保险加成率)$$

$$CIF 报价 = CFR/[1-(1+保险加成率) \times 保险费率]$$

在出口报价时，有时对方要求包含佣金，即包含佣价：

$$含佣价 = 净价/(1-佣金率)$$

如果在商品价格中含有佣金，通常要用文字加以明确地说明，如"每公吨 200 美元 CIF 伦敦，包括 2% 佣金"（US $ 200 per M/T CIF London including 2% commission）。此外，也可以在贸易术语中以加注佣金缩写字母"C"的百分比的形式来表示，如"每公吨 200 美元 CIFC2% 伦敦"。佣金有时也可以不与价格挂钩，而与商品数量挂钩，用每单位商品佣金的绝对量来表示，如"每公吨付佣金 30 美元"（US $ 30 per M/T for commission）。

如果中间商要求不在价格条款中将佣金明确表示出来，主要是为了逃税或者获取"双头佣金"。但无论采用何种形式的佣金规定形式，其所占比例一般控制在 1%～5%，不宜过高。

如果有折扣，折扣的计算如下：

折扣额＝含折扣的总价×折扣率

在规定合同的价格条款时，一般以文字的形式对折扣给予明确规定。如价格折扣，可以表示为"每公吨 200 美元 CIF 伦敦，包括 2% 折扣"（US $200 per M/T CIF London including 2% discount）。另外，数量折扣可以表示为"每公吨折扣 30 美元"（US $30 per M/T for discount）。

与佣金一样，以 FOB 价作为计算折扣的基数比较合理，因为如果以 CIF 成交金额为基数计算折扣，则意味着卖方不但要在商品的价格方面给予买方优惠，还要在运费和保险费方面给予一定的优惠。因此，在合同中一定要明确折扣的额度及计算折扣的基数。

在核算出口商品成本时，往往采用出口成本核算表的形式，内容完整清晰，也便于及时调整，如表 3-1 所示。

表 3-1　出口商品成本核算表

填制部门：		预算编号：	
商品名称：		填表日期：	
合同号：		调　整　情　况	
计量单位：	纯进价：	储运部门审核数：	当日汇率：
成交数量：	增值税：	运杂费（外币）：	换汇成本：
单价及价格条款：	内陆运费：	内陆运费：	盈亏额：
总金额：	中转费：	中转费：	
支付方式：	包装费用：		
交货地点：	仓储保管费：		
交货期：	关税：		
运输方式：	其他杂费：		
运杂费（外币）：	利息：		
佣金：	公司经营费用/%：		
折扣：	退税额：		
预计收汇日期：	总成本：		
净汇金额：	其他杂费：		
填表人：		业务部主管：	运输部主管：
核算员：		财务部主管：	总经理：

（说明：此表仅供参考，具体操作须根据实际履约过程中费用发生的情况及合同价格条款的使用情况来选用适当的成本公式及价格术语的换算公式来进行核算。）

> 以保定光明化工厂出口糖醇案为例，应当对糖醇价格进行调研，尽可能了解其生产成本；由于实验的模拟性，在无法得知生产成本的情况下，要求学生掌握国内市场价格，并在此基础上推算成本价；了解中日主要港口间的航线费率，计算运费；了解中日主要保险公司的海运货物保险费率，计算保险费；最后加总，得到谈判的价格依据。

二、确定单价和总值

单价是指商品的每一计量单位的货币金额，一般由 4 个组成部分，即计量单位、单位价格金额、计价货币和价格术语。如：HKD482 per YD CIF Singapore（每码 482 港元 CIF

Singapore)。

总值又称为总价，是商品单价和成交数量的乘积，即一笔交易的货款总额。总额使用的货币与单价使用的货币一致。

在国际贸易中，交易双方通常使用单价报价，而在谈判过程中，有时双方会以总价为依据进行讨价还价。

三、确定计价货币

计价货币（money of account）是指合同中规定的用来计算价格的货币。国际货物买卖周期长，从订立合约到交易完成往往需要一个过程。在此期间，计价货币的币值是要发生变化的，特别是目前大多数国家的货币汇率都不是固定不变的，因此，选用货币不当会使其中一方遭受汇率风险的损失。所以，如何选择合同计价货币具有重大经济意义。在出口业务中，一般尽可能争取多使用从成交到收汇这段时间内汇价比较稳定且有上升趋势的货币，即所谓的"硬币"。相反，在进口业务中，则应争取选用从成交到付汇这段时间内汇价比较疲软且有下降趋势的货币，即所谓的"软币"。

在进行贸易谈判时，根据货币的汇率趋势，可以相应调整对外报价。如果在协商出口合同时使用的货币的汇率有下降趋势，即采用"软币"做计价货币或支付货币，则在制定商品价格时应将此因素考虑进去，尽可能提高商品价格；而在商定进口合同中使用当时视为"硬币"的货币，也应该将货币的上涨幅度考虑进去，尽可能压低商品价格。该方式适用于从成交到收（付）汇时间间隔较短的交易。

另外，要争取订立外汇保值条款。

（1）计价货币与支付货币均为同一"软币"时，将订约的"软币"与另一"硬币"挂钩，支付时按照当日汇率折算成原货币支付。

（2）"软币"计价，"硬币"支付。即将商品单价或总额按照计价货币与支付货币当时的汇率，折合成另一种"硬币"，按照另一种"硬币"支付。

（3）"软币"计价，"软币"支付。确定这一货币与另几种货币的算术平均数汇率，或用其他计算方式的汇率，按照支付当日与另几种货币算术平均汇率或其他汇率的变化做相应调整，折算成原货币支付，这种保值可称为"一揽子保值"。目前，国际上在商业中以特别提款权保值使用的范围日益扩大，如特别提款权的存款、放款等在国际贸易中也被广泛使用。例如，在合同中明确规定，按约定日伦敦金融时报所载支付货币的特别提款权汇率折算成若干特别提款权单位，同时规定付款时按付款日的特别提款权汇率折回到原支付货币支付。

> 在谈判中，学生应当对贸易双方所使用的主要货币的汇率进行调研。以山东蓝星进口空调部件为例，计价和支付货币既可以选择双方的货币——人民币和韩元，也可以选择其他可自由兑换货币，如美元、欧元等。学生应了解这些货币的汇率走向，把握国际宏观经济局势，制定有利于己方的谈判策略。

四、确定贸易术语

贸易术语一方面表示商品价格的构成，另一方面表明了买卖合同的性质，按照国际商会

《国际贸易术语解释通则 2020》（以下简称《2020 通则》）的解释，常用贸易术语共 11 种，根据它们适用的运输方式分为两类：适用于各种运输方式的术语和仅适用于水上运输方式的术语。适用于各种运输方式的术语包括 7 种——EXW、FCA、CPT、CIP、DAP、DPU 和 DDP；仅适用于水上运输方式的术语包括 4 种——FAS、FOB、CFR 和 CIF。

（一）适用于各种运输方式的贸易术语

1. EXW

EXW 全称为 Ex Works（insert named place of delivery），中文含义是"工厂交货"（插入指定交货地点）。该术语买方应按照双方约定的时间安排运输工具到约定的地点提取货物，并承担提取后的一切风险和费用，按照合同规定支付货款。卖方的基本责任是在合同规定的时间、地点将符合合同要求的货物置于买方的处置之下，就算完成了交货义务。卖方承担的风险也随着交货义务的完成而转移给买方。买方则要负责将货物从交货地点运到最终目的地，承担其间的全部风险、责任和费用，包括货物出境和入境的手续及有关费用。这一贸易术语代表了在商品的产地和所在地交货的交货条件。按这一交货条件达成的交易，实质上类同于国内贸易，因为卖方是在本国的内地完成交货，其所承担的风险、责任和费用也都局限于出口国内，不必过问货物出境、入境以及运输、保险等事项。在所有贸易术语中，该术语（工厂交货）的卖方所负责任及承担风险最小，买方所负责任及承担风险最大。因此，在各种报价中，该术语报出的价格最低。

2. FCA

FCA 全称为 Free Carrier（insert named place of delivery），中文含义是"货交承运人"（插入指定交货地点），是指卖方办理货物出口结关，将货物交至指定的地点，由买方指定的承运人照管，履行其交货义务。该术语适用于任何运输方式，"承运人"指在运输合同中，通过铁路、公路、海上、航空、内河运输或这些方式的联合运输，承担履行运输或承担办理运输业务的任何人。如果买方指示卖方将货物交给某一个人，如一个非承运人的货运代理，当货物在该人照管之下，卖方就被认为履行了其交货义务。

3. CPT

CPT 全称为 Carriage Paid To（insert named place of destination），中文含义是"运费付至"（插入指定目的地）。按照该术语交易时，卖方须在规定的日期或期间内将货物交由其指定的承运人，并支付货物运往指定地点的运费。该术语适用于任何运输方式。卖方按照通常条件自行负担运费订立运输合同，将货物按惯常航线及习惯方式运至指定目的地的约定地点。在规定的日期或期限内将货物交付承运人照管，如果有后续承运人，将货物交付第一承运人，以运至指定目的地。承担货物灭失或损坏的一切风险直至货物交付承运人（或第一承运人）时为止。给予买方关于货物已交付承运人的充分通知及其他任何必要的通知。自行负担运费向买方提供通常的运输单证（如提单、铁路运单等）或相等的电子单证。买方接受卖方已交承运人的货物，并在指定的目的地从承运人那里收领货物。自货物交付第一承运人照管时起，承担货物灭失或损坏一切风险。

与 FCA 相比较，此术语下卖方的责任和义务相对较重，因此报价也相对较高。

4. CIP

CIP 全称为 Carriage and Insurance Paid To（insert named place of destination），中文含义为"运费及保险费付至"（插入指定目的地）。在 CIP 术语下卖方除负有与 CPT 条款相同的责任外，还须自行负担费用，办理在运输途中的货物保险，并向买方提供保险单或其他保险凭证。但应注意的是，在 CIP 下，卖方办理的保险为从交货地到目的地的保险，但货物灭失或损坏的风险在货物交由第一承运人控制下时即由卖方转移至买方，因此保险受益人为买方，卖方属于代办保险。一般情况下，卖方按照双方协商确定的险别投保，如果双方没有约定，则由卖方投保《协会货物保险条款》（Institute Cargo Clauses）条款 A 或类似条款，保险金额一般是在合同价格的基础上加成 10%。

与 FCA 和 CPT 相比，CIP 条件下卖方要承担更多的责任和费用，因此卖方对外报价时，应考虑运输距离、保险辨别、各种运输方式和各类保险的收费情况，并要预计运价和保险费的变动趋势等方面的问题。从买方来讲，也要对卖方的报价进行认真分析，做好比价工作，以免接受不合理的报价。

5. DAP

DAP 全称为 Delivered At Place（insert named place of destination），中文含义是"目的地交货"（插入指定目的地）。卖方在合同中约定的日期或期限内将货物运到合同规定的目的地约定地点，并将货物置于买方的控制之下，在抵达的运输工具上卸货之前即完成交货。另外，卖方要提交商业发票以及合同要求的其他单证。卖方承担在合同约定的目的地将货物交给买方控制之前的风险，买方承担货物交给其控制之后的风险。卖方自负风险和费用，取得出口许可证或其他官方批准证件，并且办理货物出口以及交货前通过第三国过境运输所需的一切海关手续。卖方负责订立运输合同，将货物运至合同约定的目的地的特定交货地点，如对特定交货地点未作具体规定，卖方可选择在指定目的地内最合适的交货地点。卖方对买方无订立保险合同的义务。但应买方的要求，并由其承担风险和费用的情况下，卖方必须向买方提供其办理保险所需的信息。

注意在采用 DAP 时，卖方的交货地点在目的地约定地点，卖方承担的风险也是在该地点实际交货时才转移给买方；而采用 CIP 时，卖方只是承担责任和费用，将货物运到目的地指定地点，风险却在将货物交给承运人即转移给买方。两者有所不同，因此报价也不同。

6. DPU

DPU 全称为 Delivered At Place Unloaded（insert named place of destination），中文含义是"目的地卸货后交货"（插入指定目的地）。在 DPU 项下，卖方在合同中约定的日期或期限内将货物运到合同规定的港口或目的地的约定地点，并将货物从抵达的载货运输工具上卸下，交给买方处置时即完成交货。另外，卖方要提交商业发票以及合同要求的其他单证。

按照《2020 通则》的解释，按 DPU 术语成交，卖方要承担将货物运到合同规定的地点，并将货物从抵达的载货运输工具上卸下之前的风险、责任和费用。因此，卖方应当确保其可以在指定地点安排卸货。如有困难，或双方不希望由卖方承担卸货的风险和费用，则应当使用 DAP 术语成交。

7. DDP

DDP 全称为 Delivered Duty Paid（insert named place of destination），中文含义为"目的地完税交货"（插入指定目的地）。按照该术语成交，卖方要在合同约定的日期或期限内，将货物运到合同规定的目的地约定地点，并且完成进口清关手续后，在运输工具上将做好卸货准备的货物置于买方的控制之下，即完成交货。另外，卖方要提供商业发票及合同要求的其他单证。

DDP 是《2020 通则》包含的 11 种术语中卖方承担风险、责任和费用最大的一种术语，报价也是最高的。

（二）适用于水上运输方式的贸易术语

1. FAS

FAS 全称为 Free Alongside Ship（insert named port of shipment），中文含义为"装运港船边交货"（插入指定装货港）。该术语仅用于海运或内河运输。按此术语，卖方必须在合同约定的日期或期限内，将货物运到和合同规定的装运港口，并交到买方指派的船只的旁边，如码头或驳船上，即完成交货义务。另外，卖方要提交商业发票及合同要求的其他单证。

按此术语，卖方必须在装运港将货物交到买方指定的轮船的船边，并负担货物交到船边为止的一切费用和风险。如买方所派船只靠不上码头，卖需自费雇用驳船，将货物驳运到船边。如货物从码头装上驳船以及在驳船行驶到船边的过程中，发生损坏或灭失，均由卖方负责。

2. FOB

FOB 全称为 Free On Board（insert named port of shipment），中文含义为"船上交货"（插入指定装货港）。按此术语成交，卖方要在合同约定的日期或期限内，将货物运到合同规定的装运港口，并交到买方指派的船只的船上，即完成其交货义务。另外，卖方要提交商业发票以及合同要求的其他单证。

FOB 习惯上称为装运港船上交货，是国际贸易中常用的贸易术语之一。在《2000 通则》及以前版本的通则里都规定，FOB 以装运港船舷作为划分风险的界限，但考虑到现代的装运作业中，货物由起重机吊装上船的比例逐渐减少，《2010 通则》中 FOB 风险划分的界限改为以货物装到船上为界，《2020 通则》继续沿用了这一规定。

在谈判中还需要注意的是，北美国家习惯采用的《1990 美国对外贸易定义修订本》中将 FOB 概括为 6 种，与国际商会的 FOB 的解释并不统一，它们之间在交货地点、风险划分界限以及卖方承担的责任、义务等方面都有差异。

3. CFR

CFR 全称为 Cost, and Freight（insert named port of destination），中文含义为"成本加运费"（插入指定目的港）。按照此贸易术语成交，卖方要在合同约定的日期或期限内，将货物运到合同规定的装运港口，并交到自己安排的船只上，或者以取得货物已装船证明的方式完成其交货义务。另外，卖方要提交商业发票及合同要求的其他单证。

成本加运费又称运费在内价，也是国际贸易中常用的贸易术语之一。卖方在装运港完成其交货义务时，货物损坏或灭失的风险由卖方转移给买方，这一点与 FOB 相同。CFR 与 FOB 的主要区别在于办理从装运港至目的地港的运输责任和费用的承担方不同。在 FOB 术语下，由买方订立运输合同并承担相关费用；在 CFR 术语下，则由卖方订立运输合同并承担相关费用。因此，CFR 术语的报价比 FOB 更高。

4. CIF

CIF 全称为 Cost, Insurance and Freight (insert named port of destination)，中文含义为"成本、保险费加运费"（插入指定目的地港）。在该术语下，卖方要在合同约定的日期或期限内，将货物运到合同规定的装运港口，并交到自己安排的船上，或者以取得货物已装船证明的方式完成其交货义务。另外，卖方还要为买方办理海运货物保险。此外，卖方要提交商业发票以及合同要求的其他单证。

CIF 又称运费保险费在内价，也是国际贸易中常用的术语之一。与 CFR 比较，该术语下卖方除承担 CFR 项下的义务外，还要负责办理从装运港到目的港的保险并支付保险费用。但是，卖方只需按照最低责任范围保险险别办理保险；假如买方需要更大责任范围的保险险别保障，可以与卖方达成明示的协议，或者自己办理额外保险。CIF 报价高于 CFR 报价。

（三）确定贸易术语

在谈判中确定贸易术语时应注意下列问题。

1. 贯彻平等互利的原则

我国进口货物一般都力争按照 FOB 或 CFR 术语成交，必要时也可按照 CIF 价格进口；对于出口货物来说，一般情况下应力争按 CIF 价格术语成交。但有些国家为了节约外汇和扶植本国的保险事业而规定不得按 CIF 价格进口，则应力争按 FOB 或 CFR 成交。

2. 考虑运费因素

当运费看涨时，对于大宗商品来说，出口方应尽量按 FOB 价格术语成交，如不得不按 CIF 或 CFR 价格术语成交，则应该在价格上进行适当调整，或在合同中明示如运费上涨，价格调整办法和由谁承担。

3. 考虑国外港口装卸条件及港口惯例

各国港口的装卸条件不一样，收费标准也不相同，并且各有各的惯例。装卸条件差、费用高和习惯上由买方承担装船费用，卖方负责卸货费用的港口，在确定商品价格时要合理考虑。

4. 收汇安全方面的考虑

在出口业务中，一般海上运输采用 CIF、CFR 术语而非 FOB。如果采用 FOB 术语，买方租船订舱，有可能与承运人勾结，越过向银行赎单的正常渠道，向承运人无单提货，随后采用破产的手段，骗取货物。同样，在进口业务中，一般要求采用 FOB 术语而不是 CIF 或 CFR 术语也是有其意义的。在 CIF 或 CFR 术语下，因为由国外卖方租船或订舱，如果国外卖方所安排的船只不当，或与船方勾结出具假提单，将使进口方收不到货。

5. 有利于资金的融通和周转

如果以远期信用证或托收远期方式支付，则采用 CIF 或 CFR 条件对买方有利，因为这两种贸易术语的运费和保险费由买方负担。卖方支出这两笔费用后，买方的付款却是远期的，这样，买方得到了资金融通。如果采用即期信用证或托收即期支付，在运费、保险费所占成本比较大时，选择 FOB 对买方是有利的。因为在 FOB 术语下，一般是运费到付，买方可以减少开证金额和费用。此外，在出口时，卖方采用 CIF 或 CFR 术语可以及时装运货物，加速收汇；而如果采用 FOB 方式，买方船舶延期到达，将影响卖方获取提单的时间，从而影响卖方的资金周转。

不同术语价格之间的换算方法如下。

（1）CIF 价格换算为 FOB 价：

$$\text{FOB 价} = \text{CIF 价} - I(\text{保险费}) - F(\text{运费})$$

（2）CIF 价格换算为 CFR 价：

$$\text{CFR 价} = \text{CIF 价} - I(\text{保险费})$$

（3）FOB 换算为 CIF 价：

$$\text{CIF 价} = \frac{\text{FOB 价} + F(\text{运费})}{1 - \text{保险费率} \times (1 + \text{投保加成率})}$$

（4）FOB 价换算为 CFR 价：

$$\text{CFR 价} = \text{FOB 价} + F(\text{运费})$$

（5）CFR 价换算为 FOB 价：

$$\text{FOB 价} = \text{CFR 价} - F(\text{运费})$$

（6）CFR 价换算为 CIF 价：

$$\text{CIF 价} = \frac{\text{CFR 价}}{1 - \text{保险费率} \times (1 + \text{投保加成率})}$$

（7）FCA 价换算为 CPT 价：

$$\text{CPT 价} = \text{FCA 价} + F(\text{运费})$$

（8）FCA 价换算为 CIP 价：

$$\text{CIP 价} = \frac{\text{FCA 价} + F(\text{运费})}{1 - \text{保险费率} \times (1 + \text{投保加成率})}$$

（9）CIP 价换算为 FCA 价：

$$\text{FCA 价} = \text{CIP 价} - I(\text{保险费}) - F(\text{运费})$$

（10）CIP 价换算为 CPT 价：

$$\text{CPT 价} = \text{CIP 价} - I(\text{保险费})$$

（11）CPT 价换算为 CIP 价：

$$\text{CIP 价} = \frac{\text{CPT 价}}{1 - \text{保险费率} \times (1 + \text{投保加成率})}$$

（12）CPT 价换算为 FCA 价：

$$\text{FCA 价} = \text{CPT 价} - F(\text{运费})$$

五、确定作价方法

在谈判中，可以根据商品的特点考虑采用固定价格法和非固定价格法。采用固定价格法的优点是明确、具体，便于成本的控制和核算；缺点是交易者需要承担从订约到交货付款以至于转售时价格变动的风险，尤其是当市场行情发生剧烈变动时，信用较差的商人可能寻找借口撕毁合同，从而影响合同的履行。采用非固定价格法可暂时解决交易双方在价格方面的分歧，可解除客户对价格不确定问题的顾虑，可使交易双方排除价格风险；缺点是先订约后定价的做法给成本控制和核算带来一定的难度，并使合同的履行带有一定的不稳定性和不确定性，如果双方将来在价格上无法达成一致，合同也将面临无法履行的风险。

非固定价格具体可以分为以下几种。

1. 具体价格待定

在合同中对价格不作具体规定，只规定在某个未来时间按照某种原则来商定价格。待定价格的使用是由于某些货物的国际市场价格变动频繁，且幅度较大，双方对价格难以预测或一致的预测。具体又可分为两种方法。

第一，在价格条款中明确规定作价的时间和方法，如按照提单日期的国际市场价格确定。(The price should be set according to international market price in the day that bill of lading is issued.)

第二，只规定作价时间，而对具体作价方式未做规定。如在装船前，双方协商议定价格(Within 50 days before shipment, both parties should negotiate the price.)。这种方式适用于双方有长期交往并已经形成比较固定的交易习惯的合同。

2. 暂定价格

在合同中先确定一个价格，以后在某个时间再由双方按照当时国际市场价格商定最后价格。如每公吨200美元CIF纽约，备注：该价格以装船月的3个月期货的平均价格加8美元计算，并以此开立信用证。(US $ 200 per M/T CIF New York. Remarks：The price is estimated by average price of 3 month futures in shipment month plus US $ 8, and used for issuing credit.)

3. 滑动价格

在合同条款中规定一个基础价格，交货时或交货前一段时间，按照工资、原材料、通货膨胀、货币汇率等变动情况对基础价格做相应调整，以确定最后价格。

如果拟采用非固定价格法，应注意以下问题：① 明确规定作价时间；② 酌情确定作价标准，如："根据××商品交易所在规定的作价时间公布的价格为准"；③ 符合相关法律规定。应注意法律对此的规定，即非固定价格条款合同是否有效。

六、其他考虑因素

1. 参考国际市场价格水平

国际市场价格是在国际市场上某种商品的供求状况和竞争态势基础上形成的，是被买卖双方普遍接受的价格。在其他条件相同或无较大差异的情况下,高于或低于国际市场价格是买卖双方都无法接受的。

2. 结合国别地区政策

实行全方位协调发展的国别(地区)政策,对不同国家或地区采取与我国贸易政策相适应的作价原则。例如,为了扩大同发展中国家的贸易往来,在制定向这些国家出口商品的价格时可以适当灵活调整。

3. 结合购销意图

根据出口商品的具体情况、特点,体现出销售意图,实现产品销售的目的。例如,对风格独特、稀少、珍贵的工艺品,要在注意研究市场容量、控制销售数量时,制定相对较高的价格;而对库存现货,要根据不同情况确定合理的推销价格。

还应该考虑以下因素:商品的质量情况;成交数量的多少;交货时间的远近;运输距离;交货地点和交货条件;季节性需求的变化;支付条件及汇率变动的风险;国际市场价格变动情况。

七、价格条款谈判的要点

在围绕价格条款进行谈判时,双方应注意以下要点。

1. 报价偏离实际太多

谈判者都希望得到更高的回报,因而会报出很高的价格,但这样对方不接受,反而会失去一次很好的合作机会。在价格条款的谈判时,应考虑到本身成本、整个市场的消费水平及当时的物价情况来综合做出判断,报出合适的价格。

2. 缺少备用报价方案

往往在进行价格条款的谈判时,需要很多回合的协商,而单一的报价方案会使得整个谈判停滞不前,因此备用报价方案是必不可少的,应及时根据变动做出方案的变更。

3. 货币选择不当

货币的选择在价格条款中十分重要,选用货币不当,会使一方遭受汇率风险的损失。在出口业务中应采用"硬币",而进口合同中应采用"软币"。为了减少风险,除应该考虑贸易惯例、经营意图及商品价格水平外,还应注意调整对外报价,应考虑到汇率的变动趋势,将"软币"与"硬币"结合使用,订立保值条款。

4. 缺乏将价格和其他条款结合谈判的能力

在谈判中,应做到将价格与其他条款结合在一起。例如,将价格与品质数量条款结合,当品质高时商品价格自然就高,而交易的数量大在价格上也会相应地让步,这样为己方最终目的做铺垫,使之更有说服力,也让对方更容易接受。

报价中的典型问题

- 报价偏离实际太多；
- 缺少备用报价方案；
- 货币选择不当；
- 缺乏将价格和其他条款结合谈判的能力。

八、确定价格谈判方案

(1) 确定本次谈判的必要性、可行性和替代方案；
(2) 分析本方及对方的优劣势；
(3) 确定最优目标、期待目标和底线；
(4) 确定谈判的战略和战术；
(5) 人员组成与分工。

 谈判技巧

在价格条款谈判中，谈判双方在结束非实质性交谈之后，要将话题转向有关交易的正题，即开始报价以及随之而来的磋商是整个谈判过程的核心。

报价阶段的策略主要体现在以下方面：报价的先后；软出牌、硬出牌与原则式出牌；如何报价；如何对待对方的报价。

一、报价的先后

关于谈判双方中谁先报价是个微妙的问题，报价的先后在某种程度上对谈判结果产生实质性的影响。就一般情况而言，先报价有利也有弊。

谈判者一般都希望谈判尽可能地按己方意图进行，因此要以实际的步骤来树立己方在谈判中的影响。一方面，己方如果首先报价，就为以后的讨价还价树立了一个界碑，实际上等于为谈判划定了一个框架或基准线，最终谈判将在这个范围内达成。例如，卖方报价某种材料每吨 FOB 1 000 美元，那么双方磋商结果的最终成交价一定不会超过 1 000 美元。

另一方面，先报价如果出乎对方预料的期望值，会使对方失去信心。例如，卖方报价 FOB 1 000 美元一吨的货物，买方能承受的价格只有 400 美元，与卖方价格相去甚远，即使经过磋商，也很难达成协议，因此只好改变原部署，要么提价，要么放弃交易。总之，先报价在整个谈判中会持续地发生作用，因此，先报价比后报价影响要大得多。

先报价的弊端也是很明显的。一方面，卖方了解己方的报价后，可以对他们原有的想法作出最后的调整。由于己方先报价，对方对己方的交易起点有所了解，他们可以修改预先准备的报价，获得本来得不到的好处。如上例中，卖方报价 1 000 美元的材料，若买方预先准备的报价是 1 100 美元，在这种情况下，很显然，在卖方报价后，买方会马上修改其原来准备的报价条件，其报价肯定会低于 1 000 美元，那么对买方来讲，后报价至少可以使他们获得 100 美元的好处。另一方面，先报价后，对方还会试图在磋商过程中迫使己方按照他们的路子谈下去。其常用的做法是：采取一些手段，调动一切积极性，集中精力，攻击我方报价，逼迫我方一步一步地降价，而并不透露他们自己究竟肯出多高的价格。

既然先报价有利也有弊，那么己方究竟应先于对方报价还是让对手先报价呢？也就是说，在什么时候、什么情况下，己方先报价利大于弊呢？一般来说，通过分析比较谈判双方的谈判实力，可以采取不同的策略。

如果预期谈判将会出现你争我斗、各不相让的气氛，那么"先下手为强"的策略就比较适用。通过先报价来规定谈判过程的起点，并由此来影响此后的谈判过程，从一开始就占据主动是比较有利的。

如果己方的谈判实力强于对方，或者说与对方相比，己方在谈判中处于相对有利的地位，那么己方先报价是有利的。尤其是在对方对本次交易的市场行情不太熟悉的情况下，先报价的好处就更大，因为这样可以为谈判划定一个基准线。同时，由于己方了解行情，还会适当掌握成交的条件，对己方无疑利大于弊。

如果谈判对手是老客户，同己方有较长的业务往来，而且双方合作一向较愉快，在这种情况下，谁先报价对于双方来说都无足轻重。

就一般惯例而言，发起谈判的人应带头先报价。

如谈判双方都是谈判行家，则谁先报价均可；如谈判对手是谈判行家，自己不是谈判行家，则让对方先报价可能较为有利。

如对方是外行，暂且不论自己是不是外行，自己先报价可能较为有利，因为这样做可以对对方起一定的引导或支配作用。

按照惯例，由卖方先报价。卖方先报价的目的不是扩大影响，而只是投石问路，用报价的方法直接刺探对方的反应思路。卖方报价是一种义务，买方还价也是一种义务。以下案例说明了报价中的艺术。

> 爱迪生在做某公司电气技师时，他的某项发明获得了发明专利。一天，公司经理突然派人把爱迪生叫到经理室，表示愿意购买爱迪生的发明专利，并让爱迪生先报价。
>
> 爱迪生想了想，回答道："我的发明对公司有怎样的价值我是不知道的，请您先开个价吧。"
>
> "那好吧，我出40万美元，怎么样？"经理爽快地先报了价。
>
> 谈判顺利结束了。
>
> 事后，爱迪生这样说："我原来只是想把专利卖5 000美元，因为以后在实验上还要用很多钱，所以再卖便宜些我也是肯卖的。"

让对方先报盘，使爱迪生多获得了30多万美元的收益，经理的开价与他所预料的价格简直是天壤之别。在这次谈判中，事先未有任何准备，对其发明于公司的价值一无所知的爱迪生如果先报价，肯定会遭受巨大的损失。在这种情况下，最佳的选择就是把报价的主动权让给对方，通过对方的报盘传递的信息，来探查对方的目的、动机，摸清对方的虚实；然后及时地调整自己的谈判计划，重新确定报盘的价格。

二、软出牌、硬出牌与原则式出牌

（一）软出牌——认为对方会接受的

有时，谈判者预计的价格可能还没有对方愿意给出得高，硬出牌并不能很好地维护自己的利益。在这样的情况下，就需要软出牌，通过谈判的艺术将题目推给对方，根据对方的反应来决定自己的行动。但是，软出牌可能会被对方牵制，对方也不一定会接受，这时就需要稳住阵脚，保持耐心，不断试探。最重要的是，必须明确自己想要达到的目的是什么，不被对方牵着鼻子走。有时，即使使用软出牌的方式，给对方留下了很大的自由发挥空间，对方也可能不领情，因为对方可能不了解行情，也可能因低价质疑，怀疑产品质量。

> 老王的精品店里有一张从埃及进口的纯正芦苇画，以芦苇做纸，背后衬有金箔。这种画的进价为200美元，老王卖260美元一张。一次，一个客人来店里，看上了芦苇画，可是一听要260美元，立刻就变脸走了，嘟哝着："这画在埃及才一美元一张呢！"老王一听哭笑不得，因为在埃及的旅游景点的确有假的芦苇画在卖，也的确是一美元一张。过了好久都没有人光顾那张画，老王有点灰心，决定贱卖收回成本。这时，有一个客人看中了那张画，老张无精打采地告诉他："便宜处理了，你看着给吧。"客人一听，扭头就走，说道："真正的芦苇画进价都得几百美元，你这么说这画一定是假的了。"剩下老王呆立在那里，不知如何是好。

（二）硬出牌——提出己方想要的

硬出牌即直接告诉对方自己的期待，这也是谈细节时常见的出牌方式。硬出牌可以提高对方的期待，让利益的天平倾向己方一边。在硬出牌时，要注意将条件开高。一方面，这可以拉高最后的成交条件，让己方获取更多利益；另一方面，没有人相信第一次的出价是实价，因此，硬出牌不太可能一步到位、一次成交，开高条件可以为合理的让步预留空间。还要注意在前提条件下提出自己的要求，这样才有灵活性，谈判才能继续。

> 买房子时，如果张三的房子开价100万元，李四的房子开价150万元，在张三处买房子，买者的期待成交价可能是90万元，而在李四处的期待成交价则不可能是90万元了，因为这个价格和开价相差太远了。
>
> 某公司正在进行一项工程，负责工程的商人提出公司要追加10万元预算。公司经理盘点账目后，告诉商人公司只能追加6万元。他说的本来是实话，但商人却认为公司既然这么说就一定还有往上加的空间，硬逼着公司追加至少8万元，弄得公司很狼狈。

（三）原则式出牌——立场坚定

在某些场合，可以用客观事实、客观原则支持自己的要求，以此为基础出牌。因为有客观标准支撑，谈判者可以比较坚定地坚持自己的要求——前提是弄清楚客观事实和原则。在使用原则式出牌手段时,谈判双方可以先谈大的框架,在基本利益上达成一致,再磋商细节。

三、如何报价

由于报价的高低对整个谈判进程会产生实质性影响,因此,要想成功地进行报价,谈判者必须遵守一定的原则。

(一)掌握行情是报价的基础

报价策略的制定基础是谈判者根据以往和现在所收集和掌握的、来自各种渠道的商业情报和市场信息,谈判者应对其进行比较、分析、判断和预测。

国际市场的行情处于不断的变化之中,这种错综复杂的变化,通常会通过价格的波动表现出来;同时,价格的波动反过来又会影响市场的全面波动。因此,要求谈判者在收集有关信息、情报和资料的基础上,注意分析和预测市场动向,主要是研究有关商品的国际市场供求关系及其价格动态。此外,该商品或其替代品在生产技术上如有重大突破和革新征兆时,也应予以密切的关注。

(二)报价的原则

卖方希望卖出的商品价格越高越好,而买方则希望买进的商品价格越低越好。但一方的报价只有在被对方接受的情况下才能产生预期的结果,才能使买卖成交。这就是说,价格水平的高低,并不是由任何一方随心所欲地决定的,它要受到供求和竞争以及谈判对方状况等多方面因素的制约。因而,谈判一方向另一方报价时,不仅要考虑报价所获利益,还要考虑该报价能否被对手接受,即报价能否成功的概率。

因此,报价的基本原则就是:通过反复比较和权衡,设法找出价格所带来的利益与被接受的成功率之间的最佳结合点。

(三)最低可接纳水平

报价之前最好为自己设定一个"最低可接纳水平"。最低可接纳水平是指最差的但可以勉强接纳的最终谈判结果。有了最低可接纳水平,谈判者可避免拒绝有利条件或接受不利条件,也可用来防止一时的鲁莽行为。在"联合作战"的场合,可以避免各个谈判者各行其是。例如,卖方将他欲出售的某种商品的最低可接受价格定为500元,意味着假如售价等于或高于500元,他将愿意成交;但若售价不及500元,则他宁愿持有商品,也不愿出售。

(四)确定报价

一般来说,一方开盘报价之后,对方立即接受的例子极为少见,一方开价后,对方通常是要还价的。报价策略对卖方来说,是要报出最高价,而买方则要报出最低价。

首先,报价有一定的虚头是正常情况,虚头的高低要看具体情况而定,不能认为越高越好,也没有固定的百分比。在国际行市看好时,卖方的虚头可以略高一些,行市越趋好,虚头就可以越高。虚头是为以后的谈判留余地,留得过高不好,过低也不行。

作为卖方,开盘价几乎为成交的价格确定了一个最高限。一般来讲,除特殊情况外,开盘价一经报出,就不能再更改了,否则对方也是不会接受的。同样,作为买方,开盘价为购买价确定了一个最低限度。一般来讲，没有特殊情况，开盘价也是不能降低的。

其次，从人们的观念上看，"一分钱，一分货"是大多数人信奉的观点，尤其对于价格政策为"厚利少销"的商品（如工艺美术品）来说，较高的虚头是必要的。

最后，在谈判过程的各个阶段特别是磋商阶段中，谈判双方经常会出现僵持不下的局面。为了推动谈判的进程，使之不影响己方谈判的战略部署，己方应根据需要，适时做出一点退让，适当满足对方的某些要求，以打破僵局或换取对己方有利的条款。所以，报出含有高虚头的价格是很有必要的。

但是，虚头并不是越高越好。离开实际，漫天要价，并不会为己方带来任何利益，而且有可能把对方吓跑，浪费了时间和精力。

> 以中日糖醇交易为例，此类化工产品标准化程度较高，其品质、规格都有国际通行的标准，比较容易找到可以参照的国际市场行情。同时，由于双方有过合作的经验，也有去年的价格作为参考，因此在报价时，除了考虑到质量和交货条件等实际差异之外，双方的报价虚头不宜过高。过高的虚头显得缺乏合作诚意，给谈判造成困难。因为对方认为你的价格还有水分，总不敢下最后决心。为了使对方明确态度，己方往往会限定最后期限。这样做，可能产生两种后果：一是对方看清局势接受下来；二是被对方误以为是谈判手段而不予重视，这意味着谈判可能破裂。

因此，报价的虚头必须是合情合理的，即找出合适的理由为之辩护。若价格高到讲不出道理的地步，对方必然会认为你缺少诚意，从而终止谈判，扬长而去；或者以其人之道还治其人之身，相对地来个"漫天杀价"；或者提出质问，使己方丧失信誉。

（五）报价过程

卖方主动开盘报价叫报盘，买方主动开盘报价叫递盘。在正式谈判中，开盘都是不可撤销的，叫作实盘。开盘时，报价要果断而坚定地提出，没有保留，毫不犹豫，这样才能给对方留下认真而诚实的印象。欲言又止，吞吞吐吐必然会导致对方的不信任。

开盘必须明确清楚，必要时应向对方提供书面的开价单或一边解释、一边写出来，让对方看得清楚，使对方准确地了解己方的期望，含糊不清易使对方产生误会。

开盘时无须对所报价格作过多的解释、说明和辩解，没有必要为那些合乎情理的事情进行解释或说明，因为对方肯定是会对有关问题提出质询的。如果在对方提问之前，己方主动地加以说明，会使对方意识到己方最关心的问题是什么，而这种问题对方有可能尚未考虑过。有时过多的说明或辩解，会使对方从中找到破绽或突破口。

（六）两种典型报价术

在国际商务谈判中，有两种典型的报价战术，即西欧式报价和日本式报价。

西欧式报价战术与前面所提到的报价原则是一致的。其一般的模式是：首先提出含有较大虚头的价格，然后根据买卖双方的实力对比和该笔交易的外部竞争状况，通过给予各种优惠，如数量折扣、价格折扣、佣金和支付条件上的优惠（如延长支付期限、提供优惠信贷等）来逐步软化和接近买方的市场和条件，最终达成协议。实践证明，这种报价方法只要能够稳住买方，往往会有一个不错的结果。

日本式报价战术的一般做法是：将最低价格列在价格表上，以求首先引起买主的兴趣。由于这种价格一般是以卖方最有利的结算条件为前提的，并且在这种低价格交易条件下，各个方面都很难全部满足买方的需要，如果买主要求改变有关条件，则卖主就会相应地提高价格，因此，买卖双方最后成交的价格往往高于价格表上的价格。日本式报价战术一方面可以排斥竞争对方而将买方吸引过来，取得与其他卖主竞争中的优势和胜利；另一方面，当其他卖主败下阵来纷纷走掉时，这时买方原有的市场优势就不复存在了。如果买方想要达到一定需求，只好任卖方一点一点地把价格抬高才能实现。

> 20世纪60年代在中日贸易备忘录贸易项下大豆的作价谈判中，日方递盘第一回合就亮出了底牌，大大出乎我方意料。当时的国际市场行情对我方不利，价格趋于下跌的趋势，也没有多少其他因素能够起到阻碍或干扰这种趋势的作用。日本商人向来是最擅长谈判的，他们经常采用蘑菇战术，软磨硬泡，刺探对方心理变化。他们的成功往往是以自己的耐性、韧性去克制对方的刚性，使对方感到时间拉长造成的心理窒息，从而产生思想上的冲动。日本商人不但研究对方主谈判人员的性格特点，还研究陪谈人员及其他人员的性格特点，充分收集有关资料，甚至建立对方人员的档案。日本商人在谈判中轻易不说"不"字，总是绕一个很大的圈子，表示出"不可能"的意思。在谈判的紧要或关键时刻，往往摆出各种戏剧性态度，给对方最后一击。但这一次为什么一下子就递出了理想价格呢？我方陷入困惑之中，经过反复思考反复研究，我方不敢轻易接受，生怕上当吃亏。面对日方的反常表现，我方修改了自己的谈判方案，扩大了保底价的虚头，还出实盘之后，日方不但不予响应，反而在他们的返还盘中向后退缩。我方误以为日方要耍花招，将再还盘的虚头进一步加大，日方的返盘又在退缩，结果双方的距离越谈越大。经过两周的长跑式谈判，我方终于体力不支，败下阵来，最后不得不以低于日方第一回合递盘价1英镑成交。这个历史教训充分说明了日本式报价中的圈套。

四、如何对待双方的报价

在对方报价的过程中，切忌干扰对方的报价，而应认真听取并尽力完整、准确、清楚地把握对方的报价内容。在对方报价结束后，对某些不清楚的地方可以要求对方予以解答。同时，应将己方对对方报价的理解进行归纳总结，并加以复述，以确认自己的理解是否准确无误。

在对方报价完毕之后，比较正确的做法是，不急于还价，而是要求对方对其价格的构成、报价依据、计算的基础及方式、方法等作出详细的解释，即所谓的价格解释。通过对方的价格解释，可以了解对方报价的实质、态度、意图及其诚意，以便从中寻找破绽，从而动摇对方报价的基础，为己方争取重要的便利。

通常一方报价完毕之后，另一方会要求报价方进行价格解释。在解释时，必须遵守一定的原则，即不问不答，有问必答，避虚就实，能言不书。

不问不答是指买方不主动问的问题卖方不要回答。买方未问到的一些问题，不必进行解释，以免言多必失。

有问必答是指对对方提出的所有有关问题，都要一一做出回答，并且要很流畅、痛快地予以回答。经验告诉我们，既然要回答问题，就不能吞吞吐吐，欲言又止，这样极易引起对方的怀疑，甚至会引起对方注意，从而穷追不舍。

避虚就实是指对己方报价中实质性的那部分应多讲一些；对比较虚的部分，或者说水分含量较大的部分，应该少讲一些，甚至不讲。

能言不书是指能用口头表达和解释的，就不要用文字来书写，因为当自己表达中有误时，口述和笔写的东西对自己的影响是截然不同的。有些国家的商人只承认纸上的信息而不重视口头信息，因此要格外慎重。

在对方完成价格解释之后，针对对方的报价，有两种行动选择：一种是要求对方降低报价；另一种是提出自己的报价。一般来讲，第一种选择比较有利。因为这是对报价一方的回应，如果成功，可以争取到对方的让步，而己方既没有暴露自己的报价内容，更没有任何让步。

 报价阶段的禁忌

> 报价时犹豫、含糊；
> 价格解释过于详细；
> 随意打断对方的报价。

五、让步的技巧

谈判中讨价还价的过程就是让步的过程。让步实际上是一种侦查手段，是一步步弄清对方的期望到底是什么的过程。让步的方式灵活多样，无论是以价格的增减换取原则条款的保留，以放弃某些次要条款或要求换取价格的效益，还是以次要条款或要求的取舍换取主要条款或要求的取舍，都要掌握好尺度和时机。

（一）讨价还价的原则

（1）不要做无谓的让步，应体现对己方有利的宗旨。每次让步都是为了换取对方在其他方面的相应让步。

（2）在己方认为重要的问题上要力求让对方先让步；而在较为次要的问题上，根据情况的需要，己方可以考虑先做让步。

（3）做出让步前要三思，不要掉以轻心。要知道每一个让步都包含己方的利润损失甚至成本增加。

（4）一次让步的幅度不要过大，节奏不宜过快，应做到步步为营。因为一次让步太大，会使人觉得己方这一举动是出于软弱的表现，对方会建立起自信心，从而在以后的谈判中掌握主动。

（5）让步与要求同时并提。除非让步是全面接受对方现实的要求，否则必须让对方知道，我方做出的让步是指望对方予以响应，也做出相应的让步。

（6）不要承诺做同等幅度的让步。例如，对方在某一条款项目上让步60%，而己方在另一项目上让步40%。假如对方说"你也应该让步60%",己方则可以说"我方无法负担60%"来拒绝他。

（7）如果做了让步后又觉得考虑欠周,想要收回,也是可能的。因为这不是决定,完全可以推倒重来。

（8）即使己方已决定做出让步,也要使对方觉得己方让步不是轻而易举的,要使对方珍惜所得到的让步。

（二）运用适当的让步策略

磋商中的每一次让步,不但是为了追求己方的满足,同时也要充分考虑到对方的满足。谈判双方在不同利益问题上相互给予让步,以达成谈判和局为最终目标。通常的让步策略有以下几种：以己方的让步换取对方在另一问题上的让步,称为互利互惠的让步策略；在时空上,以未来利益上的让步换取对方近期利益上的让步,称作"予远利谋近惠"的让步策略；若谈判一方以不做任何让步为条件而获得对方的让步也是有可能的,称为己方丝毫无损的让步策略。

1. 互利互惠的让步策略

一方在做出让步后,能否获得对方的让步,在很大程度上取决于该方商谈的方式：一种是所谓的横向谈判,即采取横向铺开的方法,几个议题同时讨论,同时展开,同时向前推进；另一种是所谓的纵向深入方法,即先集中解决某一个议题,而在开始解决其他议题时,已对这个议题进行了全面深入的研究讨论。采用纵向深入方法的双方往往会在某一个议题上争执不下,而在经过一番努力之后,往往会出现单方让步的局面；而横向谈判把各个议题联系在一起,双方可以在各议题上进行利益交换,达成互惠式让步。

争取互惠式让步,谈判者需要有开阔的思路和视野。除了某些己方必须得到的利益要坚持外,不要太固执于某一个问题的让步；而应统观全局,分清利害关系,避重就轻,灵活地使一方的利益在其他方面得到补偿。

2. "予远利谋近惠"的让步策略

对于有些谈判者来说,可以通过给予其期待的满足或未来的满足而避免给予其现实的满足,即为了避免现实的让步而给予对方以远利。例如,当对方在谈判中要求己方在某一问题上作出让步时,己方可以强调保持与己方的业务关系将给对方带来长期的利益,而本次交易对是否能够成功地建立和发展双方之间的这种长期业务关系是至关重要的,向对方说明远利和近利之间的利害关系。如果对方是精明的商人,是会取远利而弃近惠的。

3. 丝毫无损的让步策略

当谈判对方就某个交换条件要求己方做出让步,其要求确实有理,而对方又不愿意在这个问题上做出实质性的让步时,可以采取这样一种处理的办法,即首先认真地倾听对方的诉说,并向对方表示己方充分理解对方的要求,也认为对方的要求有一定的合理性,但就己方目前的条件而言,实在难以接受对方的要求,同时保证在这个问题上己方给其他客户的条件,绝对不比给对方的好,希望对方能够谅解。

谈判具有艺术性。人们对自己争取某个事物的行为的评价,并不完全取决于最终的行为结果，还取决于人们在争取过程中的感受，有时感受比结果还重要。在此，己方认真倾听对方的意见要求，肯定其要求的合理性，满足了对方受人尊敬的要求；保证其条件待遇不低于其他客户，进一步强化了这种受人尊敬需求的效果，迎合了人们普遍存在的一种心理：互相攀比，横向比较。

4. 迫使对方让步的策略

谈判中的让步是必需的，没有适当的让步，谈判就无法进行；而一味地让步，是根本不现实的，也有害于己方利益。在谈判磋商中，迫使对方让步也是达到最终谈判目的的手段之一。迫使对方让步的策略主要有以下几种。

（1）利用竞争。进行谈判前，多考察几家国外厂商，同时邀请他们前来谈判，并在谈判过程中适当透露一些有关竞争对手的情况。在与一家厂商达成协议前，不要过早结束与其他厂商的谈判，以保持竞争局面。即使对方实际上没有竞争对手，己方也可巧妙地制造假象来迷惑对方。

（2）软硬兼施。我方主谈人或负责人找一个借口暂时回避，让"强硬派"挂帅出阵，将对方的注意力引向自己，采取强硬立场，唇枪舌剑，寸步不让，从气势上压倒对方，给对方在心理上造成压迫，迫使对方让步，或者索性将对方主谈人激怒，使其怒中失态。

> 我国山东省塑料编织袋厂与日本某纺织株式会社关于从日方购买编织袋生产线进行谈判。
>
> 在进行了一周的技术交流之后，谈判进入了实质性阶段。日方主要代表是国际业务部的中国课课长，他起立发言："我们经销的生产线，由日本最有信誉的两家公司生产，具有国际先进水平，全套设备的总价是240万美元。"课长报完价，漠然一笑，摆出一副不容置疑的神气。
>
> 面对日方代表的嚣张态度，中方厂长起身回应："据我们掌握的情报，你们的设备性能与贵国某某会社提供的产品完全一样，我省另外一个厂家购买的该设备，比贵方开价便宜一半。因此，我提请你重新出示价格。"日方代表当然不愿意轻易让步，于是双方首次谈判宣告结束。
>
> 第二天，谈判继续进行，日本方面把各类设备的价格开出了详细清单，又提出了180万美元的报价。中方显然对这个价格仍旧不满意，经过激烈的争论，生产线总价一点一点地被压到了130万美元。此时，日方表示价格无法再压，在后来连续9天的谈判中，双方一直在就价格问题进行谈判，但始终没有协商成功，而且由于双方互不妥协让步，谈判陷入了僵局。
>
> 面对这种情况，中方厂长想到了声东击西的策略——他马上派人和另一家西方公司联系，以机敏著称的日商自然很快就发现了这件事，总价立即降至120万美元。

120万美元的价格其实已经达到了当初厂里预定的目标，可是这位厂长通过其他途径了解到当时正有几家外商同时在青岛竞销各己的编织袋生产线。面对这么有利的形势，中方要求对方再继续让价。面对中方代表的步步紧逼，日方代表震怒了："我们几次请示总公司，4次压价，从240万美元降到了120万美元，比原价已降了50%了，可以说做到了仁至义尽，而如今你们还不签字，实在太苛刻、太无诚意了！"说完后他还把公文包甩到了桌上。面对日方代表表现出的愤怒情绪，中方厂长以低沉而不失威严的声音回答道："先生，你们的价格，还有先生的态度，我们都是不能接受的！"说完，同样怒气十足地把公文包甩在桌上，那公文包有意没拉上锁链，经他这一甩，里面那个西方某公司的设备资料与照片撒了一地。日方代表很快改变了态度，并表示愿意和总公司商量考虑中方提出的条件。最后经过双方的进一步协商，最终以110万美元的价格达成了协议。

六、敲定价格的策略

谈判双方的期望已相当接近时，都会产生结束谈判的愿望。敲定价格阶段就是双方下决心按磋商达成的最终价格成交的阶段。这一阶段的主要目标有3方面：一是力求尽快达成协议；二是尽量保证已取得的利益不丧失；三是争取最后的利益收获。为达到这些目标，可以采用以下谈判策略。

（一）场外交易

当谈判进入敲定价格阶段，双方可考虑采取场外交易，如酒宴或其他娱乐场所等。原因是：① 过长时间的谈判会影响谈判协商的结果；② 谈判桌上紧张、激烈、对立的气氛及情绪迫使谈判者自然地去争取对方让步，让步方会被对方视为投降或战败方；③ 即使某一方主谈人或领导人头脑仍能保持冷静，认为做出适当的让步以求尽快达成协议是符合己方利益的，但因同伴态度坚决、情绪激昂而难以当场作出让步的决定。

场外轻松、友好、融洽的气氛和情绪则很容易缓和双方剑拔弩张的紧张局面，轻松自在地谈论自己感兴趣的话题，交流私人感情，有助于化解谈判桌上遗留的问题，双方往往会很大度地相互做出让步而达成协议。需要指出的是，场外交易的运用，一定要注意谈判对方的不同习惯。有些国家的商人忌讳在酒席上谈生意，所以必须事先了解清楚，以防弄巧成拙。

（二）不忘最后的获利

通常在双方将交易的内容、条件大致确定的时候，精明的谈判者往往还要利用最后的时刻去争取最后的一点收获。

在敲定价格阶段最后收获的常规做法是：在签约之前，突然提出一个小小的请求，要求对方再让出一点点。由于谈判已进展到最后阶段，谈判者已付出很大的代价，也不愿为这一点点小利而伤了友谊，更不愿为这点小利而重新回到讨价还价阶段，因此往往会很快地答应这个请求。

（三）谈判记录的回顾和整理

由于谈判过程复杂而漫长，有时候甚至要延伸到若干次会议，因此每当一个问题谈妥之后，都要通读双方的记录，俗称"唱价"，查对一致，避免含混不清的地方。在敲定价格阶段，检查、整理记录，双方共同确认记录正确无误，所记载的内容便是起草书面合同的主要依据。

 谈判技巧应用时必须注意

➢ 采用技巧过度易导致对方缺乏信任感；
➢ 采用了不当的策略导致相反的效果；
➢ 要牢记技巧并不能解决所有问题。

 谈判常用语

一、询价阶段（inquiry）

✓ One of our clients takes interests in your products and wishes to have your quotations for the items specified below.
我们的一位客户对贵方产品颇感兴趣，请就下列产品报价。

✓ We shall be pleased if you give us your lowest quotation for the following.
如能对下列产品报最低价，我方将不胜感激。

✓ Will you let us know what discount you can give for an order exceeding 1 000 metric tons?
能否告知我方，超过 1 000 公吨的订单的折扣是多少？

✓ We are thinking of getting a supply of walnutmeat. Please give us your best offer.
我方拟购核桃仁，请报最低价。

✓ Will you please inform us of the prices at which you can supply?
请告知你方能出售的价格。

✓ We'd like to have your lowest quotations CIF Vancouver.
希望你方报成本加运费保险费到温哥华的最低价。

✓ If your quality is good and the price is suitable for our market, we would consider signing a long-term contract with you.
若质量好且价格适合我方市场，我们愿考虑签署一项长期合同。

二、报价阶段（quotation）

✓ We're prepared to give you a quotation which is based upon the prevailing world market.
我们打算按照当前的国际市场价格给你报价。

✓ Our quotation always comes in line with the world market.

我们的报价总是符合国际市场价格水平的。

✓ We trust that our price will be acceptable to you.
我们确定贵公司将接受我方提供的价格。

✓ On condition that you take more than 2 000 sets, we are prepared to offer this special price of ＄9.15 per set, a 5% discount.
如订购 2 000 台以上，我们可以给予特殊优惠，每台 9.15 美元，即给 5% 的折扣。

✓ We must stress that this price is valid for three days only because of the heavy demand for the limited supplies of this velvet in stock.
本公司必须强调，此价格仅三天内有效。因为天鹅绒的存货有限而需求却很大。

✓ Last year we had the pleasure of supplying you with walnut and we trust that it has given you every satisfaction. We are giving you this year the best price for apricot kernels from stock.
去年，我方荣幸地向你方提供核桃，相信你方十分满意。我方现向你方报现货杏仁最优惠价。

三、还价阶段（bargain）

✓ We appreciate your counter-offer but find it too low to accept.
谢谢你方还盘价，但我方觉得太低了，无法接受。

✓ It's impossible for us to entertain your counteroffer.
我们不能考虑接受你方的还盘价。

✓ The price you counter-offer is not in line with the prevailing market.
你方还盘价与现行市场价格不符。

✓ This is our rock-bottom price. We can't make any further reduction.
这是我方的最低价格，我们不能再降价了。

✓ If you accept our counter-offer, we'll advise our end-users to buy from you.
如果你方能接受我们的还盘价，我们将劝用户向你方购买。

✓ We regret that you have turned down our counter-offer.
遗憾得知你方拒绝了我方的还盘价。

✓ We have cut price to the limit. We regret, therefore, being unable to comply with your request for further reduction.
因我方的价格已降到极限，所以无法满足你方进一步降价的要求。

四、确定价格阶段（agreements）

✓ We consider accepting your counter-offer.
我们考虑接受你方的还盘价。

✓ After long and friendly discussion now we have concluded business.
经过长期友好的讨论，现已达成交易。

✓ Through lengthy and on-and-off negotiations we now finally have reached agreement.
经过长时间断断续续的谈判，我们现在终于达成了协议。

✓ It's only in view of our long-standing business relationship that we accept your counter-offer.
只是鉴于双方长期的业务关系，我们才接受你方还盘价。

✓ We trust the current business is only the forerunner of a series transactions in future.
我们相信这笔交易是未来一系列交易的先导。

✓ We look forward to receiving further orders from you.
期待收到你方进一步的订单。

✓ Although your price is below our level, we accept, as an exception, your order with a view of initiating business with you.
尽管你方价格低于我们的价格水平，但作为例外，为了与你方达成首笔交易我们还是接受你方的价格。

✓ This transaction, though small in amount, marks the beginning of our formal business relationship.
这笔交易金额虽小，却标志着我们双方正式业务关系的开始。

✓ Owing to our mutual efforts, we have finally concluded the business.
由于我们双方的共同努力，我们最终达成了这笔交易。

✓ Our best and prompt attention will be given to the execution of this order.
我方将妥善迅速处理你方的订单。

✓ We thank you very much for your order and hope that this may be the beginning of a long and friendly relation between us.
十分感谢你方的订单，希望此订单成为双方长期友好往来的开端。

实验小结

价格条款的谈判是国际货物贸易谈判的关键。在谈判之前，双方应当就本次谈判商品的国际市场供求情况进行调研，结合各自的购销意图，在商品的出口成本核算、计价货币的选择、贸易术语的选择、作价方法等方面进行充分准备，计算出用以谈判的价格区间。

价格谈判分为报价、讨价还价、敲定价格3个阶段。在报价阶段，应当灵活地把握报价时机，采用软出牌、硬出牌、原则式出牌等谈判策略，争取有利的先机。在讨价还价阶段，应当准确把握己方让步、迫使对方让步、阻止对方进攻的分寸和技巧。在敲定价格阶段，可以利用场外交易和最后请求的办法，在达成协议的基础上尽量扩大利益。

在价格的模拟谈判中，常见的问题包括：估价不实、报价过急、让步过快、相互攻击、激烈争吵、缺乏耐心、焦躁不安，将己方时间表透露给对方等。

中日购销电石合同谈判

日本某公司向中国某公司购买电石。此时是他们间交易的第5个年头，2006年谈价时，日方压低中方30美元/吨，2007年又要压20美元/吨，即从410美元压到390美元/吨。据日方讲，他已拿到多家报价，有430美元/吨，有370美元/吨，也有390美元/吨。据中方了解，370美元/吨是个体户报的价，430美元/吨是生产能力较小的工厂供的货，供货厂的厂长与中方公司的代表共4人组成了谈判小组，由中方公司代表为主谈。谈判前，工厂厂长与中方公司代表达成了价格共同的意见，工厂可以在390美元/吨成交，因为工厂需订单连续生产。公司代表讲："对外不能说，价格水平我会掌握。"公司代表又向其主管领导汇报，分析价格形势；主管领导认为价格不取最低，"因为我们是大公司，讲质量，讲服务。"谈判中可以灵活，但步子要小。若在400美元/吨以上拿下则可成交，拿不下时把价格定在405～410美元/吨，然后主管领导再出面谈。请工厂配合。

中方公司代表将此意见向工厂厂长转达，并达成共识和工厂厂长一起在谈判桌争取该条件。中方公司代表为主谈。经过交锋，价格仅降了10美元/吨，在400美元/吨成交，比工厂厂长的成交价高了10美元/吨。工厂代表十分满意，日方也满意。

问题思考：
1. 怎么评价该谈判的结果？
2. 该谈判中方公司组织上与主持上有何可参考的经验？

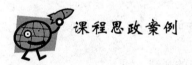

精密仪器购销谈判

荷兰某精密仪器生产厂与中国某企业拟签订某种精密仪器的购销合同。但双方在仪器的价格条款上还未达成一致，因此双方就此问题专门进行了谈判。

谈判一开始，荷方代表就对其产品的性能优势以及目前在国际上的知名度做了一番细致的介绍，同时说明还有许多国家的有关企业欲购买他们的产品。最后，荷方代表带着自信的微笑与语气对中方代表人员说：根据我方产品所具有的以上优势，我们认为一台仪器的售价应该在4 000美元。

中方代表听后不悦，因为据中方人员掌握的有关资料，目前在国际上，此种产品的最高售价仅为3 000美元。于是，中方代表立刻毫不客气地将其掌握的目前国际上生产这种产品的十几个厂商的生产情况、技术水平及产品售价详细地向荷方代表和盘托出。

荷方代表十分震惊，因为据他们所掌握的情况，中方是第一次进口这种具有世界一流技术水平的仪器，想必对有关情况还缺乏细致入微的了解，没想到中方人员准备得如此充分。荷方人员无话可说，立刻降低标准，将价格调低到3 000美元，并且坚持说他们的产品属于世界一流水平，是物有所值的。

事实上，中方人员在谈判前就了解到，荷兰的这个厂商目前经营遇到了一定的困难，并陷入一场巨额债务纠纷，回收资金是其当务之急，正四处寻找产品买主，目前也只有中国对其发出了购买信号。于是，中方代表从容地回答荷方："我们绝不怀疑贵方产品的优良性能，只是由于我国政府对本企业的用汇额度有一定的限制，因此我方只能认可2 500美元的价格。"荷方代表听后十分不悦，他们说："我方已经说过了，我们的产品是物有所值的，而且需求者也不仅仅只有中方一个企业。如果中方这样没有诚意，我们宁可终止谈判。"

中方代表依然神色从容地表示："既然如此，我们很遗憾。"

中方人员根据已掌握的资料，相信荷方一定不会真的终止谈判，一定会再来找中方。果然，没过多久，他们就主动来找中方，表示价格可以再谈。在新的谈判中，双方又都做出了一定的让步，最终以2 700美元的价格成交。

资料来源：刘园，彭程跃. 国际商务谈判［M］. 4版. 北京：中国人民大学出版社，2019.

问题思考：

1. 荷方的谈判者为什么能够将价格从4 000美元降到3 000美元？
2. 请简要分析4 000美元、3 000美元、2 500美元和2 700美元价格之间的联系。
3. 当荷方提出终止谈判时，为什么中方谈判者依旧从容不迫？在此次谈判中，中方人员运用的是何种策略？
4. 上述谈判案例，对我国商务人员从事相关谈判有什么启示？

实验四 支付方式条款谈判

 实验背景

保定光明化工厂经过技术引进，改造了老厂，建成了具有先进技术的糖醇生产线，有进出口权。糖醇生产质量好，产量也有保障。因为生产糖醇的原料——糖醛也是该厂的产品之一。两种产品日产量可达4～5吨。此前，保定光明化工厂和日本岩井株式会社已就合同中的品质、数量、包装、运输、保险及价格条款等达成一致。

产品：糖醇是由糖醛加工而成的液态化工产品，主要用于生产各种树脂。而生产糖醛的原料是剥掉玉米粒后的玉米棒子芯，在河北一带玉米棒子芯来源充足，本次交易1 000吨。

客户关系：光明化工厂与买家日本岩井株式会社关系密切。过去技术改造时，还通过该公司买过生产设备；产品出线后，又给日本岩井株式会社供货。双方合同履行愉快，交易量从几十吨到几百吨不等，呈逐渐上升趋势。

市场背景：由于树脂用途广泛，对其生产原料需求也旺，中日之间的糖醇、糖醛均有交易。日本有的工厂不生产糖醛，而生产糖醇；有的工厂生产树脂，不生产糖醇。这两种产品在日本市场价格依据需求高低相互影响价格。在我国，华北、东北地区原料充足，依市场需求也有不少生产糖醛和糖醇的工厂，不过在产量与技术上相差较大，像光明化工厂这样具有同等生产能力与技术水平的不多，仅两三家，糖醛与糖醇由于深加工的问题相差30%～40%。目前中国市场FOB中国主要港口，200公斤铁桶包装价在1 000～1 250美元/吨。去年买卖双方曾有过500吨糖醇的合同，合同价为FOB天津港；200公斤铁桶包装，1 240美元/吨。今年玉米丰收，生产厂家因原料收购有所降低，对销价态度积极。

本次谈判的要点包括：熟悉支付方式条款，熟悉汇票、托收、信用证、担保、银行保函、国际保理、福费廷。重点分析各种支付方式对买卖双方在融资、结汇、资金风险上的特点。

 实验目标

◇ 在谈判中熟悉托收的付款交单与承兑交单。
◇ 信用证对单据的要求，同时掌握远期信用证、可转让信用证的用法。
◇ 灵活运用"奉送选择权""好坏搭配""化整为零"等谈判技巧。
◇ 灵活运用支付条款谈判的常用语言。

课程思政导入

首先，本章谈判围绕国际贸易中的支付方式条款展开。在国际贸易中，支付方式无论采用预付、托收还是信用证形式，都是建立在商业信用和银行信用基础上的现代方式。可以说，离开了信用基础，国际贸易将无法展开。因此，诚信的原则和精神应当是国际贸易和商务谈判中应重视与遵守的最重要原则之一。在本章，应当引导学生树立牢固的诚信理念，而在支付谈判和履约中贯彻诚信原则尤其重要。其次，国际商务活动是在国际商务规则和惯例体系下开展的跨国商务活动，所有活动都应遵循国际商务规则与惯例，支付谈判也不例外。因此，在本次谈判中应引导学生熟悉和掌握有关国际贸易支付条款的惯例与规则，并在谈判和履约中进行贯彻。最后，谈判者应具有总揽全局的大局观和大局思维。在谈判中，谈判者容易陷入一些具体利益的争夺，而忘了谈判的整体走向和大局的成败。只见树木，不见森林。在本次谈判时，应引导学生树立谈判大局观和大局思维，学会在关注细节问题和利益时跳出微观局限，而用宏观视角审视谈判大局，从而作出对整体有利的决策，避免因小失大。

综上所述，本次谈判课程思政目标如下。

◇ 引导学生树立牢固的诚信观念，并将诚信原则贯彻在支付方式谈判中。

◇ 引导学生熟悉和掌握有关国际贸易支付条款的惯例与规则，并在支付谈判中贯彻与实施。

◇ 引导学生树立谈判大局观和大局思维，从宏观视角审视整体局面，并以此制定谈判策略。

 实验准备

一、支付方式的选择

（一）付款条件的选择

在出口贸易谈判中要认真议定支付方式和时间，一般可供选择的有下列3种方式，它们提供的支付保证是不同的：

（1）货款预付（payment in advance）；

（2）托收中的付款交单（D/P）和承兑交单（D/A）；

（3）用不可撤销的信用证（跟单信用证）付款（payment by irrevocable letter of credit, i.e., a documentary credit）。

上述3种支付方式的优越性和可靠性，对于卖方（出口方）来说是依次递减的。重要的是，卖方事前对买方的资信要有深入的了解。了解的办法多种多样：可以问自己的银行，可以向商业资信评估机构咨询，可以调查买方的财务状况。例如，向贸易组织、大使馆或领事馆的商务部门、营销代理人以及其他同买方有关系的公司进行了解。一般来说，同买方有1年以上的交易往来，便可以根据自己经验来选择支付方式了。

首先，如果对方支付货款历史是良好的，为了有利于成交大宗贸易，可以用国外汇票银行托收，甚至还可开立贸易账户，先行记账，到一定时期再进行结算。当然，选择何种支付方式，还要看货物价值大小和本公司的财务状况。此外，对方国家的政治局势是否稳定、是否有信用保险，这也是卖方（出口方）需要考虑的。有时，甚至是对方的商业文化（commercial culture）和双方的语言障碍（language barriers）也成为必须考虑的一个因素，因为"误会"也可能导致关系恶化和支付困难。上面提到的政治局势，尤其需要特别注意。政府班子的更替、罢工浪潮的发生甚至是政府的某种行为，都可能妨碍买方履行支付协议。例如，进口许可制度的出台、进口外汇支付的冻结、港口或内陆运输工人的罢工等，都可能使买方的支付协议难以履行。这些问题都是在选择付款方式时必须加以考虑的。

其次，关于信用证问题。它对卖方提供了足够的支付保证，但同时也增加了买卖双方的费用和手续。买方需要为此提供财务担保才能从国外起运货物，因此买方一般是不愿意采用信用证这种支付方式的。

最后，关于货款预付问题。对于卖方来说，预付货款是最为有利的一种方式，特别是第一次同买方做生意，或者是买方国家政局不稳、经济比较混乱的时候。对于买方来说，虽然预付货款一般有利于货物早日起运，但是究竟能否做到早日起运和保证货物质量，这是没有把握的。因此，买方在预付货款前一般要求卖方提供银行担保，不过这样一来，又增加了卖方的财务负担。所以，在买卖双方建立了正常的贸易关系后，通常不大愿意采用这种方式。

（二）对汇票等各种支付方式的比较

汇票方式可以进一步分为两种：清洁汇票（clean bill of exchange），即不附带条件（如提单）的普通汇票；跟单汇票（documentary bill of exchange），即附有信用证的押汇汇票。清洁汇票适用于运输单证等另行寄交的场合，或者是由于在付款条件中规定了在货物生产以前（或交运以前）买方必须承兑卖方开出的汇票。跟单汇票不同，它同时附有提单之类的支撑单证。买方所在国的银行只有在确知货款已经付清，或者是汇票已承兑的条件下，才可以交出所附的支撑单证，让收货人据以提货。由此可见，跟单汇票较之清洁汇票为卖方提供了更大的支付保证。不过，大多数国家对汇票的信用都在立法方面做了保证，使卖方在汇票拒付时能得以依法追偿。可见，使用汇票的支付方式比较简单易行，而且费用也比较少，是一种既便于买方提货，又让卖方有支付保证的方式。只是单证文件必须是记名的物权凭证（a document of title），否则仍然是不可靠的。

凭单证付款（cash against documents）的支付方式是这样的：卖方将货物提单或能够证明货物所有权的凭证交给买方或买方代理人后，经验证无误，即将货款支付给卖方或其代理人。这种支付方式的可靠性不如银行汇票。开立贸易往来账户进行赊销的方式，是卖方对买方的信任，相信买方会在约定的日期付款。只要买方到时付款。这种方式最省时省事，也不增加任何费用。问题是对于卖方来说，货运出了，单证寄出了，并未取得货款支付的应用保证。因此，事前对买方资信情况的了解是十分必要的，并且还要对其进行随时监控，以防变化。

二、支付条件的选择

各种支付条件的安全系数（安全系数应根据实际情况而论）依次排列如下。

(1) 30% T/T 定金+70% 即期、保兑、不可撤销的信用证。

(2) 100% 即期、保兑、不可撤销的信用证+CIF 的运输条款。

(3) 即期、保兑、不可撤销的信用证+FOB。最好自己来安排到目的港的船公司,并与船公司有良好合作关系,以求掌控货物。

(4) 30% T/T 定金+70% 见提单传真件付款。此付款方式适用于贸易额较小的业务。如果贸易额较大,不应用此付款方式。因为无法保证外商对货物的最终需求,外商可能因市场的变化而放弃交易。

其他付款方式(国际贸易书上提及的付款方式)建议不要轻易采取,因为缺乏安全感。

三、各种支付方式介绍

(一)汇付

汇付,又称汇款,是付款人通过银行,使用各种结算工具将货款汇交收款人的一种结算方式。汇付属于商业信用,采用顺汇法。

汇付的当事人有 4 个:汇款人(remitter)、收款人(payee)、汇出行(remitting bank)、汇入行(paying bank)。

1. 汇付的种类

汇款根据汇出行向汇入行转移资金发出指示的方式,可分为 3 种方式。

1) 电汇(telegraphic transfer,T/T)

电汇是汇出行应汇款人的申请,拍发加押电报或电传给在另一国家的分行或代理行(即汇入行)解付一定金额给收款人的一种汇款方式。

电汇方式的优点在于速度快,收款人可以迅速收到货款。随着现代通信技术的发展,银行与银行之间使用电传直接通信,快速准确。电汇是目前使用较多的一种方式,但其费用较高。

2) 信汇(mail transfer,M/T)

信汇是汇出行应汇款人的申请,用航空信函的形式,指示出口国汇入行解付一定金额的款项给收款人的汇款方式。信汇的优点是费用较低廉,但收款人收到汇款的时间较迟。

3) 票汇(remittance by banker's demand draft,D/D)

票汇是指汇出行应汇款人的申请,代汇款人开立以其分行或代理行为解付行的银行即期汇票,支付一定金额给收款人的汇款方式。

票汇与电汇、信汇的不同之处在于:票汇的汇入行无须通知收款人取款,而由收款人持票登门取款,这种汇票除有限制流通的规定外,经收款人背书,可以转让流通,而电汇、信汇的收款人则不能将收款权转让。

2. 汇付支付方式的特点

汇付的优点在于手续简便、费用低廉。

汇付的缺点是风险大,资金负担不平衡。

因为以汇付方式结算,可以是货到付款,也可以是预付货款。如果是货到付款,卖方向买方提供信用并融通资金;而预付货款则是买方向卖方提供信用并融通资金。不论哪一种方式,风险和资金负担都集中在一方。在我国外贸实践中,汇付一般只用来支付订金货款尾数、佣金等费用,不是一种主要的结算方式。在发达国家之间,由于大量的贸易是跨国公司的内部交易,而且外贸企业在国外有可靠的贸易伙伴和销售网络,因此汇付是主要的结算方式。

在分期付款和延期付款的交易中,买方往往用汇付方式支付货款,但通常需辅以银行保函或备用信用证,所以也不是单纯的汇付方式。

> 甲交给乙一张经付款银行承兑的远期汇票,作为向乙订货的预付款,乙在票据上背书后转让给丙以偿还原先欠丙的借款,丙于到期日向承兑银行提示付款,恰遇当地法院公告该行于当天起进行破产清理,因而被退票。丙随即向甲追索,甲以乙所交货物质次为由予以拒绝,并称10天前已通知银行止付,止付通知及止付理由也同时通知了乙。在此情况下丙再向乙追索,乙以汇票系甲开立为由推诿不理。丙遂向法院起诉,被告为甲、乙与银行三方。法院判甲向丙清偿被拒付的汇票票款、自到期日或提示日起至清偿日止的利息,以及丙进行追索所支付的相关费用。丙有权向法院起诉甲吗?

(二)信用证

信用证是银行用以保证买方或进口方有支付能力的凭证。

在国际贸易活动中,买卖双方可能互不信任,买方担心预付款后,卖方不按合同要求发货;卖方也担心在发货或提交货运单据后买方不付款。因此,需要两家银行作为买卖双方的保证人,代为收款交单,以银行信用代替商业信用。银行在这一活动中所使用的工具就是信用证。

可见,信用证是银行有条件保证付款的证书,成为国际贸易活动中常见的结算方式。按照这种结算方式的一般规定,买方先将货款交存银行,由银行开立信用证,通知异地卖方开户银行转告卖方,卖方按合同和信用证规定的条款发货,银行代买方付款。

信用证方式有3个特点。一是信用证不依附于买卖合同,银行在审单时强调的是信用证与基础贸易相分离的书面形式上的认证。二是信用证是凭单付款,不以货物为准。只要单据相符,开证行就应无条件付款。三是信用证是一种银行信用,它是银行的一种担保文件。

信用证(letter of credit, L/C),是指开证银行应申请人的要求并按其指示向第三方开立的载有一定金额的,在一定期限内凭符合规定的单据付款的书面保证文件。

信用证是目前国际贸易中最主要、最常用的支付方式。

1. 信用证的主要当事人及其权利与义务

1)开证申请人(applicant)

向银行申请开立信用证的人,在信用证中又称开证人(opener)。

义务:根据合同开证;向银行交付比例押金;及时付款赎单。

权利:验、退赎单;验、退货(均以信用证为依据)。

说明:开证申请书有两部分:对开证行的开证申请和对开证行的声明和保证(申明赎单付款前货物所有权归银行;开证行及其代理行只负单据表面是否合格之责;开证行对单据传递中的差错不负责;对"不可抗力"不负责;保证到期付款赎单;保证支付各项费用;开证行有权随时追加押金;有权决定货物代办保险和增加保险级别,而费用由开证申请人负担)。

2）开证行（opening/issuing bank）

接受开证申请人的委托开立信用证的银行，它承担保证付款的责任。

义务：正确、及时开证；承担第一性付款责任。

权利：收取手续费和押金；拒绝受益人或议付行的不符单据；付款后如开证申请人无力付款赎单时可处理单、货；货不足款时可向开证申请人追索余额。

3）通知行（advising/notifying bank）

指受开证行的委托，将信用证转交出口人的银行，它只证明信用证的真实性，不承担其他义务，是出口地所在银行。

此外，通知行还要证明信用证的真实性。

转递行只负责照转。

4）受益人（beneficiary）

指信用证上所指定的有权使用该证的人，即出口人或实际供货人。

义务：收到信用证后应及时与合同核对，不符者尽早要求开证行修改或拒绝接受或要求开证申请人指示开证行修改信用证；如接受则发货并通知收货人，备齐单据在规定时间向议付行交单议付；对单据的正确性负责，不符时应执行开证行改单指示并仍在信用证规定期限交单。

权利：被拒绝修改或修改后仍不符有权在通知对手后单方面撤销合同并拒绝信用证；交单后若开证行倒闭或无理拒付可直接要求开证申请人付款；收款前若开证申请人破产可停止货物装运并自行处理；若开证行倒闭时信用证还未使用可要求开证申请人另开。

5）议付银行（negotiating bank）

指愿意买入受益人交来跟单汇票的银行。

根据信用证开证行的付款保证和受益人的请求，按信用证规定对受益人交付的跟单汇票垫款或贴现，并向信用证规定的付款行索偿的银行（又称购票行、押汇行和贴现行；一般就是通知行；有限定议付和自由议付）。

义务：严格审单；垫付或贴现跟单汇票；背批信用证。

权利：可议付也可不议付；议付后可处理（货运）单据；议付后开证行倒闭或借口拒付可向受益人追回垫款。

6）付款银行（paying/drawee bank）

信用证上指定付款的银行。在多数情况下，付款行就是开证行。

对符合信用证的单据向受益人付款的银行（可以是开证行也可是受其委托的另家银行）。

有权付款或不付款；一经付款无权向受益人或汇票善意持有人追索。

7）保兑行（confirming bank）

受开证行委托对信用证以自己名义保证的银行，保兑行要在信用证上加批"保证兑付"字样；不可撤销的确定承诺；独立对信用证负责，凭单付款；付款后只能向开证行索偿；若开证行拒付或倒闭，则无权向受益人和议付行追索。

8）承兑行（accepting bank）

对受益人提交的汇票进行承兑的银行，也是付款行。

9）偿付行（reimbursement bank）

受开证行在信用证上的委托，代开证行向议付行或付款行清偿垫款的银行（又称清算行）。只付款不审单；只管偿付不管退款；不偿付时开证行偿付。

2. 信用证方式的一般收付程序

（1）开证申请人根据合同填写开证申请书并交纳押金或提供其他保证，请开证行开证。

（2）开证行根据申请书内容，向受益人开出信用证并寄交出口人所在地通知行。

（3）通知行核对印鉴无误后，将信用证交受益人。

（4）受益人审核信用证内容与合同规定相符后，按信用证规定装运货物、备妥单据并开出汇票，在信用证有效期内，送议付行议付。

（5）议付行按信用证条款审核单据无误后，把货款垫付给受益人。

（6）议付行将汇票和货运单据寄开证行或其特定的付款行索偿。

（7）开证行核对单据无误后，付款给议付行。

（8）开证行通知开证人付款赎单。

3. 信用证支付方式的特点

（1）开证行承担第一性的而且是独立的付款责任，是一种银行信用。

（2）信用证是一项自足文件。信用证虽然是根据买卖合同开立的，但信用证一经开出，就成为独立于买卖合同以外的一项约定。

（3）信用证是一种单据买卖，各有关当事人处理的是单据，而不是货物、服务和（或）其他行为。银行只负责单证、单单之间的表面相符。

> 我出口公司与外商就某商品按 CIF、即期 L/C 条件达成一项数量较大的出口合同，合同规定 11 月装运，但未规定具体开证日期，后因该商品市场价格趋降，外商便拖延开证。我方为防止延误装运期，从 10 月中旬即多次电催开证，终于迫使该外商于 11 月 16 日开来了 L/C。由于开证太晚，我方安排装运发生困难，遂要求对方对 L/C 的装运期和议付有效期进行修改，分别推迟一个月。但外商不同意，并以我方未能按期装运为由单方面宣布解除合同，我方也就此罢休。请将我方教训总结一下。

（三）托收

托收是由债权人（出口商）签发汇票，委托当地银行通过其在债务人所在地的联行或代理行向债务人（进口商）收取款项的结算方式。

1. 托收方式的当事人

托收方式的基本当事人有：① 委托人，即开出汇票委托银行向国外付款人收款的出票人，也就是国际贸易中的出口方；② 托收行，即接受委托人的委托，转托国外银行向国外付款人代为收取款项的银行；③ 代收行，即接受托收行的委托，代向付款人收款的银行；④ 付款人，就是汇票的受票人，即国际贸易中的进口方。

根据托收的定义，委托人与托收行、托收行与代收行之间都只是委托代理关系。

此外，托收方式可能还有另外两个当事人：提示行和"需要时的代理"。提示行是指跟单托收项下向付款人提示汇票和单据的银行，可以是代收行本身，也可以是与付款人有往来账户关系的其他银行；"需要时的代理"是指在发生拒付时，委托人指定的在付款地代为照料货物存仓、转售、运回等事宜的代理人。

2. 托收的种类

按托收项下的汇票是否附有货运单据的标准，一般将托收分为光票托收和跟单托收。

1）光票托收

光票托收指汇票不附带货运单据的托收。由于不涉及货权的转移或货物的处理，光票托收的业务处理非常简单。它主要适用于向进口商收取货款差额、贸易从属费用等。

2）跟单托收

跟单托收指汇票附带货运单据的托收。国际贸易结算中使用的托收一般都是跟单托收。在跟单托收业务中，单据的移交条件有付款交单和承兑交单两种。

（1）付款交单。指卖方的交单以买方的付款为条件。也就是说，买方支付货款后才能向代收行赎取货运单据，从而获得货物所有权。付款交单又分为即期付款交单和远期付款交单两种。

即期付款交单指单据寄到进口方所在地的代收行后，由代收行向进口商提示，进口商审单无误后立即付款赎单。付款交单多指这一类型。其收付程序如下。

① 出口商发货。
② 出口商填写托收申请书，开立即期汇票，连同货运单据交托收行，委托其代收货款。
③ 托收行根据托收申请书缮制托收委托书，连同报单汇票交进口地代收行委托代收。
④ 代收行按委托书的指示向进口商提示跟单汇票。
⑤ 进口商付款。
⑥ 代收行交单。
⑦ 进口商提货。
⑧ 代收行办理转账手续，并通知托收行款已收妥。
⑨ 托收行向出口商交款。

远期付款交单指进口商见票并审单无误后，立即承兑汇票，于汇票到期日付款赎单。在汇票到期前，汇票和货运单据由代收行保管。远期付款交单的业务流程与即期付款交单大致相同。不同之处在于，此时出口商出具的是远期汇票，故有承兑这一票据行为的发生。进口商要等票据到期日付款后方能得到单据。

（2）承兑交单。指卖方的交单以买方承兑汇票为条件。也就是说，买方在汇票上履行承兑手续后，即可从代收行取得货运单据，凭此提取货物。等到汇票到期日，买方再付款。

3. 托收结算方式的特点

托收结算方式是由债权方开出汇票，要求债务方付款。结算工具的传送方向与资金的流动方向相反，因此属于逆汇法，也称出票法。

托收结算方式属商业信用。出口商赊销货物后能否收回货款完全取决于进口商的信誉，而且出口商的资金至少要占压从出售货物到收回货款这段时间，所以，出口商面临的风险和负担是多重的。

虽然托收方式对出口商不利，但在当前出口商品市场竞争日益激烈的情况下，为推销商品和扩大出口，出口商有时也不得不采用这种方式。各国银行为助本国出口商一臂之力，也纷纷采取了相应的措施和办法，如出口保理、出口押汇等，以融通资金和提高出口商品在国际市场的竞争能力。

在采用托收方式对外出口时，出口商一定要做好以下几项调查工作：进口商的资信、进口地有关货物的市场情况、进口国家的贸易管制和外汇管制规定、对方的进口许可证和进口用汇是否落实等。此外，还要在进口地找妥代理人，以便在万一遭拒付时，可以委托代理人代办货物存仓、保险、转售或回运手续。

4. 托收的使用

托收方式对买方比较有利，费用低，风险小，资金负担小，甚至可以取得卖方的资金融通。对于卖方来说，即使是付款交单方式，因为货已发运，万一对方因市价低落或财务状况不佳等原因拒付，卖方将遭受来回运输费用的损失和货物转售的损失。远期付款交单和承兑交单，卖方承受的资金负担很重，而承兑交单风险更大。托收是卖方给予买方一定优惠的一种付款方式。对于卖方来说，是一种促进销售的手段，但必须对其中存在的风险持慎重态度。

我国外贸企业以托收方式出口，主要采用付款交单方式，并应着重考虑3个因素：商品市场行情、进口方的资信情况即经营作风和财务状况、相适应的成交金额。其中，最重要的是商品的市场行情。市价低落往往是造成经营作风不好的商人拒付的主要动因；市价坚挺的情况下，较少发生拒付，且即使拒付，我方处置货物也比较方便。

我国外贸企业一般不采用承兑交单方式出口。在进口业务中，尤其是对外加工装配和进料加工业务中，往往对进口料件采用承兑交单方式付款。

> 某年6月6日，某托收行受理了一笔付款条件为 D/P at sight 的出口托收业务，金额为 USD 100 000，托收行按出口商的要求将全套单据整理后缮制了托收函一同寄给英国一家代收行。单据寄出5天后委托人声称进口商要求托收将 D/P at sight 改为 D/A at 60 days after sight，最后委托行按委托人的要求发出了修改指令，此后一直未见代收行发出承兑指令。当年8月19日委托行收到代收行寄回的单据发现3份正本提单只有两份。委托人立即通过英国有关机构了解到，货物已被进口商提走。此时，委托行据理力争，要求代收行要么退回全部单据，要么承兑付款，但代收行始终不予理睬。货款始终没收到。代收行应承担什么责任呢？

 谈判技巧

一、奉送选择权

这是一种故意摆出让对方任意挑选自己可以接受的两个以上的解决方案中的某一个，而自己并不反悔，以使对方感到一种大度和真诚，从而放弃原来的思想追求，随着己方的方案思考的做法。

具体做法为：谈判者就某一议题如技术服务费，提出几种方案由对手选择；或就几个议题同时提出解决方案，由对方去选择；或者互为选择条件，即若选择支付方式 A，则取价格为 B，由对方取其中一项。

使用该策略时，应注意以下两点。其一，各种方案的分量。首先，应在自己成交或接受的范围内留有一定余地；其次，每个方案的实际分量尽量相当（表现形式可以有别），即便有差距也不要太大，主要在"物与钱"或"简与繁"的差别上做方案。其二，抛出选择方案的时机，一般应在双方经过激战之后，或谈判相持较长时间之后，或在谈判结束前夕，效果最佳；否则，对方非但不会领情，反而认为你软弱可欺或余地很大。

二、好坏搭配

（一）含义

"好坏搭配"策略是指在谈判中，为了突破僵局或结束谈判，将相对己方或对方要求优劣不同的条件组合在一起，作为一个完整方案抛出，让对方要么一起接受，要么一起拒绝的做法。

该策略的形和意表示有多个条件组合，而且各条件的性质各有优劣，故称其"好坏搭配"。它与人们常讲的一揽子方案策略的本质一样。只是在应用时，"好坏搭配"更广泛，不受交易规模大小的影响。

该策略可攻可守，也无严格的谈判阶段限制。但作为决战手段，可用于突破僵局，也可用于结束谈判。它也不受谈判地位的限制。

（二）做法

该策略在做法上应掌握3点：条件定性、搭配、待机端出。

1. 条件定性

这是指将准备退让的条件分类。相对对方或己方立场来讲，将让步分成大、中、小3个类别；或反过来讲，分成有进有退，即让对方让步和己方让步的条件。一般在谈判进行到中期后进行这样的分类，以准备中期突破和后期终结谈判用。这点决定了分类的对象，系谈判中、后期双方存在的文字和数字的分歧条件。

2. 搭配

这是指将优劣不等的多种条件进行组合的技巧。作为中期突破僵局而用时，该组合主要突出优劣，而不论条件的分量。如在设备、备件品种多时，将各种设备价格和备件价格进行分类。在设备中，将不同设备拟出高、中、低3档的退让条件，在备件中也按不同种类拟出高、中、低3档的退让条件。在突破时，如在设备价的谈判中，则可以3种不同设备，分别取它们的不同档次的价格条件，如 A 设备取高档价，形成一个组合，向对方抛出。而此时的 A、B、C 设备可能是非主要的且价值并不高的设备。

在终局突破时，重在分量的搭配上。这个进与退不同于"折中调和"，它的主要特征是不对称。实质上，是以最经济的条件进入对方成交底线的做法。所以，在进与退的条件的总分量上是关键,并据此对所剩余的条件进行认为定性、归类,计算其价值;然后按追求的谈判目标,组合成"好坏搭配"的一揽子方案。

3. 待机端出

这是指将该策略投入的时机。策略准备工作完成后,并非立刻投入谈判,而是需要等待机会。谈判中期使用该策略,只能是谈判僵局时,为主动破局时而使用。谈判后期时,只有在双方激战无果,不甘心谈判失败时,作为挽救谈判的最后一搏,才可出手。

三、化整为零

(一) 含义

"化整为零"即在谈判中,将整体不能一次谈成的条件,分成几部分,然后各个实现的做法。该策略主要利用谈判心理。当事物为一个整体时,进与退的难度较大;而将其按结构分解后,每个构件的难度就相对较小。所以在谈判中,谈判者从策略和组织的角度都会采用"化整为零"的方法,以减轻谈判难度,加快谈判进程。

(二) 做法

该策略在实施时,主要掌握以下3个方面。

1. 确定化零的内容

由于谈判内容的复杂性,首先要确定什么谈判内容可以运用该策略。原则上,能整体上实现谈判目标的内容,不宜化为零。对于不宜分解的谈判内容,也不必再化为零。其实,适用该策略的内容很多,如交钥匙工程项目、成套设备交易、技术贸易、服务贸易中的某些品种等。

2. 分解适合谈的内容

如何将确定的谈判内容化为零,核心要求是分解出内容独立的部分。据此,将谈判内容必须按其结构分解。例如,成套项目可以有不同深度的分解。大致上可以分为设备、技术、服务;再细化,还可以分解为各个工序设备构成、技术内容、资料、培训、技术指导,甚至细化为设备清单、备件、试车材料、技术深度、国产化、资料细目、实习人员专业、人数、待遇、时间等。各项分解内容均可独立成为谈判内容并有自己的谈判目标。这种分解既方便实现整体目标,又可细化整体目标。

3. 组织谈判

由于该策略在组织上将整个谈判内容分解成若干较小的内容,因此在谈判组织过程中必须抓以下3件事。

第一,组织实施每个单元的谈判,而且要将细分时赋予的量化目标争取实现。

第二,控制各单元目标实现的进度。

第三,策略结果的清理。将化为零后的总效益进行总结,看是否达到了策略目的。若达到了,则要结束策略;若没有,则要改变策略。

- We've settled the question of price, quality and quantity. Now what about the terms of payment?

既然价格、质量和数量问题都已谈妥,现在来谈谈付款方式,怎么样?

- Our terms of payment are by a confirmed irrevocable letter of credit by draft at sight.

我们的支付方式是以保兑不可撤销的、凭即期汇票支付的信用证。

- Since the total amount is so big and the world monetary market is rather unstable at the moment, we can not accept any terms of payment other than a Letter of Credit.

因为这次交易额大,而且目前国际金融市场很不稳定,所以我们除接受信用证付款外,不能接受别的付款方式。

- We would suggest that for this particular order you let us have a D/D, on receipt of which we shall ship the goods on the first available steamer.

此次订货,我们建议你们使用即期汇票。收到该汇票后,我们将把货物装上第一艘可订到的船。

- In order to conclude the business, I hope you'll meet me half way. What about 50% by L/C and the balance by D/P?

为了做成这批生意,希望双方都各让步一半。50%以信用证付款,50%按付款交单怎么样?

- For such a large amount, a L/C is costly. Besides, it ties up my money. All this adds to my cost.

开这样大数额的信用证,费用很大,再说资金也要积压,这些都会使我方成本增加。

- I'd like to discuss the terms of payment with you. I wonder if you would accept D/P.

我想同您讨论一下付款条件。不知您能否接受付款交单的方式。

- Since we are old friends, I suppose D/P or D/A should be adopted this time as the mode of payment.

既然咱们是老朋友,我想这次应该用 D/P 或者 D/A 付款方式吧。

- As we must adhere to our customary practice, we hope that you will not think us unaccommodating.

由于我们必须坚持我们的一贯做法,我们希望您不要认为我们是不肯通融的。

- We regret we cannot accept Cash Against Documents On Arrival Of Goods At Destination.

非常遗憾,我们无法接受"货到目的地后凭单付款"这一条件。

- We wish to reiterate that it is only in view of our long and friendly business relations that we extend you this accommodation.

我们重申,正是鉴于双方长期友好的业务关系,我们才作出此项调和。

✓ We have instructed our bank to open an irrevocable documentary letter of credit in your favor. The amount is $ 1 300.00.
我们已通知我方银行开立以你方为受益人的、不可撤销的跟单信用证，其金额为 1 300 元美金。

✓ We'd like you to accept D/P for this transaction and future ones.
我们希望你们对这笔交易和今后的交易接受付款交单方式。

✓ Your proposal for payment by time draft for Order No. 1 is acceptable to us.
对你方一号订单，我们可以接受你们远期汇票支付的提议。

✓ We shall draw on you at 60 days sight the goods have been shipped. Please honor our draft when it falls due.
货物装运后，我们将向你方开出见票 60 天内付款的汇票，请到期即付。

✓ The bank has just advised us that our Draft No. 2 was declined (rejected, refused).
我们刚收到银行通知，我们的第二号汇票被拒付了。

✓ Under the installment plan, 20% of the contract value is to be paid with orders.
根据这个分期付款计划，合同总值的 20% 应在订货时付讫。

✓ Please indicate that the L/C is negotiable in our country.
请注明信用证在我国可以议付。

✓ We shall open an irrevocable letter of credit in your favor, payable in Hong Kong against shipping documents.
我方将开立以你方为受益人的、不可撤销的信用证，在香港付款交单。

✓ Your request for D/P payment has been considered and we agree to grant you this facility.
我们已经考虑过了你方付款交单的要求，并同意给予你们这个方便。

✓ The time draft is to be countersigned by the Bank of Hong Kong, certifying that your signature is true and valid.
远期汇票要由香港银行回签，以证明你方签字是真实、有效的。

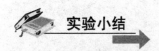 **实验小结**

支付条款的谈判在国际商品贸易谈判中至关重要。在准备阶段，双方应当根据之前达成的价格条款及运输条款中的合同总价及装运批次等相关信息确定己方的最优支付方案，并考虑对方的接受范围；同时对银行开证手续费、各种支付方式的实际费用进行调查，以此为基础将支付方式与合同价格挂钩，并在实际谈判中临场应变。关于支付货币，双方还需要清楚近期及支付期内的汇率走势。

支付方式谈判内容有支付货币、支付手段、付款期限等。在支付货币的商定中，双方要考虑到现在的外汇牌价及近期走势，并可考虑签订保值条款来避免换汇风险。对于支付手段而言，可灵活地运用多种支付方式，双方可在各种支付方式的比例上进行商讨，但应控制己方的费用和风险。在付款期限的商议中,要考虑到远期付款的利息、期限等问题,可与分批交付货物的条款相结合。

在支付方式的谈判中,常见的问题有:对各种支付方式的风险和实际费用了解不足,未能与合同价款和交货期挂钩,不能灵活使用多种支付工具,死守方案,不知变通,等等。

我公司与某客商洽谈成出口业务一笔,双方同意采取部分信用证、部分托收方式付款,对手提出的50%由买方开立不可撤销即期信用证,凭受益人开具的即期汇票随附全套货运单据付款,剩下50%的货款则凭卖方开具的见票后60天付款的远期汇票直接向买方收取。

问题思考:
假设部分信用证、部分托收条件不变,作为卖方,你是否同意对方提出的付款条件?为什么?

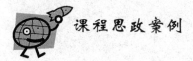

中日设备购买谈判

中国广深公司向日本松田公司购买某设备的谈判已进行一周,双方仍有分歧。

谈判继续进行。广深公司决定减少部分设备的购买,改由国内供应,以调整总价。为此,广深公司提出了从购买的138台设备中减少16台的意见,但没有对松田公司原不合理的价格进行调整,建议双方磋商。松田公司看到了希望,做了些价格调整,但广深公司表示不满意。下午谈判结束时,双方还没有达成协议,商定晚上继续谈。

晚饭后,广深公司的谈判人员来到了松田公司谈判代表下榻的酒店。双方围绕设备型号的调整、备品和备件的增减,以及价格方面的磋商等进行了逐项细致的谈判,至深夜两点多钟,最终达成协议。当双方就最后一个分歧取得一致时,松田公司的代表们如释重负,全部瘫倒在沙发上。广深公司的谈判人员在主谈的组织下,认真清点了全部谈判资料后,才离开松田公司谈判代表的住地。

双方按照约定,一个月后,正式举行签字仪式。两个月后,双方向各自主管部门报审了合同并获得批准。三个月后,松田公司开始提供第一批设备。但这时,松田公司向广深公司发来传真称:"设备清单中有16台设备应减去。"同时,附上了具体设备名称。广深公司接到传真后即回复:"合同已正式生效并执行,此时提出这个问题似不妥!"

之后,松田公司又来电解释:"减去的设备系贵方的要求,由于谈判结束时人员确实很累,没有检查,因而遗漏了。"广深公司随即再复电指出:"贵方当时累可以理解,但一个月后才签合同,且又有两个月报审期,贵方完全有足够的时间纠正问题。我方已报备主管部门,合同正式生效了。"

此后,松田公司又多次来电,还派人进行交涉。广深公司仔细核查了谈判过程的资料,这16台设备确已被剔除。同时,从维护双方合作关系出发,他们在各次复电与接待对方人员的过程中始终表现出耐心与热情。最终,问题得到圆满解决。

资料来源:冯光明,冯靖雯,余峰.商务谈判:理论、实务与技巧[M].北京:清华大学出版社,2015.

问题思考:

1. 在上述谈判中,谈判的收尾阶段是否重要?是如何体现的?

2. 此次谈判中,双方代表是否展现了对谈判宏观大局和整体利益的把握?他们是怎么做的?

3. 说说谈判中的策略运用与诚信原则之间的关系,二者之间是否会有矛盾?如果有,应当怎样处理这个矛盾?案例中的谈判者是怎样做的?请对他们的做法进行评价。

实验五　商检、索赔、不可抗力和仲裁谈判

实验背景

　　本次谈判的卖方仍为中国保定光明化工厂，买方仍为日本岩井株式会社，双方将围绕化工产品——糖醇和糖醛的交易展开最后一次谈判。在本次谈判之前，双方已经围绕商品的品质数量和包装问题、运输与保险问题、价格问题、支付方式问题等展开了谈判。因此，本次谈判是合同系列谈判的收尾阶段。谈完以后，合同系列谈判就将宣告结束。

　　本次谈判可能会面临两种背景或前提：一种是双方在前几次谈判中进展较为顺利，双方都已在主要条款方面达成一致，并取得了一定的利益满足，整体气氛较为愉快；另一种是双方前面的谈判存在阻碍，在一些条款方面还未取得一致，或者虽然取得一致，但一方或双方对已取得的结果并不满意。以上两种不同的背景会对本次谈判的进程造成不同的影响。

　　在第一种背景下，由于本次谈判主要围绕商检、索赔、不可抗力和仲裁条款展开，这些条款并非合同的主要条款，而只是非核心条款和次要条款，双方一般不愿意因为次要利益上的纠葛而影响前面已经取得的主要成果，因此大局将不会改变，预计双方在谈判立场上可能存在的分歧不会很大，谈判比较容易达成一致。

　　在第二种背景下，前面的谈判至此可能还有些遗留问题，而这些问题本来就是双方分歧较大并使谈判受阻的棘手问题，把这些问题留到最后一次谈判中，其压力可想而知。加上本次谈判本来就有多个议题需要解决，因此也存在谈判陷入僵局的可能。然而，因为本次谈判是最后一次谈判，如果谈判陷入僵局，很可能导致整个谈判的失败，而双方也将为此付出高昂的代价。

　　此外，作为合同系列的最后一次谈判，双方都将面临时间的压力，而时间本身就会对谈判行为形成巨大影响，所以谈判双方或将经受考验。

　　本次谈判的谈判要点应包括确定商检地点和机构、确定索赔期限和办法、确定不可抗力的范围、确定仲裁地点和机构等。

实验目标

◇ 熟悉合同中关于商检、索赔、不可抗力和仲裁条款的规定。
◇ 熟悉交集法、针锋相对等谈判策略。
◇ 掌握黑白脸等谈判策略。
◇ 掌握检验期限、索赔期限、索赔办法、不可抗力的范围等要点。

课程思政导入

首先，本次谈判是国际商务谈判中的收尾谈判，关系到谈判整体的成败。经过漫长艰苦的前期谈判，此时谈判者容易产生疲劳、松懈情绪，进而对收官阶段不够重视，甚至草草收场。其实，收官阶段在整个谈判中的地位尤其重要，它决定了谈判的最终结果。中国有句古话，"行百里者半九十"，意思是收尾阶段是非常重要的，也是非常难的，处理不好就会前功尽弃，功亏一篑。因此，要引导学生重视谈判的收尾阶段，勤于思考，认真准备，把谈判前期取得的成果落实到双方的最终协议中。其次，中国古代兵法中有"以退为进，欲擒故纵"的策略。这一策略与谈判的核心思维方式非常契合。谈判的核心思维方式是利益的交换。在谈判中，如果谈判者在任何阶段和所有议题上都想攻城略地，占得上风，则多半无法取得想要的结果，而谈判恰恰是让步和妥协的艺术，在谈判中主动让步以换取对方做出有利于己方的让步，是谈判的核心技巧。欲将取之，必先予之。因此，在本次谈判中，应引导学生树立交换思维，以退为进，通过让步交换获得己方利益的满足。

综上所述，本次谈判的课程思政目标如下。

◇ 引导学生重视谈判的收尾阶段，通过良好的收官谈判，把前期取得的成果落实到最终的协议中。

◇ 引导学生树立交换思维，以退为进，通过让步交换实现本方利益的最大化。

 实验准备

一、关于商检的时间和地点

商检的全称是商品检验，它是对外贸易业务中不可缺少的环节。在国际贸易中，买卖双方分处两个国家（地区），一般不当面交接货物，因而往往会在交付货物的品质或数量等问题上发生争议；又因为货物须经长途运输和多次装卸，可能发生涉及承运人、保险公司或装卸单位的责任问题，如装运技术条件不适合或残损短缺等，也会引起有关方面的争议。为了保障买卖双方的各自利益，避免发生争议以及发生争议后便于明确责任进行处理，在长期的国际贸易实践中形成了一种习惯做法，即由第三者（一般为专业的检验机构或公证机构）出面对货物的品质、数量、包装以及装运技术条件或货损、货差等进行检验鉴定，并出具相应的检验证书，作为买卖双方交接货物、支付货款或进行索赔与理赔的依据之一。因此，在外贸谈判中买卖双方需要就商检的事项达成一致，并形成合同的商检条款。

在买卖双方围绕商检条款进行谈判时，最重要的内容就是确定货物的检验时间和地点，实际上就是确定买卖双方哪一方有对货物的检验权，也就是以哪一方提供的检验证书为准的问题。在国际贸易中，有关买卖合同对检验时间和地点的规定，主要有3种不同做法。

（一）在出口国检验

（1）在产地检验。货物离开产地（如工厂、农场、矿山等）之前由卖方或其委托的检验人员或买方的验收人员对货物进行检验或验收。卖方只承担货物离开产地之前进行检验或买方验收为止的责任。

（2）装运前或装运时在装运港（地）检验，即以离岸品质、重量（或数量）为准（shipping quality, weight or quantity as final）。按此规定，货物在装运前或装运时由双方约定的装运港（地）的检验机构进行检验，该检验机构出具的品质和重量检验证书应视为决定交货品质和重量的最后依据。货物运抵目的港（地）后，虽然买方还可以自行或委托检验机构对货物进行复验，但已无权向卖方就货物的品质或重量提出异议和索赔。

（二）在进口国检验

（1）目的港（地）卸货后检验，即以到岸品质、重量为准（landing quality, weight as final）。据此规定，货物须在到达目的港（地）卸货后由双方约定的目的港（地）的检验机构进行检验，其出具的品质和重量证书视作决定交货品质和重量的最后依据。如检验证书证明货物与合同规定不符，确属卖方责任，卖方应予负责。

（2）目的港买方营业所在地或最终用户所在地检验。对于那些不便在目的港（地）卸货后即检验的货物，如密封的包装货物或规格复杂、精密度较高的、需具备一定的检验条件的检验设备才能进行检验的货物，可将检验推迟至目的地买方营业所在地或最终用户所在地进行。按此规定，由双方约定的该地的检验机构所出具的品质和重量检验证书作为决定交货品质和重量的最后依据。

（三）在出口国装运港（地）检验、进口国目的港（地）复验

这种方法即以装运港（地）的检验证书作为议付货款的依据，货到目的港（地）后买方有复验权。按此规定，货物须于装运前由双方约定装运港（地）的检验机构进行检验，其检验证书作为卖方要求买方支付货款或要求银行偿付货款时提交的单据之一。货物运抵目的港（地）卸货后，买方有复验权。如经双方同意的检验机构复验发现货物不符合合同规定，买方可凭复验证书向卖方提出异议和索赔。

> 以保定光明化工厂出口糖醇案为例，在商检谈判中，如果双方同意在出口国检验，则对卖方有利；而如果双方同意在进口国检验，则对买方有利。因此，对商检地点的选择可与其他条款进行挂钩并作交换。当然，如果作为独立议题的谈判，双方也可以选择较为折中的方式——在出口国检验、进口国复验。此外，双方还需要明确商品检验的费用由哪方负担，以及商品检验的期限。特别是，如果选择在进口国检验，则商检结果在多长时间内出具才有效对卖方来说非常关键。

二、关于商检证书的种类

商检证书是证明卖方所交货物的品质、重（数）量、包装及卫生条件等是否符合合

同规定的依据，也是买方对品质、重（数）量、包装等条件提出异议、拒收货物、要求理赔、解决争议的凭证。同时，它还是卖方银行议付货款的一种单据，以及作为通关验放的有效证件。因此，在商检谈判中，双方还需要明确商检证书由哪家商检机构提供，以及需要提供何种商检证书等。

一般来讲，商检证书是进出口商品经检验机构检验、鉴定后出具的证明文件。在某些谈判中，经买卖双方同意，也可由出口商品生产的单位或进口商品的使用单位出具证明，该项证明也起检验证书的作用。常见的检验证书有以下7种。

（1）品质检验证书（inspection certificate of quality）。运用各种检测手段，对进出口商品的质量、规格、等级进行检验后出具的书面证明。

（2）重量检验书（inspection certificate of weight）。根据不同计重方式，证明进出口商品的重量。

（3）数量检验证书（inspection certificate of quantity）。根据不同计量单位，证明进出口商品的数量。

（4）兽医检验证书（veterinary inspection certificate）。证明动物产品在出口前经过兽医检验，符合检疫要求。如冻畜肉、皮张、毛类、绒类、猪鬃及肠衣等商品，经检验后出具此证书。

（5）卫生检验证书（inspection certificate of health）。出口食用动物产品，如肠衣、罐头食品、蛋品、乳制品等商品，经检验后使用此种证明书。

（6）消毒检验证书（disinfection inspection certificate）。证明出口动物产品经过消毒，使用此种证书的商品，如猪鬃、马尾、羽毛、人发等。

（7）产地检验证书（inspection certificate of origin）。合同中未规定或规定不明确的，按国家标准（无国家标准的按部标准，无部标准的按企业标准）检验。目前尚无标准的，一般参照同类商品的标准，或由国内生产部门与商检机构共同研究后确定。如国外买方要求按对手或第三国的标准实施检验时，亦须与有关部门研究后再确定。应该指出，目前我国已有许多产品按照国际标准生产和提供出口，并以此项标准作为检验商品的依据。如国际标准化组织的"ISO 9000"（《质量管理和质量保证》系列国际标准）、国际羊毛局的"IWS"（international wool secretariat）、美国"UL"（underwriters laboratory）和美国威尔科克斯公司的"B&W"等项标准。有的产品通过国际权威性机构就各项技术指标予以评定，并确认其质量已达到了国际标准要求。

三、商检条款谈判的要点

在围绕商检条款进行谈判时，双方应注意以下要点。

1. 双方应明确就商检的时间与地点达成一致

明确商检时间与地点，实际上是为了确定哪方有检验权，如在货物离开产地前应在产地检验；装运前（时）在装运港（地）检验；卸货后在目的港检验；装运前在装运港检验，卸货后在目的港复验。

2. 明确商检证书由哪家机构出具，商检费用由谁负担

商品检验应有专业性的部门办理，必须明确商检证书是由哪家机构出具的，检验机构有官方的,也有民间的,商检条款也是合同中的一个重要条款,商检费的问题也应明确,避免日后造成不必要的麻烦。

3. 规定明确的商检期限

应在规定的商检期限内向商检机构报检。

 商检条款谈判时应该注意的问题

- ➢ 双方应明确就商检的时间与地点达成一致;
- ➢ 明确商检证书由哪家机构出具,商检费用由谁负担;
- ➢ 规定明确的商检期限。

四、关于索赔条款

在买卖合同的执行中,如果一方当事人违约,致使另一方当事人遭受损失,则受损方可向对手提出损害赔偿的要求。买卖双方为了在索赔和理赔中有所依据,一般在合同中订有索赔条款。因此,买卖双方还应就索赔事宜进行谈判,并达成一致,并签署合同的索赔条款。索赔条款应明确规定如果一方违反合同,则另一方有权索赔。此外,谈判双方还应就索赔依据、索赔期限、赔偿损失的办法和赔付金额等内容达成一致。

(一)索赔依据

主要规定索赔必须具备的证据和出证机构。若证据不全、不清,出证机构不符合要求,都可能遭到对手拒赔。索赔依据包括法律依据和事实依据两个方面。前者是指贸易合同和有关国家的法律规定;后者则指违约的事实真相及其书面证明,以证实违约的真实性。

(二)索赔期限

这是指索赔方向违约方提赔的有效时限,逾期提赔,违约方可不予受理。因此,关于索赔期限的规定必须根据不同种类的商品作出合理安排。对于有质量保证期限的商品,合同中加订保证期。保证期可规定为1年或1年以上。总之,索赔期限的规定,除一些性能特殊的产品(如机器设备等)外,一般不宜过长,以免使卖方承担过重的责任;也不宜规定得太短,以免使买方无法行使索赔权,要根据商品性质、检验所需时间长短等因素而定。

规定索赔期限时,尚需对索赔期限的起算时间作出具体规定,通常有以下几种起算方法:① 货物到达目的港后××天起算;② 货物到达目的港卸离海轮后××天起算;③ 货物到达买方营业处所或用户所在地后××天起算;④ 货物经检验后××天起算。

索赔依据和索赔期限在异议和索赔条款中要明确地加以规定,并与检验条款相结合。例如,在我国出口合同中,关于异议和索赔条款的规定大致如下。

索赔:买方对于装运货物的任何索赔,必须于货到提单规定的目的地××天内提出,并须提供经卖方同意的公证机构出具的检验报告。(claim: Any claim by the buyers regarding the goods shipped shall be filed within ×× days after arrival of the goods at the port of destination specified in the relative bill of lading and supported by survey report issued by a surveyor approved by the seller.）

（三）处理索赔的办法和索赔金额

首先，买卖双方通过谈判应对违约的性质作出明确规定，即哪些情况属于"重大违约"，哪些情况属于"轻微违约"，因为对不同性质的违约其处理办法是不同的。如果是"重大违约"（material breach），即双方当事人中任何一方违约，致使另一方无法取得该交易的主要利益。在此情况下，受损害的一方有权解除合同，并要求损害赔偿。如果是"轻微违约"（minor breach），即一方违约，情况较为轻微，并未影响另一方在该交易中取得的主要利益，则受损害的一方只能要求损害赔偿，而无权解除合同。

其次，关于赔偿金额的问题，除个别情况外通常在合同中作一般笼统规定。因为违约的情况比较复杂，究竟在哪些业务环节上违约及其违约的程度如何等，订约时难以预计，因此，对违约的索赔金额也难以预卜。所以，在合同中不作具体规定。

应当指出，异议和索赔条款不仅是约束卖方履行合同义务的条款；同时，也对买方起约束作用。当买方不履行合同义务时，卖方有权酌情延缓或终止执行合同，或停止交付在途货物。

（四）关于罚金条款

在国际商务谈判中，除商定索赔条款外，一般还须规定罚金条款。罚金条款一般适用于卖方延期交货，或者买方延迟开立信用证和买方延期接货等情况。罚金的数额大小以违约时间的长短而定，并规定出最高限额。例如，有的合同规定：如卖方不能如期交货，每延误7天买方应收取0.5%的罚金，不足7天者按7天计算。延误10周时，买方有权撤销合同，并要求卖方支付延期交货罚金，罚金数额不得超过货物总金额的5%。卖方支付罚金后并不能解除继续履行合同的义务。

罚金的起算日期有两种计算方法：一是以合同规定的交货期或开证期终止后立即起算；二是规定优惠期即在合同规定的有关期限终止后宽限一段时间，在优惠期内免于罚款，待优惠期届满后起算罚金。

关于合同中的罚金条款，各国在法律上有不同的解释和规定。大陆法系国家（如法、德等国）的法律承认并执行合同中的罚金条款；而英美法系国家的法律则有不同的解释。例如，英国的法律把合同中的固定赔偿金额条款按其性质分为两种：一种是"固定的损害赔偿金额"，这种赔偿金额是由当事人双方在订立合同时，根据预计未来违约造成损失而估定的；另一种则是"罚款"，这种罚款是当事人为了保证合同的履行，而对违约方收取的罚金。如果属于前者，法院不管实际损失大小，一律按合同规定金额判给；如果属于后者，法院则根据受害方所提供的损失金额证明另行处理。这两种赔偿金额条款的区别，由法院根据当事人在合同中的表述来确定。

五、索赔条款谈判的要点

在围绕索赔条款进行谈判时，双方应注意以下要点。

1. 双方应明确索赔依据

当一方违约，致使另一方遭受损失，则会出现受损方提出损害赔偿的行为。为避免纠纷，双方都应明确索赔依据；如果证据不符合要求时，可能导致对方拒赔。

2. 双方应明确索赔期限，特别注意商品的保质期

当出现逾约提出赔偿时，违约方可不予受理。因此，应根据不同的商品作出不同的索赔期限。

3. 对赔偿办法样证规定

因为违约的情况一般比较复杂，赔偿办法一般在合同中笼统规定。有和解、调解、仲裁、诉讼。

 索赔条款谈判时应该注意的问题

> 双方应明确索赔依据；
> 双方应明确索赔期限，特别注意商品的保质期；
> 对赔偿办法作出规定。

> 在保定光明化工厂出口糖醇案中，双方可通过谈判对索赔和罚金条款作出具体的规定。例如，条款针对卖方未按期交货，或卖方未按期派船、开证，每延误7天向对手支付0.5%的罚金，不足7天按7天计算。延误4周时，对方有权撤销合同，并要求对方支付延期交货的罚金。另外，双方规定罚金的优惠期为3天，在优惠期内可免于罚款，待优惠期届满后起算罚金。同时规定，罚金的支付并不能解除违约方继续履行合同的义务。因此，违约方除支付罚金外，仍应继续履行合同义务。如因故未能履约，则另一方在收受罚金之外，仍有向对方索赔的权利。

六、关于不可抗力条款

不可抗力（force majeure）又称人力不可抗拒，它是合同中的一项免责条款，指当签订合同以后，不是由于当事人的过失，而是由于发生了当事人不能预见和人力所不能控制的自然灾害或意外事故，以致不能履行合同或不能按期履行合同，有关当事人即可根据合同或法律规定免除不履行合同或不能按期履行合同的责任。因此，买卖双方应该在谈判中针对不可抗力达成一致，而谈判的内容应该包括不可抗力的范围、不可抗力的处理原则、不可抗力条款的形式等。

（一）不可抗力的范围

不可抗力是国际贸易中常用的一个业务术语，也是许多国家的一项法律规则。但是，对其内容和范围并无统一的解释。从国际贸易实践和某些国家判例来看，一般都是作严格解释的。某些事故，如签约后的价格上涨和下跌、货币的突然升值或贬值，虽然对当

事人来说是无法控制的,但这是交易中常见的现象,并不是不可预见的,所以不属于不可抗力的范畴。只有签约后发生了当事人不可预见、无法预防和避免的自然力量或社会力量造成的自然灾害和意外事故,如地震、洪水、水灾、飓风、大雪、暴风雨或战争及政府禁令等才属于不可抗力事故。但是对上述的解释各国并非完全一致,如美国习惯上认为不可抗力事故仅指由于自然力量所引起的事故而不包括由于社会力量所引起的意外事故,所以美国的买卖合同一般不使用"不可抗力"(force majeure)一词,而称为"意外事故条款"(contingency clause)。因此,合同中的不可抗力范围需要双方根据具体情况协商确定。

在实际业务中,发生的事故是否属于不可抗力事故,一般要根据合同条款的规定,视发生事故的时间、地点、原因、规模、后果等,以及事先是否可以预见,事后是否可以采取必要的措施克服,事故是否大到使合同失去履行的基础等情况来确定。

(二)不可抗力的处理原则

1. 发生事故后通知对手的期限和方式

按照国际惯例,当发生不可抗力事故影响合同履行时,当事人必须及时通知对方,对方亦应于接到通知后及时答复,如有异议也应及时提出。尽管如此,买卖双方为明确责任起见,一般在不可抗力条款中规定一方发生事故后通知对方的期限和方式。例如,"一方遭受不可抗力事故以后,应以电报通知对方,并应在15天内以航空挂号信提供事故的详情及影响合同履行程度的证明文件"。

2. 证明文件及出具证明的机构

在国际贸易中,当一方援引不可抗力条款要求免责时,都必须向对方提交一定机构出具的证明文件,作为发生不可抗力的证据。在国外,一般由当地的商会或合法的公证机构出具。在我国,是由中国国际贸易促进委员会或其设在口岸的贸促分会出具。

(三)不可抗力条款的形式

1. 概括式

不可抗力指对由于公认的"不可抗力"的原因造成的不能交货或延迟交货,卖方不承担责任。但是,卖方在这种情况下,应立即电报通知买方,并应向买方提交由事件发生地点的政府主管当局签发的证明书,以兹证明。

Force Majeure: The sellers shall not be held responsible for late delivery or non-delivery of the goods owing to generally recognized "Force Majeure" clause. However, in such case, the sellers shall telegraph the buyers immediately and deliver to the buyers a certificate of the accident issued by the competent government authorities at place where the accident occurs as evidence.

2. 列举式

如果由于战争、洪水、火灾、暴风雨、雪灾或其他卖方所不能控制的原因,致使卖方不能按时交付合同货物或进行装船,则可以推迟装运时间,或者撤销部分或全部合同,但卖方必须向买方提交证明发生此种或此类事故的证明书。

Force Majeure: Should the sellers fail to deliver the contracted goods or effect the shipment in time by reason of war, flood, fire storm, heavy snow or any other causes beyond their control, the time of shipment might be duly extended, or alternatively a part or whole of the contract might be cancelled but the sellers have to furnish the buyers with a certificate attesting such event or events.

3. 综合式

如由于战争、地震、水灾、火灾、暴风雨、雪灾或其他不可抗力的原因，致使卖方不能全部或部分装运或延迟装运合同货物，卖方对于这种不能装运或延迟装运本合同货物不负有责任。但卖方须用电报或电传通知买方，并须在15天内以航空挂号信件向买方提交由中国国际贸易促进委员会出具的证明此类事件的证明书。

If the shipment of contracted goods is prevented or delayed in whole or in part by reason of war, earthquake, flood, fire, storm, heavy snow or other causes of Force Majeure, the Seller shall not be liable for non-shipment or late shipment of the goods of this contract. However, the Seller shall notify the Buyer by cable or telex and furnish the letter within 15 days by registered airmail with a certificate issued by the China Council for the promotion of International Trade attesting such event or events.

七、不可抗力条款谈判的要点

在围绕不可抗力条款进行谈判时，双方应注意以下要点。

1. 双方应明确不可抗力的范围

不可抗力是一种免责条款，它的法律后果可能是解除合同或者是延期履行合同，因此双方应明确不可抗力的范围，确定是否属于不可抗力事件。

2. 双方应明确不可抗力的处理原则

当发生了不可抗力事故而影响了合同的履行时，当事人应及时通知对手；要求免责时，则必须出具相关的证明文件以及出具证明的机构。

 不可抗力条款谈判时应该注意的问题

- 双方应明确不可抗力的范围；
- 双方应明确不可抗力的处理原则。

> 在保定光明化工厂出口糖醇案中，双方可通过谈判对不可抗力条款作出具体的规定。例如，合同规定不可抗力条款为综合式，内容为"由于战争、地震、水灾、火灾、暴风雪或其他不可抗力原因而不能履行合同的一方不负有违约责任，但卖方需用电报或电传通知买方，并须在15天内以航空挂号信件向买方提交由中国国际贸易促进委员会出具的证明此类事件的证明书"。

八、关于仲裁条款

仲裁（arbitration），这里是指对外经济贸易仲裁，它是指由买卖双方当事人在争议发生之前或在争议之后达成书面协议，自愿将他们之间友好协商不能解决的争议交给双方同意的第三者进行裁决（award）。裁决对双方当事人都有约束力，双方必须执行。通过仲裁解决国际货物买卖过程中出现的争议，是当前国际上普遍采用的方式。因为，它较一般的友好协商易于解决问题，裁决对双方的约束力也较大；仲裁比司法诉讼有较大的灵活性。仲裁员多由国际贸易和法律专家担任，解决争端比法院快。仲裁费用也较低，裁决的结果双方在自愿的基础上执行，双方解决争议的感情和气氛比较好，有利于未来业务的发展。仲裁协议表示同意把将来可能发生的争议提交仲裁解决。这种协议一般都已含在合同内，作为合同的一项条款，即通常所说的仲裁条款（arbitration clause）。因此，买卖双方应该就仲裁事宜进行谈判，并形成合同的仲裁条款。双方谈判一般包括仲裁地点、仲裁机构、仲裁规则和仲裁效力等内容。

（一）仲裁地点

仲裁地点是仲裁条款的主要内容。仲裁地点是说明决定在哪一个国家进行仲裁的问题，这是双方当事人比较关心的问题。一般来说，双方当事人都愿意在本国仲裁，其原因是：由于当事人对自己国家的法律和仲裁做法比较了解和信任；仲裁地点与仲裁适用的法律有密切关系，由于适用不同国家的法律，就可能对双方当事人的权利与义务作出不同的解释，得出不同的结果。因此，仲裁地点是双方当事人的争论焦点。

（二）仲裁机构

国际上常设的商事仲裁机构有3类：第一类是国际性的或区域性的仲裁组织，如国际商会仲裁院（Arbitration Court of International Chamber of Commerce）；第二类是全国性的仲裁机构，如中国国际经济贸易仲裁委员会、瑞典斯德哥尔摩商会仲裁院、瑞士苏黎世商会仲裁院、日本国际商事仲裁协会等；第三类是专业性的仲裁机构，如伦敦油籽协会、伦敦谷物商业协会等工商行业组织设立的仲裁机构。

国际贸易仲裁有两种做法：一种是在常设仲裁机构进行仲裁；另一种是临时仲裁，即不需要常设的仲裁机构的主持，直接由双方当事人指定的仲裁员自行组成仲裁庭进行仲裁，即临时仲裁庭。目前国际贸易中，几乎有95%的争议案件是在常设仲裁机构的主持下进行仲裁的。

（三）仲裁规则

仲裁规则主要是规定进行仲裁的程序和做法，其中包括仲裁的申请、答辩、仲裁员的指定、案件的审理和仲裁裁决的效力及仲裁费用的支付等。仲裁规则的作用主要是为当事人和仲裁员提供一套进行仲裁的行动准则，便于在仲裁过程中有所遵循。在仲裁条款中要明确规定仲裁规则。订立仲裁条款时，一般规定使用仲裁国的仲裁规则。

（四）仲裁效力

仲裁效力是仲裁裁决的效力。它是指仲裁裁决是否具有终局性，对双方当事人有无约束力,能否向法院起诉等。

我国进出口业务合同的仲裁条款,一般都规定仲裁裁决是终局的,对双方当事人都有约束力,任何一方都不能向法院或者其他机关提出变更和起诉。但是,有些西方国家规定允许向上级仲裁庭或法院上诉,法院可根据请求,对明显违背法律的裁决,依法予以撤销。

至于仲裁的费用,一般都规定由败诉一方负担,或规定按仲裁裁决办理。

九、仲裁条款谈判的要点

在围绕仲裁条款谈判时,应注意以下要点。

1. 双方应明确仲裁地点及机构

双方当事人应明确不同的仲裁地点及机构意味着要适用不同国家的法律,也会导致双方得到不同的结果。仲裁地点可选本国、被告国或者双方同意的第三国仲裁。

2. 双方应明确仲裁的基本程序

由于仲裁是在双方当事人发生纠纷且协商不成时,采取的一种有约束力的纠纷解决方式,因此应明确其程序,即仲裁申请、答辩和反诉以及仲裁的组成、审理、裁决。

 索赔条款谈判时应该注意的问题

➢ 双方应明确仲裁地点及机构;
➢ 双方应明确仲裁的基本程序。

十、确定谈判方案

(1) 确定本次谈判的必要性、可行性和替代方案;
(2) 分析本方及对手的优劣势;
(3) 确定最优目标、期待目标和底线;
(4) 确定谈判的战略和战术;
(5) 人员组成与分工。

2014年7月至2015年3月31日,我国某公司(甲)与日本某公司(乙)谈判并签订了纺织品出口合同,其中关于仲裁的谈判形成仲裁条款规定:"所有因执行本销售确认书的争议或与本销售确认书有关的争议,双方应通过友好谈判友善解决。如果无法通过谈判解决,则应提交中国国际贸易促进委员会对外贸易仲裁委员会,根据其临时程序规则来裁决。仲裁裁决是终局性的,对双方当事人具有约束力。仲裁费用应由败诉方承担,除非仲裁另作规定。"

后来甲与乙就合同履行发生争议。乙称货物有质量问题,拒付货款。2016年6月3日,双方就合同达成了和解协议,甲对付款总金额作了减让;乙按新付款安排付款。和解协议规定:"双方明确上述所提到的新价格是根据乙上述付款计划作出的特别减让。如果乙不能完全履行本协议或是部分履行,甲有权按照法律要求补偿所有损失,包括利润、差价。"但是乙没有按照和解协议付款。2017年4月6日,甲向中国国际贸易仲裁委员会申请就乙违约事项进行仲裁。

2017年6月18日,仲裁委员会同意仲裁,并向乙送交了仲裁通知书,要求乙指定一位仲裁员并提交他对本案的陈述。乙没有作出反应。于是,仲裁委员会代表乙指定一位仲裁员,并成立仲裁庭。

2017年10月,乙在日本法院起诉甲。该案移交日本地方法院。与此同时,中国仲裁委员会安排在2017年12月10日在中国进行仲裁,并通知乙。乙没有作出反应也未应诉,仲裁暂停。

乙向日本法院起诉,声称中方所供应的商品有质量问题,中方违约并废除了双方的和解协议书。甲则向日本法院提出动议:"在中华人民共和国按销售书仲裁条款进行仲裁期间,停止本诉讼。"

你认为甲会胜诉吗?

 谈判技巧

本次谈判是合同系列谈判中的最后一次谈判,双方将围绕商检、索赔、不可抗力、仲裁等展开谈判。因此,本次谈判是一次多议题谈判。针对多议题谈判和收尾阶段谈判的特点,"交集法""黑白脸""针锋相对"等是较为适用的策略技巧。因此,下面将介绍"交集法""黑白脸""针锋相对"等策略的使用方法。

一、交集法

当谈判双方围绕某个议题的谈判产生分歧时,可以采取交集法的思路解决问题。交集法是一种谈判的基本思维方式。简单地说,交集法就是求同存异,双方搁置利益分歧,寻找利益交集,以此为基础达成协议。

1998年,英国与爱尔兰就北爱尔兰问题达成协议,内容是:爱尔兰共和国修改宪法,宣布放弃北爱六郡是爱尔兰的固有领土。因此,北爱尔兰仍属于英国。而英国则决定将权力下放,让北爱尔兰成立自治政府实行自治。同时,北爱政府可以和爱尔兰共和国组成一个跨边界的合作委员会,共同处理北爱的环保、交通等问题;在北爱尔兰,对于统一派而言,北爱在法律上属于英国获得了确认,这是他们的胜利。对于独立派而言,北爱和爱尔兰组成一个跨边界的合作委员会,使北爱和爱尔兰的关系更近了一步,这是他们的胜利。这个方案就是典型的外交谈判中的交集法解题:"是你的,也是我的。"双方都可以宣称自己是胜利者!

例如，某公司今年业绩非常好，决定奖励所有员工一起外出度假，大家都很高兴。可是，在讨论具体去什么地方度假时，出现了分歧。有一派人想要去山上玩，而另一派人想要去海边玩，按公司现有的条件，无法同时满足。于是，双方争执起来。为了解决这一问题，有人提出应当把双方的要求整理一下，因为山和海只是谈判立场，而谈判要谈的是利益，双方要求得到的利益是什么？经过调查发现：想去山上的人主要想去山上的森林里玩，吃山珍；想去海边的人主要想去玩水，吃鱼虾。那么，能不能找到一个地方，同时可以包含这4个元素：森林、山珍、玩水、鱼虾？有人提议，可以找一个有山有湖的地方，问题就解决了。因为山上有森林、山产，湖里可以玩水，有鱼虾。大家同意了这个方案。最终，该公司员工度过了一个满意的假期。这就是一个通过交集法谈判的典型例子。

二、黑白脸

扮黑白脸是指在谈判中，时而以黑脸、时而以白脸的形象出现，通过态度的变化干扰对手的谈判意志，以求得谈判中优势的做法。这一策略是谈判手精神上的定位移动，并通过这种移动轰击对手的精神，通过又打又拉、软硬兼施，使对方不能定其意，从而达到软化对方立场的目的。

在具体做法上，可以由一人分别扮演黑脸和白脸两种角色，也可以由一人扮演黑脸，另一人扮演白脸来完成。一般而言，后者的效果好于前者，因此当谈判小组由多人组成时，建议由不同的人来固定分饰不同的角色，而不是由一人完成"变脸"。

按照扮演角色人员级别的高低，此策略又可分为"下黑上白"和"上黑下白"两种。"下黑上白"是指由一方级别较低的谈判者扮演黑脸，同时由级别较高的谈判者扮演白脸；而"上黑下白"是指由一方级别较低的谈判者扮演白脸，同时由级别较高的谈判者扮演黑脸。两种设计在现实的谈判中都有应用。从使用频率来看，"下黑上白"使用的频率更高，更适用于谈判的一般场合。

该策略的具体做法有3个步骤。

1. 内容的确定

黑白脸内容的确定是指谈判者应该根据所担负的谈判内容给黑脸和白脸定义。也就是说，不同的谈判，黑脸和白脸表现的意义不同，即所包含各自的台词及代表的是与非。只有随机明确"黑"和"白"的意义，才能准确运用不同角色的效力。

2. 角色的确定

角色的确定是指明确谈判者的分工。当多人参加谈判时，这个分工是必不可少的。分工之后，各人方可将各自的台词及是非进行消化，以利出场时扮演好各自的角色。然而，当只有一个人扮演黑白脸的时候，对该谈判者的要求较高。此时，他必须熟练掌握谈判内容及角色的台词和态度，灵活适时地在谈判中予以表现。

3. 上台表现的衔接

上台表现的衔接是指黑脸和白脸两个角色转换的时机与台词的要求。原则上，转换时机应得当，即在一个角色充分表现并有一定的谈判效果之后，黑脸的表现与白脸的表现之间的一个连接。当一个人同时扮演黑白脸时，也有衔接问题。这里主要表现为两类台词的内在逻辑性以及与之相应的态度表现的合理性。如果缺乏这种逻辑性和合理性，则这种策略的威力就会丧失殆尽。

> 美国前总统特朗普，在以前经商的时候，他和客人谈判时都使一招：自己不出场，先让律师跟对方谈；由律师提出种种苛刻要求，把对方的期待值降得很低。当对方快受不了、想要放弃的时候，特朗普才出现，并假意谴责自己的律师，说："你太不懂事了，这件事情跟别人可以这样讲，跟××先生怎么可以这样讲呢？××先生是我们的特殊顾客！"然后他再接着跟对方说："不好意思，下面的人不懂事，请您见谅，我们是不是可以这样……"随后给对方一些甜头，让对方在期待值降低之后又获得一些意外的惊喜；最后使对方对自己充满感激之情，但实际上自己占了很大的便宜。这一招可以说是屡试不爽。这是谈判中运用"下黑上白"的经典例子。

  "黑白脸"应用时应该注意的问题

- 忌蛮横无理；
- 忌衔接脱节。

三、针锋相对

"针锋相对"策略是指在谈判中，对对方的论点和论据，以毫不妥协的态度一一予以否定和驳斥，使对方感到阻力巨大，进而动摇谈判意志，放弃原本要求的做法。该策略塑造了谈判者的鹰派形象，谈判态度强硬，不容妥协。该策略可以配合"黑白脸"策略使用；而在对方心理较为脆弱时使用，也可以取得较好的效果。

在具体做法上，该策略的运用应该突出"准"与"狠"两个字。

1. 准

针与锋均是很细微的东西，二者要能够相对，就必须要准。在具体运用时，首先要选择好、瞄准对方的论点和证据。也就是说，对方一席话到底说明了什么观点、理由是什么，必须一一记清楚；然后是自己反对的观点是什么、理由是什么。两方面的理由和观点必须准确相对才行。

2. 狠

在策略形成中的"狠"是指要将对准的观点和理由产生力量，要使己方的论说具有力度和杀伤力。因此，在实际运用时应做到：理要巧，表述好，速度快。

"理要巧"是指支持己方论点的理由要有说服力，引证的材料要合理，要让对方一下子难以回味。"表述好"是指己方论述的方式要清晰易懂，无论理由多么复杂，要善于向对己一次说清楚。"速度快"是指反应的速度快，回复的速度也快。要在快速的辩论中抓住机会，占得先机。

以下是买方和卖方围绕黄桃罐头的进出口而进行的一段谈判对话。

卖方：今年旺季即将到来，不知贵方订单量有多大？

买方：听说今年贵方遭遇旱灾，桃树掉花是否会引起减产？

卖方：最近下了几场雨，旱情已有所好转，贵方如能早下订单，我们就可尽早安排原料。

买方：今年客户订量尚不明确，增加订量可能有困难。

卖方：我们希望贵方增加订量，如不能，至少应维持去年的量。

买方：去年的量也难定，还要看市场价格。

卖方：如按贵方掌握的情况，黄桃减产就意味着罐头加工原料短缺，市场收购价要提高。贵方晚下单后，价格将成问题。

买方：如果真减产，量与价都成问题了，我们怎么能现在就定量定价呢？

卖方：可以，我们是老朋友。可以先定参考价，待市场明朗时，我们实事求是地调整交易价，如何？

就这样，针对买方的疑虑，卖方一一作答。态度友好而坚决，全面否定了买方影响下单的观点。最终，买方同意先按去年的订量下单。

"针锋相对"应用时应该注意的问题

➢ 忌论点散乱；
➢ 忌无理强辩。

一、商检条款谈判（negotiation of inspection clauses）

✓ We won't be able to send anyone else to your company before the goods are shipped. For this reason, we request the commodity inspection should be conduced for our order.

在发货之前，我们不再派人来。因此，我们要求对我们订单项下的货物进行商品检验。

✓ Careful and proper inspection is an indispensable part to ensure the quality of the goods to be purchased.

认真、严格的商品检验对保证即将购买的商品质量是不可缺少的一环。

✓ Usually inspection is conducted within 5 days before shipment.

检验通常是在装运前的5天内进行的。

✓ The exporter should have the goods inspected before shipment and the importer should have the goods reinspected after their arrival.

出口商在装运前进行检验，进口商在货到后进行复检。

✓ Our export inspections are mainly made by China Import and Export Commodity Inspection and Quarantine Bureau. It enjoys high international reputation all over the world.

我们的出口检验主要是由中国进出口商品检验检疫局执行，它在世界上享有很高的国际声誉。

✓ It's international practice that the reinspection should be made within 10 days upon the arrival and if any discrepancy is found, claim must be raised within 30 days.

按照国际惯例，对该商品复检应在货物到达目的港后10天内进行，如果有偏差，索赔必须在30天内提出。

✓ How do they make the test and analysis of this item?

对此商品他们用什么方法和标准进行检测？

✓ What if the results from the two inspections do not coincide with each other?

万一两次检验的结果不一致怎么办？

二、索赔条款谈判 (negotiation of claim clauses)

✓ What shall we discuss next? I suggest we come to talk about claim.

下面我们讨论什么呢？我建议我们来谈谈索赔的问题。

✓ I think there are two major problems that may cause claims: inferior quality and late delivery. Inferior quality will force the goods to sell at a discount or to become completely unsalable. On the other hand, late delivery will also cause problems, because once you miss the time, we'll miss the profits.

我认为，有两个主要的问题可能会引起索赔：质量差和交货误期。质量差会迫使商品削价出售或根本无法销售。另外，交货误期也会引发问题，因为一旦错过时间，我们也就错过了利润。

✓ If the defect rate is 1%, then the penalty rate will be 1% of the contract value. How about this?

如果次品率是1%，那么赔偿率为合同总值的1%，如何？

✓ I hope there will be no defect or as few defects as possible so that we'll never have to lodge a claim with you.

我希望没有次品或次品尽可能少，这样我们就根本不用向你方索赔。

✓ In case the quality, quantity or weight of the goods be found not in conformity with those stipulated in this contract after reinspection by the China Commodity Inspection and Quarantine Bureau within 60 days after arrival of the goods at the port of destination. We shall return the goods to you or lodge claims against you for compensation of losses upon strength of Inspection Certificate issued by the said bureau.

货到目的港60天内经中国商品检验检疫局复验，如果发现质量、数量、重量与合同规定不符，我们将凭上述机构出具的检验证明向你方提出退货或索赔要求。

✓ All expenses including inspection and quarantine fees and losses arising from the return of the goods or claims should be borne by you.

因退货或索赔引起的一切费用（包括检验检疫费）及损失均由贵方承担。

✓ We shall raise claims against you for non-establishment of L/C or breach of contract.
由于未开立信用证或违约，我们将向你方索赔。

三、不可抗力条款谈判（negotiation of force majeure clauses）

✓ We think it necessary to include a Force Majeure Clause in the contract.
我们认为合同中加进不可抗力条款很有必要。

✓ You shall not be held responsible for late delivery owing to Force Majeure.
如果是由于不可抗力造成的延迟交货，贵方不用承担责任。

四、仲裁条款谈判（negotiation of claim clauses）

✓ Generally speaking, we think all disputes can be settled by friendly negotiation between the two parties. If negotiation fails, arbitration can be conducted.
一般来说，我们认为所有的争议都可以通过双方的友好协商解决。如果协商不成，可以诉诸仲裁。

✓ It's the best to settle disputes without involving arbitration.
最好不要通过仲裁来解决争议。

✓ If any dispute should arise over the inspection, we may submit it for arbitration.
如果因商检问题而引起争议，我们可以提交仲裁。

✓ Arbitration can be conducted either in China or in other countries.
仲裁既可以在中国进行，也可以在外国进行。

✓ Maybe arbitration in a third country is a fairer and more equitable solution to the problem.
也许在第三国进行仲裁对于解决问题来说更公平。

✓ If you submit your dispute to arbitration, you only need to pay a reasonable arbitration fee in advance according to the Arbitration Fee Schedule.
如果您把纠纷提交仲裁，您只需按照仲裁收费表预付一笔合理的仲裁费就行了。

✓ The award is final and no appeal is permitted.
这一仲裁裁决是终局性的，不允许上诉。

五、收尾阶段谈判（agreements stage）

✓ If everything is satisfactory, we can draw up a formal contract.
如果一切都满意，我们可以拟订一份正式的合同了。

✓ The draft of the contract is ready. Please have a look and let us know anything you are not clear about.
合同草案已拟好，请您过目。如果有不清楚的地方，请告诉我们。

✓ Would you please check all the clauses listed in the contract and see if there is anything not in conformity with the terms we agreed on?
您能否逐项检查一下合同的所有条款，看看还有什么与我们达成的条款不一致的地方？

✓ Before signing, if you like, I'd like to have our president look at it.
如果您不介意的话，在签约之前，我想让我们的总裁看一下。

✓ There is one more provision which should be added to the contract, I think.
我认为应该再加一项条款。

✓ After studying your draft contract, we find it necessary to make a few changes.
在研究了贵方草拟的合同之后，我方发现有几处有必要修改。

✓ Here is the contract for signature. Please cake one more look before you sign.
这是用来签字的合同，请您在签约之前再看一遍。

✓ Since both of us are in agreement on all the terms, shall we sign the contract now?
既然我们双方都一致同意所有的条款，那么我们现在就签约吧！

✓ I am so glad we have made this deal together.
我很高兴我们做成了这笔生意。

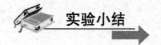

实验小结

本次主题谈判除商检外，其他条款都属于例行的法律条文。由于不像前几章谈判那样关乎双方根本利益，所以达成协议并不困难，谈判气氛和谐、融洽一些。双方要抓关键点，如商检地、商检机构、仲裁机构、索赔期限、罚金比率等方面，而其他法律性规定则可酌情适当让步。

延伸案例

中英商品买卖合同谈判争议案

某年，中国某公司与英国某公司就某种食品的进出口进行谈判，并达成协议，协议中包含不可抗力和索赔条款。协议规定：中国某公司向英国出口食品1 500吨，每吨价格为CIF伦敦港348英镑，总金额为522 000英镑，交货期为当年的5—9月。然而，在合同履行中，由于当时中方公司缺货，只交了450吨，其余1 050吨经双方协商同意延长至下一年度内交货。次年，中国发生自然灾害。于是，中方公司以不可抗力为理由，要求免除交货责任。但对手回电拒绝，并称该商品市场价格上涨，由于中方公司未按时交货已使其损失15万英镑，要求中方公司无偿提供其他品种的同类食品抵偿其损失。中方公司不同意此项要求。该英国公司根据当时谈判达成的仲裁条款向仲裁机构提出仲裁，仲裁申请中强调中方公司所称的不可抗力理由不充分，并指出中方公司如果不愿意以商品抵偿其损失，就坚持索赔15万英镑。

以上是一则不可抗力、索赔和仲裁混合在一起的谈判所引起的争议案，请阅读之后思考以下问题。

问题思考：
（1）合同履行中出现问题的主要责任在哪一方？仲裁人应如何作出裁决？

(2) 在这则案例中，双方在谈判制定不可抗力条款时应该注意哪些问题？

(3) 从这则案例中看，双方在谈判中制定索赔条款时应该注意哪些问题？

课程思政案例

中日农产品贸易谈判

日本国内红豆歉收，日本一家公司急需从中国进口一批红豆，而中国有相当大的库存，但有很大一部分是上一年的存货，我方希望先出售旧货，而日方则希望全是新货，双方就此展开谈判。

谈判开始后，日方首先大诉其苦，诉说自己面临的种种困难，希望得到中方的帮助。

"我们很同情你们面临的现状，我们是近邻，我们也很想帮助你们，那么，请问你们需要订购多少呢？"

"我们是肯定要订购的，但不知道你方货物的情况怎么样，所以，想先听听你们的介绍。"

我方开诚布公地介绍了我方拥有红豆的情况：新货库存不足，陈货偏多。价格上新货要高一些，因此，希望日方购买去年的存货。虽然再三说明，但是日方仍然坚持全部购买新货，谈判陷入僵局。

第二天，双方再次回到谈判桌前。日方首先拿出一份最新的官方报纸，指着上面的一篇报道说："你们的报纸报道今年的红豆获得了大丰收，所以，不存在供应量的问题，我们仍然坚持昨天的观点。"

中方不慌不忙地指出："尽管今年红豆丰收，但是，我们国内需求量很大，政府对红豆的出口量是有一定限制的。你们可以不买陈货，但是，如果等到所有旧的库存在我们国内市场上卖完，而新的又不足以供应时，你再想买就晚了，建议你方再考虑考虑。"日方沉思良久，仍然拿不定主意。为避免再次陷入僵局，中方建议道："这样吧，我们在供应你们旧货的同时，也供应一部分新货，你们看怎么样？"日方再三考虑，也想不出更好的解决办法，终于同意进一部分旧货，但是，订货量究竟为多少？新旧货物的比例如何确定？谈判继续进行。

日方本来最初的计划订货量为2 000吨，但改称订货量为3 000吨，并要求新货量为2 000吨。中方听后，连连摇头："3 000吨我们可以保证，但是，其中2 000吨新货是不可能的，我们最多只能给800吨。"日方认为给800吨太少，希望能再多供应一些。中方诚恳地说："考虑到你们的订货量较大，才答应供应800吨；否则，连800吨都是不可能的，我方已尽力而为了。"

"既然你们不能增加新货量，那我们要求将订货量降为2 000吨，因为那么多的旧货我们回去也无法交代。"中方表示不同意。谈判再次中断。

过了两天，日方又来了，他们没有找到更合适的供应商。而且，时间也不允许他们再继续拖下去。这次，日方主动要求把自己的总订货量提高到2 200吨，其中800吨新货保持不变。

中方的答复是：刚好有一位客户订购了一批红豆，其中包括200吨新货（实际那位客户只买走100吨)。这下,日方沉不住气了,抱怨中方不守信用,中方据理力争:"这之前,我们并没有签订任何协议,你们也并未要求我们代为保留。"日方自知理亏,也就不再说什么,然后借口出去一下,实际是往总部打电话。回来后,一副很沮丧的样子对中方说:"如果这件事办不好,回去后我将被降职、降薪,这将使我很难堪,希望能考虑我的难处。"

考虑到将来可能还有合作的机会,况且,刚才所说的卖掉200吨也是谎称,何不拿剩下的100吨做个人情?

于是中方很宽容地说:"我们做生意都不容易,这样吧,我们再想办法帮你们弄到100吨新货。"

日方一听喜出望外,连连道谢。最后,双方愉快地在合同上签了字。

问题思考:
1. 在上述谈判中,两国商人都采用了哪些谈判策略?效果如何?
2. 谈判双方是怎样通过让步和妥协达成共识的?谈判中的让步有哪些规律?
3. 说说此次谈判中的策略运用与中国传统文化的关系。

实验六　国际货物买卖合同综合谈判

实验背景

在分环节谈判结束后，本环节谈判结合一个给定的案例，进行国际货物买卖合同的综合谈判。具体市场环境和谈判背景与前面所述完全一致，这次谈判是要将前面5次谈判综合在一起重新演练，一次性完成。

实验目标

◇ 熟悉合同谈判的步骤。
◇ 学会站在对方立场上说服对手。
◇ 掌握主要交易条件规定的合理性和公平性。

课程思政导入

国际货物买卖合同综合谈判是在前面分环节谈判的基础上进行的一个综合性谈判，它不仅涉及合同中的各项条款，而且涉及不同国家或地区的经济、文化、政治等多方面内容，商务谈判环境更为复杂，涉及各个国家或地区的制度、文化、法律体系等。因而，国际商务谈判在教学过程中适当融入合适的思政元素，以帮助学生提高思想政治教育水平是十分有必要的。在谈判准备阶段借鉴"兵马未动，粮草先行"等典故，使学生领悟准备的重要性，同时明白自身的社会责任及团队精神；学习"良好的开始是成功的一半""运筹策帷帐之中，决胜于千里之外"等经典语句，引入国家经济形势、中国特色社会主义与中国现代化。商务谈判磋商阶段践行实践出真知的思想理念，引导学生理论联系实际，用实践来检验谈判理论；在磋商中树立正确的人生观、价值观、法治观、消费观，树立正确的沟通、交流、团结、合作共赢意识；围绕核心价值观、爱国主义、工匠精神、脚踏实地、实事求是等展开教学。在商务谈判成交阶段引入爱国主义教育，树立政治意识、大局意识，培养法治观念、契约精神及诚实守信意识。

综上，本次谈判的课程思政目标如下。

◇ 在国际商务谈判中要求谈判者始终坚定正确的价值观、人生观和世界观，在洽谈过程中始终保持爱国主义精神，做一个既具有崇高道德素质，又时刻铭记社会主义核心价值观的合格接班人。

◇ 结合"一带一路"沿线国家的经济、政治形势，在国际商务谈判教学中适当地融入"忧患意识""爱国意识""团结奋斗""和谐共赢"等思政元素，可以更好地帮助学生树立社会主义理想信念和社会主义核心价值观，使其在文化碰撞过程中避免出现盲目崇拜他国思想文化而摒弃本国优秀思想文化的现象，从而更好地实现自我。

◇ 通过准备和进行模拟谈判，学生的合作意识和责任意识得到培养，合作能力和担当能力获得锻炼。

◇ 多维度、多视角分析和研究各国的文化差异和谈判风格，引入变化、发展、系统、创新理念，增强文化自信，增强学生民族自豪感和使命担当。

◇ 在模拟谈判过程中，学生亲身感受国际商务谈判人员的职业角色和国际商务谈判氛围，增强学生的职业体验感，培养学生的职业素养。实景模拟谈判使学生的爱国爱家、社会责任感、职业道德意识、心理素质等思想政治素养得到培养和提升，学生的商务谈判能力、商务沟通能力、团队合作能力、心理抗压能力、创新实践能力获得提高。

 实验准备

系统的规划与准备是商务谈判获得成功的关键因素，这一点已经被谈判人员广为认同。一般来说，谈判的交易越复杂，准备阶段所需的时间就越长。谈判应遵循的黄金法则是：没做好充分准备，就不要谈判。就综合谈判的准备来讲，至少应从以下几个方面做好准备。

一、关于合同主要条款的准备

这主要包括价格条款、运输及保险条款、支付条款等。在模拟谈判中价格条款往往是难点，学生尽管已掌握了贸易术语的转换，也知道基本的成本核算，但由于种种原因（资料收集困难或有误，计算错误等），双方所掌握的价格往往相去甚远，所以在合同条款的准备中主要结合价格条款给学生做一个演示。而运输及保险条款则不再重复，支付条款则针对综合谈判的特点做一些解释。

（一）价格条款

现以 2023 年 4 月 20 日中国金叶进出口公司与缅甸环宇贸易公司的 21 英寸彩电（320 台）出口合同谈判为例，具体来看一下应如何核算成本及报价。

1. 核算 1×40 英尺集装箱彩电的装载量

40 英尺集装箱容积：12.035 m×2.34 m×2.34 m

彩电包装箱尺寸：58 cm×57 cm×56 cm

装载量：4×4×20＝320 箱

2. 核算出口总成本

货款总额＝1 170×320＝RMB 374 400 元（含税）

费用合计＝860+1 600+1 500+5×320+100+50+200＝RMB 5 910

管理费用＝(374 400+5 910)×5%＝RMB 19 015.5

出口退税＝[374 400/(1+13%)]×9%＝RMB 29 819

总计成本＝374 400+5 910+19 015.5−29 819＝RMB 369 506.5

3. 出口报价核算（USD）

成本单价 = 370 525.5/320 = 1 157.89/7.25 = USD 159.71/台 （零利润）

FOB = 159.71×(1+10%) = USD 175.68/台(含 10%利润)

（1）国外海运费

天津—仰光 1×40 英寸集装箱海运费包箱价 USD 1 920，附加费 20%，则：

运费 = 1 920×(1+20%) = USD 2 304

平均每台运费 = 2 304/320 = USD 7.2

（2）CFR 价 = FOB+7.2

CFR 价 = 175.68+7.2 = USD 182.88/台

（3）CIF 价 = CFR 价/(1-投保加成×保险费率)

CIF 价 = 182.88/(1-1.1×1.63%) = USD 186.22/台

保险费 = 186.22×320×1.1×1.63% = USD 1 068.45

4. 出口成本核算

外汇净收入 = 186.22×320-1 920-384-1 068.45-100 = USD 56 117.95

人民币净收入 = 56 117.95×7.25 = RMB 406 855.14

出口盈亏金额 = 406 855.14-370 525.5 = RMB 36 329.64

出口换汇成本 = 370 525.5/56 117.95 = 6.60

5. 报价

经核算，我方若要保证 10%的利润，不能低于每台 USD 164.15 CIF 仰光。但由于该商品属于非紧俏商品，竞争较激烈，因此在原核算价格的基础上，报价可适当上浮，但不可过高；让价幅度不宜过大，严格掌握价格的底线，否则易造成微利或亏损。

附：

出口商品成本核算单

商品名称		21 英寸彩色电视机	件数		320 件
规格型号		J2151（遥控，纯平）	体积		0.185×320=59.24 立方米
成交数量		320 台	重量		30×320=9 600 kg
A		出口总成本（RMB）	B		出口销售收入，费用（USD）
+1	进货成本	374 400	+1	销售价款	59 590.4
	进货单价	1 170/台		成交价格	CIF 164.15
+2	仓储费	860	-2	国外运费	1 920
+3	国内运费	1 600	-3	附加费	384
+4	港口费	1 500	-4	保险费	1 068.45
+5	商检费	5×320=1 600	-5	银行费	
+6	报关费	100	-6	佣金	

续表

A	出口总成本（RMB）		B	出口销售收入，费用（USD）	
+7	认证费	50	−7	其他	100
+8	其他费用	200			
+9	管理费 5%	19 015.5			
	退税率%	9			
−10	退税收入	28 800			
∑	出口总成本	370 525.5	∑	外汇净收入	49 182.17
	出口换汇成本	6.60		外汇牌价（¥/$）	7.25
	出口盈亏金额	36 211.04		人民币净收入（RMB）	406 736.54

 资料查询小窍门

在价格的计算及成本核算中，学生需自己查询有关的费用及退税的相关政策，这往往会使学生陷入困境。其实，以下的网站可供参考：商务部政府网站、中国国际经济贸易仲裁委员会网站、中国出入境检验检疫局网站、中国海关网站、中国对外贸易中心"广交会网站"、中国国际电子商务中心"在线广交会"、中国外运股份有限公司网站、中远国际货运有限公司网站、中国海运集团上海公司网站、韩进船运公司网站、马士基（中国）航运有限公司网站、国际商报"在线国际商报"、中国电子口岸（出口收汇核销）及中国贸易救济信息网。

（二）支付条款

为了达到模拟训练的效果，一般会要求学生在谈判中必须使用信用证方式来结算。这一方面是结合近些年外贸工作的实际情况，信用证结算方式占对外贸易的绝大部分；另一方面信用证方式结算也是要求学生必须而且重点掌握的内容。但学生在谈判时，往往抓不住重点，其实主要注意以下几个问题即可。

（1）开证行的资质。信用证是一种银行信用，所以开证行非常关键。金融危机背景下百年老号都可能在一夕之间倒下，所以，要求保兑行对信用证进行保兑的业务增加了。但保兑是要付出成本的，这一点务必考虑到，在谈判时应结合实际情况酌情处理。如买方可能会要求卖方负责保兑费用或双方平均分担。

（2）开证日期与装船日期的配合。一般谈判时，学生先谈完了运输条款才会谈收付条款，这时装船日期其实已确定下来了。但在实际工作中卖方一般均会要求买方开证后一段时间内装船。

（3）开证的金额。在前面的数量条款谈判中可能确定了溢短装的数量及定价，并且有可能给中间商的佣金比例及给买方的折扣都已确定，那么在确定开证金额时这些因素均应包括在内，或在发票金额的基础上累加或扣除，或明确有些款项（如佣金）以其他方式支付。

二、关于人员的组成及分工准备

综合模拟谈判往往比较复杂，知识范围较广，既包括产品、技术、市场、运输、保险等方面，还包括法律及外语等知识。所以，谈判团队的组成应兼顾知识及性格的互补性，并且分工明确。

（一）人员的组成

在一般的贸易谈判中，所需的专业知识大体上可以概括为以下几个方面：一是有关技术方面的知识；二是有关价格、交货、支付条件、风险划分等商务方面的知识；三是有关合同权利、义务等法律方面的知识；四是语言翻译方面的知识。所以，谈判队伍应包括以下几类人员。

（1）谈判首席代表。在模拟谈判中一般定义为主谈。

（2）技术人员。因为模拟谈判中所选择的一般是高新技术产品，所以熟悉生产技术、产品性能和技术发展动态的技术员、工程师在谈判中可负责对有关产品性能、技术质量标准、产品验收、技术服务等问题的谈判，也可与商务人员紧密配合，为价格决策作技术参谋。

（3）商务人员。这类人员应熟悉贸易惯例和价格谈判条件。

（4）财务人员。一般应熟悉成本情况、支付方式及金融知识，具有较强的财务核算能力。

（5）法律人员。一般应掌握基本的经济、法律专业知识。在模拟谈判中主要体现为对相关国际贸易惯例的熟悉及掌握。

（6）翻译。因为综合模拟谈判为全英文谈判，所以不设翻译，但实际上每一个人都充当着翻译的角色。在以往的谈判中，因团队中缺乏英语过硬的主谈而不能自如表达己方观点的现象比比皆是。

（二）人员的分工及配合

1. 主谈

主谈人的责任是将己方确定的谈判目标和谈判策略在谈判中得以实现。在谈判中，己方的一切重要观点和意见都应由主谈人表达，尤其是一些关键的评价和结论更应由主谈人表达。另外，主谈还应监督谈判程序，掌握谈判进程，协调谈判小组成员的意见，决定谈判过程的重大事项。

 主谈与辅谈的关系

为了使主谈与辅谈之间分工明确，配合默契，在主谈发言时，自始至终都应得到所有辅谈的支持。这可通过口头语言或动作肢体语言来表示出来，具体的做法可因人而异。显然，如果主谈发言时，辅谈作出赞同的姿势，会大大增强主谈说话的力量和可信程度；相反，若辅谈看着天花板，或将脸扭向一旁，或私下干自己的事，无疑会影响主谈的自信心，影响其说话的力量，对本方整体形象是个破坏。

 报价中的典型问题

➤ 报价偏离实际太多；

➢ 缺少备用报价方案；
➢ 货币选择不当。

2. 技术人员

在进行技术条款谈判时，应以技术人员为主谈人，其他的商务人员及法律人员等处于辅助的位置。技术主谈人必须对合同技术条款的完整性、准确性负责。技术主谈人在把主要的注意力和精力放在有关技术方面的同时，必须放眼全局，从全局的角度来考虑技术问题，并尽可能地为后面的商务条款和法律条款的谈判创造条件。为了支持技术主谈人，商务人员和法律人员应尽可能为技术主谈人提供有关技术以外的咨询意见，并在适当的时候回答对手有关商务和法律方面的知识，从不同的角度支持技术主谈人的观点和立场。

3. 商务人员

在进行商务条款的谈判时，要以贸易谈判人员为主谈人，技术人员、法律人员及其他人员处于辅谈地位。商务人员是整个价格谈判的组织者，但进行合同的商务条款谈判时，仍然需要技术人员的密切配合。技术人员应从技术的角度给商务人员以有力的支持。需要强调的是，在谈判合同的商务条款时，有关商务条款的提出和磋商，都应以商务人员为主作出，即商务主谈人与辅谈人的身份、地位一定不能搞乱，否则就会乱了阵脚。

> 一家日本公司驻美国分公司的经理，能讲一口流利的英语，但他在贸易谈判时始终用日语通过翻译与对方进行交流。在贸易谈判结束后的庆祝会上，他却用英语和对方谈笑风生，令对方大吃一惊又迷惑不解。有人问道："为什么在刚才的交谈中，您不用英语直接和他们交谈？"这位日本经理回答说："在一项交易谈判中，存在许多微妙的问题，往往在当时的气氛下会因考虑不周而说错话，要挽回就很难了。通过翻译进行谈判时，则可将原因推到翻译身上，如翻译在用词上不恰当，或者意思理解有误而翻译错了。这样，万一受到对方的攻击，自己很容易避开。此外，在翻译人员进行翻译的时候，自己也可利用这段时间进行思考，同时还可以观察对方的反应。使用翻译有这么多好处，为什么不利用呢？"

三、做好对双方形势的判断准备

《孙子·谋攻》中说："知彼知己，百战不殆。"对谈判双方来讲，既要清楚地了解己方的地位，更需了解对方的情况及竞争态势。

（一）了解己方的地位

对己方的判断，主要体现在谈判目标及优劣势的分析。

1. 确立己方的谈判目标

在模拟谈判中谈判的目标主要就是合同的各项条款。一般来讲，谈判目标可分为最高期望目标、可接受目标及最低限度目标 3 个层次。

最高期望目标即理想目标，它是指在满足某方的实际利益之外，还有一个"额外的增加值"。然而在谈判活动中,某一方的理想目标往往是可望而不可即的,但这丝毫也不意味着最高期望目标在谈判桌上没有积极作用,最高期望目标往往是谈判进程开始时的话题。如果一个诚实的谈判者一开始就全盘托出他实际想要达到的目标,由于谈判双方的心态和谈判双方的利益要求不同,该谈判者往往不能达到其理想的谈判目标。

可接受目标即立意目标,是谈判者根据各种主客观因素,考究种种具体情况,经过科学论证、预测和核算之后所确定的谈判目标。对于谈判的代表来说,必须采取现实的态度,树立只要能得到部分利益就是成功的谈判这一概念。可接受目标是一个区间,是己方努力争取或做出让步的范围,谈判中的讨价还价就是在争取实现可接受目标。

最低限度目标即现实目标,是从事谈判活动必须达到的目标。对于一般的谈判者来说,这类必须达成的目标毫无讨价还价余地,宁愿谈判破裂也不能放弃。在谈判桌上,最低限度目标与最高期望目标之间有着必然的联系,在谈判过程中,表面上看谈判者一开始要价很高,往往提出己方的最高期望目标。实际上这是一种谈判策略,目的是保护最低限度目标或可接受目标,这样做的实际效果是往往超出谈判者的最低限度的要求,然后通过谈判双方反复来回地讨价还价,最终可能在最低限度目标与最高期望目标之间选择一个中间值,即可接受目标。

> BATNA(best alternative to negotiated agreement)是指谈判协议最佳备选方案。BATNA策略看起来简单,但却是一种可供谈判者使用的强有力的谈判工具。这一概念最初是由费希尔(Fisher)和尤里(Ury)在合作开展哈佛谈判项目的过程中提出的。被提议的最终协议通过BATNA这一策略标准来评价,这将使谈判者能在谈判过程中,拒绝接受过于不利的条件,以及防止那些会给己方带来利益的有利条款被否决掉,这也是保护谈判者的唯一标准。
>
> 假设一家美国公司A在访问中国期间发现了一个新的潜在的零部件供应商B,供应商B生产的零部件可以代替公司A在美国本土供应商购买的零部件。而且供应商B生产的零部件质量、工厂生产的高效率以及经营管理者的素质和态度都给美国公司A留下深刻的印象。于是,美国公司A决定与中国供应商B谈判签订一份为期两年的购买合同,但双方在价格谈判上陷入了僵局。供应商B坚持报价3美元/件(这个报价比美国本土供应商的报价低),但公司A坚持2.5美元/件。公司A坚持这个低报价的理由是国外供应商B是一个崭新的离家千里之外的海外供应商,由此会大大增加商业风险;而供应商B坚持高报价也是基于同样因素而增加的不确定性和风险。于是,公司A和供应商B不得不就价格问题进行艰苦的谈判。
>
> 假如在谈判过程中公司A提议,若供应商B接受公司A的报价,公司A将帮助供应商B在自己即将参加的美国零部件展览会上展出供应商B其他的零部件而不收取任何报酬,从而使供应商B的其他零部件有机会进入美国市场。因为这种合作方式完全符合供应商B的根本利益,所以供应商B能以这种方式接受公司A,双方可以达成一致。走出谈判困境的这种良方就是我们所说的BATNA。

2. 优劣势分析

了解了己方在谈判中所处形势也就意味着了解本公司的优势和劣势所在。当分析优势时，谈判者应该考虑那些真实的和真正能感知的所谓优势。例如，你是一家在国内有着良好国际声誉的、生产高质量产品的出口商，你就会被认为相对其他所有出口商而言，占有了一定的优势。因此，在模拟谈判的准备过程中应事先确定并弄清你们公司的优势所在，这样在谈判过程中，你就能在需要之时将这些优势摆在谈判最前沿。谈判者同样也需要确定其公司的劣势所在，并且在需要的时候采取正确的措施对这些缺陷进行弥补。谈判对方很有可能在谈判的某一关键时刻将你的劣势暴露，以求得最大可能的让步。这其中有些劣势是难以根除的，但有些能够减少或转化成你的优势。

(二) 了解对手的情况

了解对方的情况，包括了解对方现有资源及利益关注点、预测对方的谈判目标、知晓对方的谈判模式等。

1. 了解对方现有资源及利益关注点

谈判者在准备阶段应该通过详细阅读背景材料并结合所能查询到的相关资料，对谈判对方的现有资源情况、对方最为关注的利益有初步的了解。

2. 预测对方的谈判目标

要想准确了解对方在一场谈判中的目标并不是一件容易的事。如果想找出对方的谈判目标，最好的办法就是结合自己手头的资料、所能收集到的对方资料进行适当的假设，大致推测出对方的目标。这里有一个很重要的前提就是己方资料的准确性，如价格的计算、运费及保费的费率、行业中一般通行的惯例等。

3. 知晓对方的谈判模式

谈判毕竟是人与人之间的沟通与博弈，所以不同的谈判对手其风格不同，谈判的模式也就各异。一般来讲，谈判主要有3种模式。第一种是妥协式谈判，即将商务谈判过程看成一种为达到各自目标的相互妥协、"非赢即输"或"零和游戏"的过程，它更多地体现在以市场为导向的谈判中。第二种是统治式谈判，即谈判一方会首先设定自己理想的成交方式，然后在谈判过程中想方设法地运用各种权利和计谋统治对方，最后迫使对方接受自己设定的成交方式。虽然采用统治式谈判模式的谈判者有时也注意到了对方关心的问题，但却采取了置之不理的态度。这类谈判者通常使用狠命杀价的谈判技巧，使得潜在的双赢难以实现。第三种是原则式谈判，既不把谈判看作一种妥协的过程，也不把它当成一种你死我活的战斗过程，而是一个共同解决问题的过程。这种谈判也被称为整合式谈判，双方寻求的是如何做大饼的本身，从而使双方利益最大化。

四、确定自己的谈判策略

谈判者在做好了以上各项准备之后，就应确定自己的谈判策略。不同的谈判策略对应不同的谈判战术。例如，在某些情况下，最先做出让步的谈判者会被认为是处于一种弱势地位，这就会刺激对方进一步施压以求更多的让步；而在另外的情况下，早一步作出让步会被认为是一种友好合作的信号，从而为双方带来互利的结果。

谈判中的策略可笼统地划分为竞争性策略与合作性策略。竞争性策略要求谈判者一开始就报出较高的最初需求，并且要给对手留下一种坚定甚至顽固的印象。但在这种策略下，对手即使让步了，也多少会有些勉强，而且做出的让步也会非常有限。使用竞争性谈判策略的谈判者总会试图让对手相信，自己不会做出让步，并且如果对手想达成协议就必须做出让步。采用竞争性策略的谈判者说话都十分有力，总是让人感觉到威胁的存在，他们甚至会有意制造一种看似混乱的场景，这样就会给对手造成胁迫感，使对手被动地处于防守的位置。而合作性策略则是谈判双方间的一种双赢的格局，在这种格局中，双方都试图进行一种能让彼此都互相满意的交易。合作性策略的谈判者愿意与对手共同工作，分享信息并力图互相理解对手的观点。合作性策略强调的就是尽力理解对手的观点，以及找出有利于双方的策略。该策略带来的是能扩大谈判成果的创造性解决途径，这样，双方也自然就能获得远比谈判开始之前的期望更多的利益。

合作性策略考虑到了双方的利益，并且对建立良好商务关系大有好处。但纯粹的合作性策略或许也是不实际的，因为在谈判一方表示出一味合作的姿态时，谈判另一方总会寻求其自身利益的最大化，这样就会导致其竞争性策略的出现。因此，合作性策略和竞争性策略的结合往往是最佳的选择。

谈判的焦点——利益抑或立场

在图书馆里两个读者之间发生了争吵。其中的一人想把窗户打开，而另一人则坚持不让开窗，两人吵了半天也没有结果。这时，图书馆管理员走了过来，问其中的一人为什么要开窗户，他回答说想呼吸新鲜空气；问另一人为什么要关窗户，他说不想吹风。图书馆管理员思索了一下，便去打开隔壁房间的一扇窗户。结果没有风吹进来，室内也有了新鲜的空气，争吵的双方都感到满意。

在这个事件中，争吵的双方之所以陷入僵局，是因为双方把焦点都放在了各自的立场上。"开窗户"和"关窗户"两者显然是对立的，双方顽固地坚持自己的立场而没有考虑各自的利益，是两者矛盾的症结所在。而图书管理员由于注意到了"想呼吸新鲜空气"和"不想吹风"两种利益，从而想出了调解的方法，使双方的需求都得到了满足。

谈判技巧

一、切割战术

形象地说，切割法就是"输家不全输，赢家不全赢"，即不将谈判涉及的利益看作一个整体，而是切割成多个部分，对这些部分进行分析，那么谈判双方必然各有所得，各有所失。这样，谈判双方只有获利多少之分，而无绝对的胜负输赢之别。反过来，在进行谈判时，进行不同的利益搭配，也会收到不同的效果。

二、货比三家

货比三家策略是指在谈判中，为了使对方处在竞争地位或被选择地位，同时将与其竞争对手和与其同等的对手请来谈判，以选择其中一家的做法。但在实际操作中并不需要真的把所有可能的交易对象都请来现场，而只是利用存在的其他可能性来与正在进行谈判的对方进行场外对比。因此，该策略其实很简单，就是为了给对方造成同一类的产品、服务上的压力，让其能够作出必要的让步。

该策略是买方常用的策略，但卖方如具备一定的条件也可以从容使用。如卖方的产品具有较强的竞争力或市场地位不容小视，这种情况下卖方也可使用货比三家策略。但要注意的是，在国际商务谈判中要谨慎利用货比三家策略。因为本策略的目的就是利用一家的长处去压制谈判对方的短处，所以货比三家的三家如何选择非常重要。

质量太好遭退货？

最近，苏南某服装生产企业接到一份订单，与外商签订了一份供货合同。新冠疫情之下，不容易呀。欣喜之余，企业随即选用了超标准面料，调兵遣将，赶制出相当考究的服装，并且提前交货。交货后不久，这家企业盼来的不是外商的货款，而是外商依据联合国制定的《国际货物销售合同公约》中的相关条款提出退货，理由是"产品质量与合同不符"。这个结果让企业大惊，只好退货后转内销了，而且还赔款了事，损失很重。后经了解，原来这类服装属于快销品，穿着不宜过久，即换季时就淘汰，然后再买新的。但企业把服装制作得质量太好，商家今后的市场就受到限制了。退一步讲，即使外商不退货，而提出"产品质量很好，今后供货以此作为标准"，这种赔本的买卖，谁能承担得起。

三、挡箭牌

挡箭牌策略就是用各种借口来阻挡对方的攻势。借口不外乎有以下几种，在谈判中可结合具体情况灵活运用。

1. 权力受限，无法作出决策

从谈判学角度讲，受到限制的权力是最有效的权力。受到限制的权力是指谈判者在决策过程中不可能不考虑他人的意见，而完全从自己的角度出发，因此，其权力在某种程度上受限制，而恰恰是这种受到限制的权力是最有效的。因为谈判者可从自己的需要出发，当对方要求我方承担义务时，我方以不在授权范围内为由拒绝承担；当得到好处时，则恰恰在授权范围内。受到限制的权力对于我方来讲是一种有奖惩的权力，所以在运用挡箭牌这一策略时，可以运用权力受到限制这个情况阻止对方的进攻。但使用的效果与次数成反比，因为使用次数越多，对方越反感，会怀疑我方是否真正有诚意来参加谈判。

2. 利用资料受到限制作为挡箭牌阻止别人进攻

在谈判中，当我方进行报价时，对方可能会要求我方作出价格解释，解释价格的计算基础。而价格解释和计价基础必须有资料作支撑，资料不具备就是一个很好的借口，可以拒绝向对方作出价格解释。但要注意，如在主场谈判，这种借口就不恰当；而当到客场谈判时，当对方要求我方作出价格解释时，可以说"这个事情我特别愿意作出解释，但由于资料不齐全，看来今天是不行了"。因此，资料不齐全也就成一个挡箭牌，但应注意主客场不同的谈判情况。另外，以资料不齐全作为挡箭牌策略不可多用，因为它与权力受限不同。权力受限是客观原因，而资料不齐全则是主观原因，容易让对方怀疑我方的诚意。

3. 用技术和商业机密来充当挡箭牌

当对方要求我方作出价格解释时，我方可简要陈述，当对手进一步询问时，我方可告之"授权只能作此解释，如进一步解释涉及本公司的商业秘密，那不在我的授权范围"。同时，还可以把球踢回对手，"贵公司是否可以作出按您要求的详细的价格解释，如不可以，我公司也是这个原则；如可以，请先把您的价格给我们解释一下如何？"

四、略显惭愧

略显惭愧的策略一般是在谈判结束时，尤其是双方达成了较为满意的合同时，一方谈判者通常会略显惭愧地夸夸对方，如夸赞谈判对方，尽管我方未能拿到最优惠的条件，但棋逢对手，相见恨晚，希望以后还有更多机会合作。用一句俗语讲，这个策略就是"得了便宜还卖乖"，既巩固了谈判的成果，又为以后的合作埋下伏笔。

 综合模拟谈判中容易出现的问题及克服方法

➢ 在综合模拟谈判中学生如纠缠于技术问题（因为我们选取的是高新技术产品的进出口谈判），指导教师在谈判过程中可适当叫停，限定其在一定时间内结束此环节的磋商。

➢ 在综合模拟谈判中学生习惯沿用分环节谈判的思路，希望逐个条款依次进行谈判，而且一旦对方打乱这个顺序往往手足无措，并且指责对方不按常理出牌。其实恰恰是这不按常理出牌才是谈判的真实场景。

➢ 在综合模拟谈判中学生往往在产品品质、数量、包装条款谈判完后就谈判价格，这本身并不算问题，关键是一旦不能达成共识，就会出现两种情况：一种是为了在规定的时间内结束谈判，双方为了让步而让步，往往搞得观战学生莫名其妙；另一种是死活不让步，也不向下进行谈判，双方处于胶着状态。如果出现其中一种情况，指导教师可根据现场情况，采取递纸条提醒等方式，要求其尽快结束胶着状态，或对其让步并在后续谈判中作出合理的解释。

➢ 在综合模拟谈判中学生不仅倾向于把条款分割开谈判，而且不善于考虑各条款中的内在联系，从而在全局上为己方争取最大的利益。较为明显的问题除上述所说的价格条款外，在支付问题、争议的解决上，处理均欠缺灵活及全盘思想。

➢ 在综合模拟谈判中往往有一方模拟的是外方，可能是美国人、日本人、德国人、澳大利亚人等。在商务谈判中我们一再强调跨国文化差异对谈判的影响，但在模拟谈判中学生往往忘记了自己所模拟的是来自异国的商人，其思维方式及处理问题的方法完全中国化，这一点在综合谈判中表现得最为明显。

✓ First of all, let me express our welcome and appreciation to the representatives from…
首先，让我们对来自……的代表表示欢迎和感谢。

✓ Well, may I draw your attention to the fact that…
好吧，我要提请您注意……事实。

✓ The bottom line is 45%. Absolutely no more room for bargain.
45%是底线，完全没有讨价还价的余地。

✓ That's agreed. That take us to the next issue.
同意，那我们讨论下一个问题。

✓ You want to secure a contract at the old price. But is that realistic? 您想按原价签订协议，那现实吗？

✓ Now that we are doing… a favor, we would like to ask in return for…
既然我们给……帮了忙，我们希望礼尚往来。

✓ You talk about being realistic. Since we've done you a big favor you should do something reciprocal, shouldn't you?
您是讲求现实的。既然我们帮了您，作为交换条件，您应该做点互利互惠的事，对不对？

✓ I hate to strike a bargain. But I suggest that we meet each other halfway.
我讨厌讨价还价。但我建议我们互相都做点让步。

✓ Let's continue from where we left off yesterday.
我们从昨天停下来的地方继续吧。

✓ I'm certainly with you in principle, but I'll have to take the matter up when I get back.
我当然原则上同意您的意见，但我还得回去后汇报情况。

✓ We would be prepared to meet you halfway with the extra costs incurred.
对额外增加的费用，我们只能分担一半。

✓ A similar guarantee would also be written into our contract.
类似的担保条款也会写入我们的协议内。

✓ If you commit to buy more, then I could consider a larger discount.

如果您承诺多买，我就能考虑再多一点的优惠。

✓ We can meet each other halfway.
我们双方都可以各让一半。

✓ That will be difficult, but as you have been so accommodating over the question of price, I think we can arrange that.
那有些困难，不过您在价格上那么体谅，我想我们能安排。

✓ If you can't deliver the goods when we need them, they're a dead loss to us.
如果您不能在我们需要的时候交货，我们肯定是要遭受重大损失。

✓ Our prices are sufficiently competitive as they are.
我们的价格已相当具有竞争力。

✓ In no sense am I casting doubts on your credit rating.
我绝对对您的信用没有任何怀疑。

✓ It's purely a question of our own cash flow position.
这纯粹是我们资金周转情况的问题。

✓ I've got a proposition that I'm sure will interest you.
我有一个您肯定感兴趣的提议。

✓ I might buy… in quantity if the quality is good and the price is right.
如果质量好，价格合适，我想大量购买……

✓ As for the discount, it depends on the size of the order.
至于折扣，这要看购买的数量。

✓ You must be joking! that's less than the manufacturing price!
您在开玩笑吧！这简直低于成本价。

✓ Well, you know I may not be able to place an order at that price.
好了，您知道按那价格我是不会订货的。

✓ That would be a pity. Well, perhaps we'd better think it over.
太遗憾了。好吧，我们最好再考虑一下。

✓ We do believe that we have made a fair offer to you.
我们确信我们给您提出了十分合理的条件。

✓ Here is what we can offer you.
这是我们所能给您提出的条件。

✓ I feel confident we can come up with an acceptable package.
我非常有信心我们能拿出一个您能接受的方案。

✓ As an alternative to this, we could offer...
作为变通，我们可以提出……

✓ Excuse me for interrupting you.
请允许我打断一下。

✓ Well, this is not the right time to talk about it.
现在还不是讨论这个问题的时候。

✓ I can make a recommendation, but I'm pretty much powerless.
我可以提出建议，但我真是没有多大权力。

✓ I'm sorry, but this is the final.
对不起，这是底线了。

✓ I appreciate your consideration.
感谢你的谅解。

✓ We are very fortunate that... are willing to cooperate with us. First of all, let me express our appreciation to our American counterparts for their generous support to us.
我们非常幸运……愿意与我们合作。首先，让我向美国合作伙伴所给予我们的慷慨支持表示感谢。

✓ That can be written into the agreement. Having discussed everything in full, I think it's time for us to start drafting the agreement now.
那一点可以写入协议书。鉴于已经全面讨论了所有的事项，我想我们该开始草拟协议书了。

✓ I'd like to have your expert advice. You see, I've been contemplating...
我想听听您的高见。您知道，我一直在考虑……

✓ Now let me finish what I have to say before you...
先让我讲完，然后您再……

实验小结

在谈判之前，双方均要制订一套详细的计划书，把己方的优劣势、谈判目标、对方可能的目标、谈判策略、团队分工等落实到纸上。

谈判过程中，团队成员都要做到以主谈为中心，团结一致。其间难免会出现未事先计划到的情形。这时，要能随机应变，在不影响计划目标的情况下，灵活变通谈判策略，切忌生搬硬套。

谈判结束后，要及时总结经验教训，双方可以互相评价。谈判评估报告就是要把谈判过程、方法、对方表现及结果进行书面总结。这对迅速提高谈判水平非常有帮助。

延伸案例

心理战在谈判中的妙用

某年我国南方某省的红茶获得了丰收,茶农们踊跃地将红茶交到了茶叶收购处,这使得本来库存量就不小的某茶叶进出口公司更增加了库存,形成了积压。

如此多的红茶让进出口公司的业务员很犯愁,如何设法销出去呢?正在这时,有外商前来询价,此进出口公司感到这是一个极好的机会,一定要利用这个机会,既把红茶卖出去,同时还设法卖个好价钱。为此,他们做了周密的布置。

在同外商谈判时,我方将其他各种茶叶的价格按当时国际市场的行情逐一报出,唯独将红茶的价格报高了。外商看了报价,当即提出疑问:"其他茶叶的价格与国际市场行情相符,为什么红茶的价格那么高?"我方代表坦然地说道:"红茶报价高是因为今年红茶收购量低,库存量小,加上前来求购的客户很多,所以价格就只得上涨。中国人有句古话'僧多粥少',就是这个意思。"外商对我方所讲的理由半信半疑,谈判暂时中止了。随后的几天,又有客户前来询盘,我方照旧以同样的理由、同样的价格回复他们。

虽然外商对红茶报价高心存疑问,但他们只能凭间接途径去了解。而所谓间接途径,无外乎是向其他客户查询,可询问的结果与他们自己得到的信息一致,于是外商赶快与此进出口公司签订了关于购销红茶的合同,唯恐因迟来而无货可供。这样一来,其他客户纷纷仿效,积压的红茶不仅在很短的时间内被抢购一空,而且还被卖了个好价钱。

问题思考:
1. 茶叶进出口公司是如何在这场谈判中取得主动地位的?
2. 结合本案例谈谈心理因素分析在谈判中的重要作用。

课程思政案例

乳清粉质量索赔的谈判

北京世纪通进出口公司(以下简称世纪通公司)是一家综合性进出口公司,其母公司是大型的跨国企业集团,在国内外市场均有一定的信誉。该公司与农牧业联系较多,农牧业进口的精制饲料量较大。尤其用于乳猪饲养的乳清粉,世纪通公司从欧洲采购较多,国内的用户对其采购的乳清粉质量反映很好。该项业务也成了该公司的一项重要的长线业务。乳清粉分为食品与饲料两类。食品级的乳清粉主要用作冰激凌的原料,其酸度、细菌、灰分等指标要求很严格。饲料级的乳清粉主要作为饲养乳猪的精饲料。为了加工需要,包装运输要求必须使其保持粉状。

荷兰飞利饲料公司(以下简称飞利公司)系饲料的专业生产企业,尤其是精饲料及饲料添加剂产量较大,在荷兰本土及欧洲市场占有一席之地。亚洲市场是其市场开拓的目标之一。几年前即在北京开设了办事处,积极与中国的代理商及最终用户进行接触。几年来,由于其代表处的不懈努力,逐渐将其精饲料与饲料添加剂挤入中国市场。与世纪通公司的乳清粉业务是市场开拓的重要成果之一,其驻京代表处和荷兰总部均予以高度重视。

世纪通公司与飞利公司系通过第三方介绍，相互知悉了对方的经营实力与信用，彼此敬重。后经飞利公司北京代表处的努力，双方于2007年6月终于成交了第一批业务。虽然第一次做生意，但双方决心均很大，在一个月中就签订了两份饲料级乳清粉购买合同，可以表明双方渴望在中国市场把该项业务做大。

这两份乳清粉购买合同规定，合同货物为荷兰产饲料级乳清粉，交货要求为粉状无结块，多层牛皮纸每袋50千克包装。每个合同供货数量200吨，总价CIF天津9万美元，两个合同总计数量为400吨，18万美元。买方于签约当月开出两份信用证。信用证条款分别要求，卖方第一批200吨乳清粉，最晚于7月15日前从荷兰鹿特丹港发运，第二批200吨货，最晚于8月31日前发运。

随着时间推移，第一批货200吨（9万美元）于8月中旬到达中国天津港，买方向开证行承兑后取得了单据并办理了第一批货物通关手续，但当打开货柜时发现部分货物已结块。买方立即与船公司联系，排除了船舱进水的可能性及保险公司责任后，认为是货物质量问题，并就此问题向卖方交涉，要求卖方赔偿因质量问题给买方造成的损失，并停止第二批次的发货。由于采用的是L/C（信用证）支付方式，卖方已经顺利收到了第一份合同货款，同时并不认为他们交货的质量有问题，就在8月25日将第二批货物发运出来，并向所在荷兰开户银行提交了所有运输单证。不久，卖方接到银行的通知，由于买方付款行认为在货运单证上，存在与L/C条款要求的不符点，所以不能执行付款的程序。至此，卖方眼看货物再过20多天就要到达目的港，也就焦急起来，并主动联系买方，要求就第一批货物质量问题和第二批货的接收事宜进行谈判。

问题思考：

1. 买卖双方的核心诉求分别是什么？

2. 作为世纪通公司手中最有利的砝码是什么？如何通过有理有节的谈判达成自己的目标？

3. 作为世纪通公司的谈判代表，你如何通过此次谈判向对方展示自己公司的形象和素质，并通过这些展示来保证后续双方的合作？

谈判计划书例样（2）　　谈判计划书例样（3）

第三篇　其他国际商务谈判

实验七　国际服务贸易和技术贸易谈判

实验背景

宏达有限责任公司主要从事医疗机械的设计和制造，拥有 20 多个品种 100 多个规格的产品，其中制氧机、雾化器、血压计、听诊器、轮椅等具有较大的市场优势。产品供应全国各级医院，少量对外出口。随着国内医疗体制改革的深入，各级医院的专业化提高，医疗服务更加细分，对医疗器械的需求不断加大。另外，国内医疗器械市场竞争激烈，西门子、松下、强生等外国品牌占据大部分高端市场份额。宏达有限责任公司通过医疗博览会，了解到美国劳特公司拥有多项先进适用的数字成像技术专利，遂与之建立联系，希望引进一套数字成像系统生产线，劳特公司合作意愿较好，同时劳特公司正在对中国市场进行调研，希望能够与中国企业进行合资，以此为支点深入亚洲市场。双方将就拟引进的生产线的技术规格、支付方式和期限、设备验收、调试安装、售后培训、技术服务、知识产权保护，以及进一步合作的可能性进行谈判。

实验目标

◇ 熟悉国际技术贸易和服务贸易不同标的的谈判策略。
◇ 掌握各种技术贸易和服务贸易方式的谈判重点。
◇ 掌握技术贸易和服务贸易作价和支付方式的谈判技巧。
◇ 灵活运用技术贸易和服务贸易谈判常用语言。

课程思政导入

随着国际商务往来的不断加深，国家之间的技术贸易和服务贸易逐渐增加。由于技术和服务作为无形商品的独特性，其贸易形式也更加灵活多样，可以采用许可贸易、技术服务与技术咨询、合资经营、合作生产、合作开发、补偿贸易、国际工程承包等多种形式。涉及技术贸易和服务贸易的谈判具有如下特征：一是合作期限更长，风险更大，需要识别和防范政治风险、市场风险、社会与文化风险、环境风险等，并在谈判中平衡短期利益和长期利益；二是合同内容更加复杂，除商务条款外，还涉及技术条款，同时也涉及合作双方的法律条款，以及公认的国际法律、惯例和规则；三是谈判的利益更加复杂，既要做到组织利益和国家利益的协调,也要考虑到合作国相关利益团体的反应。

综上,本章谈判的课程思政目标如下。

◇ 具备扎实的专业基础、快速学习能力、开阔的国际视野,能够在谈判过程中快速了解和熟悉相关商务、技术、法律知识,掌握相关国际惯例和规则,做到懂规则,守规则。

◇ 在复杂谈判中要做到长期和短期利益的平衡,组织利益和国家利益的平衡。

◇ 具有未雨绸缪的风险意识,懂得如何在对外商务合作中识别风险、防范风险。

◇ 将诚实守信、合作共赢的传统美德应用在长期合作中,在商务合作中树立大国风范。

 实验准备

一、谈判前的准备工作

谈判前的准备工作主要包括组织准备、信息资料的准备和谈判方案的准备3个方面,准备工作必须十分周密,任何一方面考虑不周或准备不充分,谈判时就会处于被动地位,甚至会丧失应得的利益。

(一)组织准备

鉴于国际服务贸易和技术贸易的复杂性,对外谈判前应由有关部门组成联合谈判领导小组和第一线谈判小组。

联合谈判领导小组应由工业、外贸、银行和技术部门的人员组成,统一领导谈判工作,共同商定谈判计划、方案和策略。第一线谈判小组直接参与谈判,谈判小组应由项目主办单位人员及精通商务、法律、技术、外语等方面的人才组成,小组成员应该精干,每个成员都应掌握项目的全面情况,大部分人员应参加过可行性研究阶段的工作。谈判小组成员的工作各有侧重,但相互配合、相互协作,使谈判小组成为一个有机整体。

谈判小组的负责人一般由企业的项目负责人担任,他是谈判的主谈人,也是谈判的全权代表。在谈判中主谈人的意见是终局意见,其他谈判者只能根据主谈人的意向,配合主谈人发表意见。如内部发生意见不一致的情况时,可以先提出休会,再内部商讨,但不能在谈判中随便打断主谈人的发言而发表不同意见。因为在外商面前提出两种或多种意见,会使外商无所适从,而且将我方内部矛盾暴露给对方,给外商提供了钻空子的机会,给谈判造成困难。

(二)信息资料的准备

信息资料的准备主要是了解技术供方的状况,如供方有几家,就应该分别进行了解。了解的内容主要是供方的技术状况、商务状况和法律状况。信息资料的准备一般在可行性研究阶段就已经开始了。

技术状况是指供方所拥有的技术数量和质量,能提供受方所需的技术有哪些,这些技术在同行业中的水平如何。例如,供方是生产企业,应获取与所供技术相关的技术产品的质量、生产规模、市场销售等资料。此外,还必须了解供方提供技术援助的经验和能力,看供方是否能满足受方的技术要求,以及适应受方的技术条件等。

商务状况的内容较广泛，如供方拥有的资金情况，受方所需要的技术，供方在此以前是否已经转让过，如已转让过，转让的价格、转让的方式、支付方式的情况如何，以及技术转让后的实施效果和经济效益如何；供方的商业信誉状况如何，是否严格履行合同，有较好的信誉等。商务的历史状况是一种重要的信息资料，有助于对技术供方的选择。

法律状况指技术贸易供方所在的国家，在工业产权保护、技术贸易等方面的法规情况，以及有关的国际法和国际惯例；如专利技术的保护期限、侵权、仲裁、索赔、税费等内容。作为受方，还应充分了解本国有关的法规。只有充分了解技术供方的情况，才能对几个供方做出比较，选择合适的供方，并且在谈判中做到心中有底，取得主动。

（三）谈判方案的准备

受方在充分收集了供方有关信息资料的基础上，根据批准的可行性研究报告中所规定的技术目标和经济目标，拟订出具体的谈判方案。谈判方案应由联合谈判领导小组综合各方面的信息和意见后负责拟订。

谈判方案包括谈判的总体设想和时间表，对谈判步骤、谈判内容的主次和顺序做出安排，明确谈判要达到的最高和最低目标。

谈判方案应对每一个谈判步骤都制订出详细和具体的计划，列出重要和关键的问题，对它们进行分类排队，安排好拟谈问题的次序。拟定谈判的策略，规定每个问题应掌握的尺度，明确争什么，让什么，争到什么程度，让到什么程度，做到有理、有利、有节，在互利互惠的基础上，促使谈判顺利进行，最后达成一致的意见。

二、谈判的步骤

（一）技术谈判

在做好谈判前的各项准备工作后，技术受方就可邀请有意转让技术的外商进行洽谈，参观引进技术的企业。洽谈的首要内容通常是技术贸易的标的、具体内容和方式等，这一步骤称为技术谈判。

技术谈判的任务是具体落实拟进行交易的技术范围，提供技术的方式和途径，技术的质量指标，考核技术的时间、次数和标准，技术有效性的保证，提供资料的质量、数量、交付方式和时间，技术的使用权、产品的制造权和销售权的转让等。

技术谈判的方式一般采用由技术供方根据受方的需求，系统说明有关技术的内容，介绍设备的性能、工艺流程和管理方法。技术受方采用提问方式，逐项搞清楚技术的全面内容，受方还可出国考察，对技术和设备作直接和深入的了解。受方根据需要和条件，决定技术内容的取舍，以清单方式列明有关内容，作为正式询价和商务谈判的基础。

（二）询价

询价是指受方在引进技术的范围已经确定的基础上，向技术供方询问技术的价格，即要求供方对技术项目成交进行报价。

按照我国的规定，在项目建议书批准后，就可以向外商进行非正式的询价，这种询价一般比较粗略，通常不涉及细节，询价的范围也比较广，主要目的是寻找合适的供方，从多个供方获取有关的技术资料和价格资料，以便进行比较分析，寻求先进适用的、价格合理的技术。非正式询价是一种初步询价，它是编写可行性研究报告的必要准备之一。

可行性研究报告经我国主管部门审查批准后，才能正式向外商询价。正式询价的内容十分详细，询价的时间一般安排在技术谈判之后，以便根据技术谈判中拟定的技术范围和转让方式等具体细节，有目的和有针对性地向供方询价。

三、国际技术贸易的概念和标的

（一）国际技术贸易的定义

商业性的技术转让称为技术贸易，是指在转让过程中，供方从受方获得一定的报酬。技术跨越国境的转让，称为国际技术贸易。技术的供方和受方应居住于不同的国家，技术供方称为技术的输出方，技术受方称为技术引进方。

技术贸易可以是单纯的技术知识交易，但实际上技术贸易往往既包含了技术知识的转让，也包含了与实施技术相关的机器设备的买卖。前者称为软件（software），后者称为硬件（hardware），两者可以结合在一起交易；但单纯的硬件买卖，则不属于技术贸易范畴。也就是说，如果在一笔交易中，只有机器设备的买卖，而不带任何相关技术知识内容的转让，那么这种交易就不同于技术贸易，而是一般的货物贸易。

（二）国际技术贸易与国际货物贸易的区别

1. 贸易标的性质不同

技术贸易的标的是技术商品，它是一种无形的知识，而货物贸易的标的是有形的实物。技术商品可以不经再生产而多次出售，出售或转让后，技术的供方并不失去技术的所有权，它出售或转让的仅是该技术的使用权、技术产品的制造权和销售权等。

2. 交易过程不同

技术贸易是一个持续时间较长的过程，它不仅包含了谈判和签约的过程，还包含了技术的传授和技术的实施过程，合同执行的时间较长，而且交易费用往往采取分期支付的形式，支付的时间和支付的数额与技术传授和实施情况相联系。或采用提成费支付方式，技术受方根据技术使用后产生的经济效益（产量、销售额、利润等），按一定的比例向技术供方定期支付提成费。

3. 贸易当事人的关系不同

技术贸易活动的双方当事人一般是同行，他们在传授和使用技术的过程中，构成了较长时间的合作关系，但同时又构成了一种竞争关系。

4. 政府干预的程度不同

各国政府对国际技术贸易的干预远远大于对国际货物贸易的干预。为了维护本国的政治和经济利益，世界上大多数国家都采取立法和行政手段加强对技术贸易的管理和干预。技术的转让，包括技术的输出和引进，都必须遵循有关国家的法规。

（三）国际技术贸易标的

1. 商标权

商标（trademark）一般是指生产经营者为了使人们识别其商品，以区别于其他人所生产或销售的同种或同类的商品而使用的一种特定商业标志。商标通常由文字或图形或两者的组合所组成。在有些国家，也有以音响、气味、立体形象等构成的商标。商标除用于商品外，还用于服务。服务业使用的商标称为服务商标或服务标记（service mark）。商标权是指法律赋予商标所有人对其注册商标所享有的支配性权利。商标权具有时间性和地域性，同时又与事先核定使用的商品或服务密不可分。商标权人所享有的专有权只在授予该项权利的国家内受到保护，在其他国家并无法律效力。如果某一商标也需要得到其他国家的法律保护，必须按这些国家的法律规定在这些国家申请注册。商标权保护期届满可通过申请续展以再次获得保护，由于对续展次数没有限制，所以商标权可以通过续展得到无限期保护。商标权人只能在核定使用的商品或服务上享有独占使用权，无权禁止他人在核定使用的商品或服务以外的商品或服务上使用相同或近似的商标。

2. 专利权

专利权是指专利权人在法律规定的期限内，对其发明创造享有的独占权。它不是在完成发明创造时自然而然产生的，而是需要申请人按照法律规定的手续进行申请，并经审查批准才能获得的。专利权只能由各国政府授权的专利主管部门批准、授予。专利具有专有性、地域性和时间性特点，比如在我国获得的专利权只在国内得到承认和保护，而且被保护时间也有一个有效期，发明创造人只有向国外管理当局申报才可能获得在当地的专有权。按照专利的层次，专利可分为发明、实用新型和外观设计3种。

3. 专有技术

专有技术是指为制造某一特定产品或使用某一特殊的工艺所需要的一切知识、经验和技能，它包括各种工艺流程、加工工艺、产品设计、图纸、技术资料、配方、技术规范等秘密的技术知识，在有的情况下，还包括有关管理、商业、财务等方面的内容。专有技术的表现形式，既可以是有形的，如图纸、配方、公式、操作指南、技术记录、实验报告等，也可以是无形的，如技术人员所掌握的、不形成书面记录的各种经验、知识和技巧。专有技术不像专利技术和商标一样经过法律的认可而得到保护，它是一种非法定权利。

4. 计算机软件

计算机软件是20世纪80年代以后才出现的一种技术贸易的标的。按计算机软件的应用分类，可以分为系统软件和应用软件；按软件的法律形式分类，可以分为商业软件、共享软件和免费软件。目前计算机软件的保护主要依托专利权、商标权或商业秘密等形式进行。

除上述4类标的外，技术贸易对象还包括工业品外观设计、版权及临接权、工业产权、集成电路及布图等。

以我国的法律为例,涉及技术转让的法规有《中华人民共和国专利法》《中华人民共和国商标法》《中华人民共和国民法典》《中华人民共和国对外贸易法》《中华人民共和国技术进出口管理条例》《禁止出口限制出口技术管理办法》《禁止进口限制进口技术管理办法》等。一些技术输出国,主要是经济发达国家,为了控制尖端技术和保密技术的外流,通常规定对技术输出合同进行审批;许多发展中国家规定,重要的引进技术协议必须报政府主管部门审批或登记后才能生效。

为了协调国际技术贸易中的各方关系,还制定了一些国际或地域性的协定和公约,如《保护工业产权的巴黎公约》《专利合作条约》《商标国际注册的马德里协定》《商标国际条约》《联合国国际技术转让行动守则(草案)》等,WTO《与贸易相关的知识产权协定》。协定和公约的成员国,在国际技术贸易中必须遵循这些国际条约。

四、国际服务贸易的概念和标的

国际服务贸易有广义与狭义之分。狭义的国际服务贸易是有形的,指发生在国家之间的直接服务输出与输入活动;广义的国际服务贸易既包括有形的劳动力的输出与输入,也包括无形的、提供者与消费者在没有物理接触情况下的交易活动,如卫星传送和传播、专利技术贸易等。

广义国际服务贸易范围十分广泛,《服务贸易总协定》(GATS)中列出的国际服务项目多达150多种。根据GATS分类标准,大致有以下20个领域:① 国际运输,包括卫星发射服务;② 跨国银行和国际性融资投资机构的服务及其他金融服务;③ 国际保险与再保险;④ 国际信息处理和传递;⑤ 国际咨询服务;⑥ 海外工程承包和劳务输出、输入;⑦ 国际电信服务;⑧ 跨国广告和设计;⑨ 国际租赁;⑩ 售后维修、保养和技术指导等服务;⑪ 国际视听服务;⑫ 国际间会计师、律师的法律服务;⑬ 文教卫生的国际交往服务;⑭ 国际旅游;⑮ 跨国商业批发和零售服务;⑯ 专门技术和技能的跨国培训;⑰ 长期和临时性国际展览与国际会议会务服务;⑱ 国际仓储和包装服务;⑲ 跨国房地产建筑销售和物业管理服务;⑳ 其他官方或民间提供的服务,如新闻、广播、影视等。

五、国际技术贸易和国际服务贸易的主要形式

(一)国际技术贸易的主要形式

国际技术贸易的形式多种多样,如许可贸易、技术服务与技术咨询、国际合作生产和合作开发、国际工程承包、BOT方式、特许经营、补偿贸易等。

1. 许可贸易

许可贸易有时称为许可证贸易。它是指知识产权所有人作为许可方,在一定的条件下,通过与被许可方(技术引进方)签订许可合同,将其所拥有的专利权、商标权、专有技术和计算机软件著作权等授予被许可方,允许被许可方使用该项技术、制造、销售、进口合同产品的技术交易行为。在许可贸易方式下,转让技术的一方被称作许可方,技术受方被称作被许可方。许可贸易是一项专业性、法律性很强的贸易活动。目前它已经成为国际技术贸易

中最主要的方式。它既可以是仅以专利、商标、专有技术等知识产权权利作为合同标的的单纯的许可贸易,也可以是与国际工程承包、BOT方式等相结合的一揽子交易。

2. 技术服务与技术咨询

技术服务是指受托方应委托方的要求,针对某一特定技术课题,运用所依据的专业技术技能和经验,信息、情报等向委托方所提供的知识性的服务。所谓技术课题,是指有关改进产品结构、改良工艺流程、提高产品质量、降低产品生产成本、减少原材料和能源消耗、安全生产操作、治理污染等特定的技术问题。

技术咨询是指受托方应委托方的要求,针对解决重大技术课题或特定的技术项目,运用所掌握的理论知识、实践知识和信息,通过调查研究,运用科学的方法和先进手段,进行分析、评价、预测,为委托方提供建议或者几种可供选择的方案。技术咨询课题或项目一般包括科技与经济、重大技术工程项目、专题技术项目的可行性论证、软科学研究课题、促进科技进步和管理现代化、提高经济效益和社会效益的课题等。

3. 国际合作生产和国际合作开发

国际合作生产是指不同国家的企业之间根据所签订的协议,在某项或几项产品的生产、销售上采取联合行动,即双方共同研究、共同生产、互相提供生产中所需要的零部件,共同进行产品的销售并由双方共负盈亏的方式。

国际合作开发是指不同国家的两个以上的自然人、法人或其他组织,为完成一定的研究开发工作,就新技术、新产品、新工艺或者新材料及其系统的研究与开发,由当事人各方共同投资、共同参与研究开发活动、共同承担研究开发风险并共同分享研究开发成果。

4. 国际工程承包

国际工程承包是指通过国际劳务市场上的某一方式,如通过投标或直接接受委托等,按照一定的条件,承包某项工程建设的项目。这类项目包括:工程项目的设计,制定工程技术经济指标,编制方案、技术文件、预算;购买设备和材料;承担工程项目的建筑、设备的安装、调整和试车,使工程项目达到设计指标等。以上整个过程,称为国际工程承包。可分为总承包、单独承包和联合承包等形式,一般都会涉及技术转让、技术人员培训等内容。

5. BOT方式

BOT(build-operate-transfer)方式有时被称为"公共工程特许权",它是政府吸引非官方资本,如基础设施投资的一种投资、融资方式。其运行特征是:政府与非官方资本签订项目特许权经营协议,将基础设施项目的建设和投产后的一定时间内的经营权交给非官方资本组建的投资机构,由该投资机构自行筹集资金进行项目建设和经营,在特许经营期内非官方投资机构收回项目建设成本,并取得合理利润,经营期满后将该基础设施无偿移交给政府。

6. 特许经营

所谓特许经营,也称经营模式特许,是指由一家已经取得商业成功的企业(特许方),将其商标、商号名称、专利、专有技术、服务标志和经营模式等授予给另一家企业(被特许方)使用。被特许方用特许方的商业名称经营业务,遵循特许方制定的方针和程序。同时,特许方有义务不断地对被特许方的经营提供资金、技术、商业秘密、人员培训或管理等方面的援助和支持；而特许方从被特许方处得到连续提成费或其他形式的补偿，一般称此为特许费。

7. 补偿贸易

补偿贸易是指一方（技术设备出口方）提供机器设备、生产技术、原材料或劳务，在一定时期内，技术设备进口方用出口方提供的设备、技术、原材料或劳务所生产出来的产品，或双方商定的其他商品或劳务分期清偿出口方提供设备和技术等债务贷款。实际上是技术设备出口方把设备、技术等以贷款的方式给进口方，而进口方在一定期限内以产品分期偿付贷款的一种贸易方式。在补偿贸易中，通常要用引进技术、设备所生产的产品返销对手，进行直接补偿，如果直接补偿不可能，则用间接补偿方式。

（二）国际服务贸易的主要形式

世界贸易组织《服务贸易总协定》（GATS）将国际服务贸易按提供方式划分为以下4种形式。

1. 跨境供应模式（过境交付）

跨境供应模式即从一个成员方境内向另一个成员方境内提供服务。在这种情况下，服务提供者不需要过境，因此多借助于工程通信手段（如国际电话通信服务）。

2. 国外消费或过境消费模式（境外消费）

国外消费或过境消费模式是在一个成员方境内向任何其他成员方的消费者提供的服务。在这种情况下，服务接受者要进入服务提供者所在国家或地区接受服务，如出国旅游、留学等。

3. 商业存在模式

商业存在模式是指一个成员方的服务提供者，通过在任何其他成员方境内的商业实体提供服务。这种商业实体或商业存在，可以是设在另一个成员方的分公司、分支机构或代表处，如外商投资企业、外资或合资银行等以直接投资为基础的服务，这种服务贸易就会涉及资本和专业人士的跨国流动。

4. 自然人流动模式

自然人流动模式是由一个成员方的自然人给任何其他成员方的自然人提供服务，如建筑项目或各种咨询项目中，那些作为服务提供者的相关专家被请到国外服务，就是自然人的跨国流动服务，这里不涉及投资行为。

服务贸易的交易手段也逐步多样化，包括智力资本报酬的形式（法律、咨询和医疗服务）、手续费和版权税的形式、劳务输出的形式和人员流动的形式等。

六、国际服务贸易和技术贸易合同商务条款

在国际技术贸易活动中，技术贸易合同是双方当事人为共同实现技术转让的特定目标而签订的法律文件。当事人双方的权利和义务是靠合同的具体条款来规定的，在交易过程中，当事人双方一旦产生分歧或争议，也靠合同条款有关的规定来解决。因此，如何拟好技术贸

易合同的条款,是技术贸易中一个十分重要的问题,直接关系到当事人双方的权益和交易的效果。

许可合同的商务性条款主要包括合同序文、鉴于条款、关键名词的定义、合同的价格和支付方式等内容。这几项条款偏重于商务方面的问题,与国际贸易中的习惯做法有直接联系。

1. 合同序文

合同序文即合同的开头语,介绍合同产生的背景,其内容包括合同名称、合同双方当事人、签约的时间和地点。

(1) 合同名称

合同名称应确切反映合同的特性和内容,具体表明许可的类型。例如:"×××(技术名称)专利许可合同""×××专有技术转让合同""×××专有技术独占许可合同"。

(2) 合同双方当事人

合同双方当事人应该是实际承担合同权利、义务和法律责任的单位。要写明供方和受方的法定名称和地址,以便清楚表明双方作为法律实体的性质。例如,是股份公司、股份有限公司或合伙公司,转让技术的是母公司或是子公司。完整、确切地写明当事人的名称,才能清楚表明当事人是谁。

(3) 签约的时间和地点

合同正式签字的日期即为签约的时间。在一部分国家,许可合同的签约时间即为合同生效的法定日期。但包括我国在内的许多国家规定,许可合同经政府主管部门批准后才能生效,因而合同的批准日期为合同的生效日期。合同签约地点是法院或仲裁机构选择适用法律的依据之一。如合同中未明确规定适用法律,根据国际私法规则,合同签约地国家的法律即为合同适用法律。因此,我国的大中型技术引进项目的合同,若没有明确适用法律,一般都要求在国内签字。

2. 鉴于条款

鉴于条款(whereas clause)的作用是说明双方的意图和转让技术的合法性。鉴于条款是叙述性的条款,说明工业产权或专有技术的拥有情况和转让的合法性,表达双方为达到预定目标共同合作的意愿等。鉴于条款在许可合同中一般是不能省略的,因为鉴于条款的主要作用是使当事人双方在合同一开始就明确做出某些法律上的保证,一旦发生纠纷,仲裁机构或法院就可以把条款作为裁决的依据之一。例如,"鉴于供方拥有某项专利制造技术,并能得到本国有关当局的许可,把该项技术转让给受方。"根据这一条款,若合同签订后,供方因本国政府不批准该项技术的转让,不能得到出口许可证而撤销合同,则供方显然要承担全部法律责任。若没有这一鉴于条款,受方就会蒙受不应有的损失。

3. 关键名词的定义

合同中的关键名词,应该用定义条款加以说明,使双方对其含义统一认识,防止解释不一,产生争议。由于当事双方所在的国家不同,语言和法律也不同,双方对同一个名词的解释和使用往往不完全一样。为了避免在执行合同过程中由于对名词解释不一而引起纠纷,而使用定义条款,如对"专有技术""技术资料""合同产品""合同生效"等关键词做出明确定义。定义条款在许可合同中经常单独作为一章列出。

合同中对关键名词的定义仅适用于该合同，不具有普遍的适用性。虽然按国际惯例和各国有关法律对这类名词的定义具有普遍的适用性，但在合同中使用时，仍须加以明确。

4. 合同的价格和支付方式

许可合同的价格即转让技术的价格，又称许可使用费。价格是整个合同的核心。技术价格的构成与商品价格的构成有很大的不同，影响技术价格的因素与影响商品价格的因素也有很大的差别，技术价格的确定比一般商品价格的确定要复杂得多。

技术价款的支付方式在国际上通常有总付、提成支付、入门费加提成支付 3 种方式。一笔技术交易究竟采用哪一种支付方式，要根据具体情况确定。

七、国际服务贸易和技术贸易合同的技术条款

许可合同的技术性条款包括合同范围、转让技术内容、技术资料的交付、技术培训和技术服务、改进技术的交换、技术验收、保证和索赔等内容。由于这些条款都与转让技术密切相关，因而称为技术性条款。

1. 合同范围

合同范围又称为合同标的，它归纳了技术交易的各项内容，如供方向受方转让专利技术、专有技术或商标，提供技术资料，提供技术培训和技术服务，提供零部件或原材料，允许受方制造、销售合同产品的权利和范围。从合同范围条款可以看出总的合同交易内容及各项内容之间的联系，它是确定当事人双方的责任、权利和义务的基础。

例如，某合同的"合同范围"的条款如下。

受方同意从供方得到，供方同意向受方转让设计、制造、试验、保养和维修合同产品的专有技术。合同产品的名称、型号、规格和技术参数见附件一。

供方负责向受方提供合同产品的设计和制造的专有技术资料。资料的具体内容见附件二。

供方承认受方有设计、制造和在中国国内以及下列国家销售产品的权利：马来西亚、泰国、菲律宾、新加坡、印度尼西亚。

供方负责在供方工厂对受方技术人员进行培训，尽力使受方人员熟悉和掌握合同产品的专有技术。培训的具体要求见附件三。

供方负责派遣技术专家赴受方进行技术协助。具体要求见附件四。

如受方提出要求，供方有义务以优惠价格条件向受方提供生产合同产品需要的零部件或原材料，届时双方另行协商签订合同。

在合同有效期内，供方同意受方有权在其合同产品上，使用供受双方联合商标，或写明受方在供方转让的专有技术下制造。

2. 转让技术的内容

这是合同的核心条款，是双方权利、义务的基本依据，具体包括下列内容。

（1）转让技术的名称和具体范围，合同产品的名称、系列、规格、型号以及要求达到的性能和技术指标。其详细内容应专列一个合同附件。

（2）供方提供技术资料的详细内容和清单，作为合同的另一个附件。技术资料应包括技术的详细说明、产品的设计图纸、数据和工艺过程的说明等。

3. 技术资料的交付

技术资料是供方将其拥有的技术转让给受方的媒介，也是实施技术转让的主要手段。技术资料的交付是技术贸易的重要环节，为了保证技术资料的顺利交付，在合同中大多制定了技术资料交付的专门条款，该条款应包括以下内容。

1）交付的时间

根据资料的多少、项目的进度、受方的翻译能力和消化吸收能力，一次交付或分几批交付。

2）交付的方式、地点和风险的转移

大多采用空运的方式在受方所在地指定机场交付。技术资料在运送过程中的风险转移，应规定只有当技术资料抵达受方指定机场后才能转移给受方。

3）交付的方法

供方发运每批资料后即用电报或电传方式将合同号、空运单号、发运日期、件数、重量、班机号和预计抵达目的机场的日期告知受方，同时将空运单和资料详细清单航空寄给受方。

4）包装要求

技术资料的包装要求应在合同中明确规定，通常要求包装适合于长途运输、多次搬运、防潮、防雨。每包资料的封面及内部均需注明合同号、唛头标记、发货人、收货人、启运地、目的地及各种特殊记号，每包资料内都应有资料的详细清单。

5）补救办法

受方收到技术资料后，必须尽快对资料进行验收，核查资料是否齐全和清晰。如发现与合同规定不符，有短缺、损坏或不清晰的，一般应在收货后一个月内通知供方补寄、重寄或更换，供方应在收到受方通知若干天内免费航空寄给受方。如果资料符合合同规定，应书面通知供方。

6）使用文字和度量衡制

技术资料所使用的文字应具体规定，一般采用受方有较强翻译能力的语种，如用英语或日语等。资料所使用的度量衡制应使用国际度量衡制或国际单位制。

4. 技术培训和技术服务

技术培训和技术服务是技术引进的两个重要环节，它们的详细内容通常列入一个合同附件或分别列入两个合同附件中。

供方提供的技术资料，不可能把一切技术都包括在内，特别是供方技术人员和操作工人所掌握的一些诀窍和操作技巧，只能通过受方人员进行实际的操作培训才能传授。培训的方式一般采用由受方派出专业技术人员或操作工人去供方的工厂接受培训。技术培训条款应包括以下内容。

（1）规定培训人员的专业和人数。受方应根据自身技术的薄弱环节和供方的专长，选择专业对口、业务能力强、外语较好的人员去接受培训。

（2）确定培训的范围、内容、要求、方法和具体计划。

（3）规定供方对技术培训应承担的责任和义务，安排有经验的技术人员进行指导，提供实习场所、仪器、设备、技术资料等条件。

（4）规定培训人员的生活、旅行、医疗、安全及费用等事项。

技术服务是指供方派遣技术人员或熟练操作工人到受方的合同工厂进行技术指导，这种服务有助于受方较快地掌握引进技术。由于技术服务的费用较高，受方一般控制服务人员的人数和费用。技术服务条款应包括以下内容。

（1）规定供方派遣人员的数量、专业、资历及具体工作内容和工作时间；并规定派遣人员不能胜任工作时，受方有权要求调换合适的人员。

（2）明确技术服务人员的职责和义务。如进行设计、工艺、制造、试验等的指导；讲解技术资料，解答和解决技术问题；示范操作；样机考核验收，以及其他特定的服务工作。

（3）规定受方的责任。如安排住宿、交通、医疗、安全等有关事项，并协助办理入出境的签证。

5. 改进技术的交换

在合同期内，供方和受方都可能对原转让的技术做出某种改进或发展。一般来说，双方均应承担交换这种改进技术的义务，这有利于发展相互间的合作关系，有利于更好地完成原有技术的转让过程。改进技术的交换办法应在合同中加以明确规定，应包括以下内容。

（1）规定合同期内，双方有义务不断免费交换改进的技术。如规定任何一方对技术做出改进后，应在两个月内免费将改进技术的资料提供给对方，对方有权免费使用这种改进技术。

（2）在交换改进技术中，双方的权利义务应对等互惠。改进技术的所有权属于做出改进的一方，另一方仅享有使用权；如果使用的一方要将使用权转让给第三方，应征得所有权方的同意。如所有权方的改进技术已具备了申请专利的条件，那么是否申请的主动权属于所有权方，如所有权方不准备申请专利或不准备在某些国家或地区申请专利，则另一方可以申请，但须征得所有权方的同意。

供方将改进或发展的技术无偿地提供给受方，习惯上称为继续提供技术援助；受方将自己改进或发展的技术无偿提供给供方，称为回授（Grant-back）或技术反馈。在签订改进技术的交换的条款时，要防止出现单向提供改进技术的规定，如技术供方只规定回授，而不规定继续提供技术援助，这属于不对等条件，是不合理的要求。

6. 技术验收

技术验收包括技术资料验收和产品（或项目）考核验收。要判断供方是否已完整、正确、无误地传授了技术，是否已达到双方签订合同时所规定的技术指标，最有效的方法是对合同产品（或项目）进行性能考核验收，以受方完全掌握引进技术以及达到双方规定的技术指标作为验收标准。

合同中的技术验收条款应明确验收的内容、方法以及双方的责任和义务。这些内容可以列为一个附件，具体包括以下内容：①考核验收产品的型号、规格、数量；②考核验收的内容、标准、方法、次数；③考核验收的地点和时间安排；④使用的关键专用测试仪器和设备；⑤双方参加考核验收人员的安排和责任；⑥考核验收费用的承担。

技术验收条款还应包括考核试验结果的处理，如试验结果的记录和评定；合格后双方签署验收证书；不合格时责任的清查，经济和法律责任的承担，下一次考核或其他处理的安排；考核结果有争议时的解决办法。

对合同产品的考核是对技术转移全过程所进行的最后检验，如考核不合格，产品的性能和技术参数与规定的不一致，双方应共同研究，分析原因，分清责任，并找出解决技术问题的方法，然后进行第二次考核试验，如有必要，可再进行第三次考核试验。经第二次或第三次考核后，若还不合格，并且责任在供方，供方即应承担一切经济责任和终止合同的法律责任。

7. 保证和索赔

保证和索赔条款主要是维护受方利益，加强供方的责任感，防止供方在履行其合同义务时采取不认真和不负责任的态度，而不受任何制约。保证条款主要由供方对其转让的技术做出有关保证，一般包括下列内容。

（1）保证所提供的技术是供方实际使用的最新技术。

（2）保证所提供的技术文件是完整的、正确的和清晰的，如支付的资料内容有错误或数量短缺时，及时更换和补齐。

（3）保证按合同规定时间交付技术资料和有关的仪器、设备。

（4）保证技术培训、技术服务能满足受方的要求。

（5）保证受方在正确应用技术资料时，能达到双方规定的技术目标和各项性能指标，生产出符合合同规定的产品。

技术供方在做出上述保证时，往往要求受方同时保证某些条件，如提供某些原材料、协作件、加工设备等，受方应根据情况予以保证。

当保证条款未能履行时，即构成违约行为，受损害的一方有权要求违约的一方承担赔偿责任，因此在合同中还应规定索赔条款。索赔条款包括下列内容。

（1）供方技术资料交付不及时，应有迟交罚款。罚款的多少按迟交时间的长短和造成的损失而定，并应规定最高罚款额和迟交的最长时间限度，如迟交超过规定的最长时间限度，则受方有权按供方违约终止合同。

（2）由于资料错误或专家指导错误，致使产品、零部件返修或报废的直接损失，供方应予赔偿。

（3）由于供方原因，合同产品按考核验收条款，经多次考核试验达不到合同规定的技术目标，赔偿条款可以规定，酌减或退回部分入门费或使用费；考核虽不合格，但所达到的指标程度在受方可以接受的范围内，可根据指标下降的程度，修改付款条件或相应降低提成率；考核不合格，且指标下降程度无法使受方接受，受方可终止合同，供方必须将受方已支付的全部金额，并加上一定比率的利息，一并退还给受方。

签订保证和索赔条款应注意平等互利的原则，受方要求供方所作的保证应合理，罚款额不应规定过高，这样做有利于促成协议成交，有利于促进双方的合作。如果受方要求供方所做的保证太多，规定的罚款额过高，会使供方承担较大的风险，供方必然会提高技术使用费，以补偿可能的损失，对受方也不利。

八、国际服务贸易和技术贸易合同的法律条款

许可合同的法律性条款主要包括侵权和保密、不可抗力、适用法律、争议的解决、税

费、合同生效等条款。当事双方在洽谈这些法律性条款时,不仅要注意遵守双方本国的有关法律,还要参照有关的国际公约或条约,遵循国际惯例。

1. 侵权和保密

转让的技术包括专利技术和专有技术两种,专利技术受法律保护。当供方转让专利技术时,必须保证专利技术的合法性,不受第三方的侵权指控;若转让的专利技术受到第三方的侵权指控或提出异议,应在合同中明确规定处理方法。专有技术是保密的,技术秘密一旦泄露或被公开,对供方将造成很大损失。受方在获得专有技术后,只能在合同规定的范围内使用,不能扩散,也就是说受方对专有技术承担保密的义务。

2. 不可抗力

不可抗力是指意外的事故。这种事故不是供方和受方的过错造成的,而是不能预见、无法避免、无法预防的,它导致合同不能执行或不能按期执行。按照国际惯例,遭受不可抗力事故的一方可免除责任,另一方无权提出索赔。合同中不可抗力条款主要包括以下内容。

1) 不可抗力事故的范围

一般包括水灾、火灾、战争、地震、台风等。要避免把罢工列入不可抗力事故。由于在西方国家罢工是经常发生的事情,如把罢工算作不可抗力,这些国家的技术供方就可能经常以罢工为由,援引不可抗力条款,来推卸履行合同的责任。当然,有时大规模的罢工确实会对供方履行合同产生很大的影响,这类罢工可包括在"双方同意的其他不可抗力事件"中,经当事人双方协商予以处理解决。

2) 发生不可抗力事故时双方应采取的措施

发生事故的一方应尽快将事故情况通知另一方,并出具有关当局关于事故的证明文件,提交对方确认。

3) 协商继续执行合同和事故后的处理办法

供方和受方中任何一方由于不可抗力事故影响合同执行时,通常可适当延长履行合同的期限,延长期相当于事故所影响的时间。

3. 适用法律

适用法律是指用来确定合同责任的法律,或者说,合同当事人双方的权利、义务以哪个国家的法律为准。适用法律是技术贸易合同中的一个重要法律条款,是处理争议的依据。合同适用哪一国法律是个复杂问题,国际技术贸易至少涉及两个国家,由于各国的法律规定不完全相同,按照不同国家的法律处理争议,可能产生不同的结果。因此,合同的适用法律究竟以哪个国家的法律为准,这是供方和受方都十分重视的问题。适用法律的确定主要有两种情况。

一种情况是当事人双方在合同中明确规定以某国的法律为准。如"本合同适用中国法律"或"本合同适用美国法律"。在合同中订明适用的法律,可以使合同在法律上具有确定性,以免将来发生争议时,在选择适用法律上发生分歧。但这种方式往往不易被双方同时接受,因为任何一方都比较熟悉本国的法律,希望以本国的法律为准。

另一种情况是在合同中不指明合同适用何国法律,只规定处理争议的仲裁地点和仲裁机构,发生争议后由仲裁机构推定适用的法律。

《中华人民共和国民法典》中"第三编 合同"规定:"本法或者其他法律没有明文规定的合同,适用本编通则的规定,并可以参照适用本编或者其他法律最相类似合同的规定。"在我国技术引进合同中,适用法律一般采用下述方法处理:明确规定"本合同适用中国法律",若技术供方不愿接受时,合同中只规定处理争议的仲裁地点,合同的适用法律由仲裁庭选择。

4. 争议的解决

1) 协商和调解

当事人双方发生争议时,首先应通过友好协商的途径寻求解决。如果协商的方法不能解决时,也可以通过第三者进行调解,调解方式主要用于处理技术方面的分歧,如产品质量是否达到规定的标准,发生专利侵权行为时提成费支付的调整等。一般可把分歧提交一名独立专家,由其提出意见或建议。如双方同意采用调解的方式,应在合同中规定指派专家的具体办法、解决分歧的程序、专家费用分摊等条款。如果双方的争议不能或不愿通过协商和调解方式解决,则可采用另两种方式解决:一种是由专门机构仲裁;另一种是向法院提出诉讼,由法院通过审判解决双方的争议。

2) 仲裁

在国际技术贸易中,通过仲裁解决争议是一种惯用的方式,因此技术贸易合同中一般都订有仲裁条款。仲裁方式与法律诉讼方式比较,具有很多优点:仲裁程序比较简单,费用较低,处理比较迅速,仲裁的结果具有法律效力,双方必须依照执行。

根据国际惯例,当事人双方通常必须订有仲裁协议,仲裁机构才能受理其案件。仲裁协议一般是指技术贸易合同中的仲裁条款,但也可以在原合同中没有订立仲裁条款,而在争议发生后双方再达成仲裁协议。当双方当事人订有仲裁协议时,一般就排除了法律对该争议案件的管辖权,任何一方不应再向法院起诉。合同中的仲裁条款通常对仲裁地点、仲裁机构、仲裁程序规则、裁决的效力等加以规定。

(1) 仲裁地点。通常当事双方都希望仲裁在本国进行,主要原因是当事人对本国的仲裁法规比较熟悉,面对外国的仲裁法规不甚了解。我国技术贸易合同中,关于仲裁地点的规定有3种,即在我国仲裁、在对方所在国仲裁和在双方同意的第三国仲裁。目前,选择第三国作为仲裁地点,在我国技术转让合同中相当普遍。

(2) 仲裁机构。国际上从事经济贸易仲裁业务的专门机构很多,如中国国际贸易促进委员会对外经济贸易仲裁委员会、瑞典商会仲裁院、日本国际商事仲裁协会、瑞士商会等,这些都是常设的仲裁机构。仲裁机构也可以是临时的,由双方当事人指定仲裁员组成临时仲裁机构。我国技术贸易合同的仲裁条款,一般指定常设仲裁机构,不采用临时组织仲裁机构的方法。如仲裁地点在中国,则指定由中国国际贸易促进委员会对外经济贸易仲裁委员会进行仲裁;如仲裁地点在第三国,则较多地选择瑞典斯德哥尔摩为仲裁地,指定瑞典商会仲裁院进行仲裁。

(3) 仲裁程序规则。仲裁程序规则包括仲裁申请、仲裁员的指定、仲裁审理、作出裁决等。各国常设仲裁机构一般均制定有自己的仲裁规则,此外还有一些国际性的仲裁规则。在仲裁条款或协议中,应明确规定使用何种仲裁规则。一般来说,规定了某个仲裁机构,就使用该机构的仲裁规则。但指定的仲裁机构有时可以不使用自己的仲裁规则,而使用"联合国国际贸易法委员会仲裁规则"。当事人有权选择仲裁规则。

（4）裁决的效力。合同的仲裁条款应明确规定，仲裁裁决是终局判决，对双方均有约束力，应按裁决结果执行，任何一方都不能向法院起诉要求变更，除非发现仲裁程序上有问题，法院才予以审理，并可宣布裁决无效。

3）法律诉讼

技术转让交易中的争端，大多通过仲裁方式解决，一般认为仲裁方式比法律诉讼方式有更多的优点。法律诉讼方式是指当合同中未规定仲裁条款时，任何一方当事人都可把争端诉请法院解决。由于技术转让交易过程较为复杂，不仅合同当事人之间可能发生争端，而且可能与第三者发生争端，如发生侵权行为，技术受方有可能成为被告，受到法院传讯。在这种情况下，也会发生法律诉讼问题。在合同中双方应约定有关因合同而产生的诉讼管辖事项，如明确指定法院等。

5. 税费

税费是一个比较复杂的问题，在合同的谈判中，税费也是比较难以谈判的内容之一。由于目前世界各国的税收制度一般都不相同，在许可贸易中，为了明确涉及的国内外的各种税费究竟由哪一方负担，在合同中应规定税费条款。

6. 合同生效和其他

1）合同生效

合同的生效日期可以是合同的签约日期，但许多国家政府都规定，技术贸易合同须经国家主管部门审查批准后才能生效。如果合同当事人双方都要经过批准，那么以最后批准一方的批准日期为合同生效日期。

2）合同的期限

合同期限的长短，必须考虑当事双方国家政府部门和有关法律对合同期限的规定。合同期限一般不超过10年。对于受方而言，合同期限不宜过长。应根据掌握技术、消化投产需要的时间，或完成规定项目的时间，以及零配件依赖程度、自己研究发展能力等考虑来确定合同的期限。

3）合同的延长

合同的延长可采用两种方法：一种是在合同结尾部分单列条款，规定延长的条件，如"双方在合同期满前未提出终止，合同可自动延长"；另一种是在合同中不单列延长期条款，在合同临近届满前，双方根据实际需要进行协商，决定延长时间。合同当事人双方协商合同延长后，须报请政府有关当局审批，批准后延长才能生效。根据《中华人民共和国技术进出口管理条例》规定，技术进口合同期满后，技术让与人和受让人可以依照公平合理的原则，就技术的继续使用进行协商。

4）合同终止

合同终止分为两种情况：一种是合同期满自然终止，另一种是合同期满前因一方违约或其他原因而中途终止。对于后一种情况的处理比较复杂。如果是一方违约造成合同中途终止，则处理方法一般在合同的保证和索赔条款中已做了规定。因此，在合同终止条款中仅需对当事人的有关债务和债权的处理做出规定。

5）合同的文字及签字

有的国家明确规定，合同必须使用本国文字；有的国家规定，合同可以选择本国以外的其他文字。我国对合同使用何种文字没有明确的限制，我国企业在签订合同时，应争取中文与英文具有同等效力，当合同有两种不同文字的文本时，应争取以中文为正式文本。

双方当事人应在所有合同正本上签字，签字人应为双方当事人的合法代表或以正式授权书授权签字的人。

6）合同附件

合同附件是合同不可分割的组成部分，它与合同正文具有同等效力。合同附件一般应包括：转让技术的具体内容和技术参数、指标；提供技术资料具体内容的清单、数量和交付时间；技术考核验收方法；供方派遣人员的规定；供方培训受方人员的规定；供方银行保证函格式和受方银行保证函格式；等等。

九、特殊国际技术贸易和服务贸易合同

（一）合资经营合同

1. 合资经营的宗旨

说明合资各方签订该合同的目的、建立合资企业的意图和目标；写明合资各方的名称、注册国家、法定地址和法定代表人的姓名、国籍、合资企业名称、法定地址、宗旨、经营范围和规模。

2. 资本结构

规定合资企业的投资总额、注册资本、合营各方的投资比例、出资方式、出资的缴付期限以及出资额欠交和转让的处理。出资方式包括以货币入股，或以专利技术和专有技术作价入股，或以建筑物、设备、场地使用权作价入股。明确规定对不按期按量出资的处罚办法；股权转让给他人，应征得合资各方同意，并且合资方有优先购买权。

3. 企业管理

规定董事会的组成、董事会的责任和权力；总经理、副总经理和其他高级管理人员的聘用办法、职责和权限；职工管理原则，包括劳动管理、工资、福利、劳动保险等；财务、会计和纳税的处理原则。

4. 各方的责任

明确合资各方所提供的物资和劳务的具体内容，如开业的申请、登记注册、基本设施的建设、机器设备和原材料的选购、提供技术服务和人员培训、产品销售等事宜，在合同中明确各方的责任。

5. 技术转让

合资经营中的技术转让，按照相关原则签订专利、商标或专有技术许可合同，作为总合同的附件。

6. 产品的销售

明确合资企业产品的销售方向、销售范围、销售方式,在当地和境外销售的比例,以及产品使用的商标。

7. 合营的期限、解散和清算

规定合营的期限,订明企业在什么情况下可宣告解散,如因合资一方不履行合同规定的义务,而使企业无法经营而解散时,违约方应赔偿经济损失。明确企业宣告解散后,如何对企业的财产、债权、债务进行清算。

8. 争议的解决

具体规定解决争议的途径,如通过友好协商或调解不能解决时,递交仲裁机构裁决,明确仲裁地点、仲裁机构、仲裁费用的分担等。

(二) 合作生产合同

合作生产的方式不同,合作生产合同的内容也会有区别,合同的内容应根据合作生产的方式确定。其主要内容如下。

1. 定义

对合同中使用的关键名词做出定义。例如,基本合同、制造单位、最终用户、合作产品、技术服务、技术合作等术语。

2. 合同的范围

说明合作生产的性质、方式和内容。如具体说明供方向受方制造单位提供的专利技术和专有技术,以及机器设备、仪器和工具等;说明双方合作生产产品的名称、规格和最终用户或销售方法等。

3. 双方的责任和义务

双方分工明确,责任清楚。如受方保证按规定制造合同产品。按期向用户交货,并按期向供方支付技术服务费和机器设备、配套件、仪器、工具的价款;供方保证按期向受方提供技术资料、设备、配套件、仪器和工具等,并对产品的设计负责。

4. 技术服务

合作生产的技术服务形式主要是技术培训。规定技术培训的方式,供方技术指导人员的责任、培训内容和指导人员的生活待遇等。

5. 技术资料和设备的交付

规定技术资料交付的时间、地点、方式、包装和包装标志等;规定机器设备、配套件、仪器、工具等支付的时间、地点、运输方式等。交付时间以陆运运单或海运提单的日期作为实际交货的日期。

6. 计价和支付

计价内容包括实物(设备、仪器、工具等)和技术服务两部分,实物部分按一般商品买卖计价和支付；技术服务部分指供方提供的专利技术和专有技术以及技术培训，受方需要支付技术使用费和培训费。

7. 销售合作

由于产品是合作生产的，双方应共同承担质量担保的责任。应明确合同产品的接收条件，包括向用户交货的质量担保，如果合同产品在保证期内出现质量问题，经鉴定属某一方的责任，就应由该方向用户进行补救和赔偿。合作生产一般是为用户制造合同产品或向市场销售合同产品，合作产品向市场销售时，应明确销售范围。例如，在受方国家或供方国家销售在双方国家销售或投放国际市场。合同中还应明确产品销售价格的确定方法和产品所使用的商标。

合作生产合同除上述条款外，还要订立仲裁、不可抗力、合同生效和终止等其他有关条款。有时根据需要还要订立专有技术保密条款和税费条款。

（三）技术咨询和服务合同

1. 技术咨询和服务的范围

规定雇主需要咨询、服务的技术项目和具体内容。

2. 咨询和服务的要求及形式

规定完成咨询和服务的时限；担任咨询和服务任务的人数、人员的学历、资历和等级；应提交的资料、最终报告、图纸和计算数据；最终审查办法；雇主派遣培训人员的人数、培训内容和时间等。

3. 雇主的责任

规定雇主为供方（咨询公司和技术服务公司）专家在履行业务时应提供的各种条件，包括工作条件、生活条件和必需的技术资料等。

4. 计价和支付

该条款包括计价内容、计价方法和支付方式。计价内容指以应付价支付的项目，包括专家费（专家工资和津贴）、技术服务的时间与工作量、直接费用（专家的旅费、通信和资料费等）、间接费用（支付给咨询公司或技术服务公司的经营管理费）和支付给咨询公司或技术公司的服务酬金。

计价方法可以按估计的技术劳务量来确定总价格，也可根据技术的复杂程度和工程规模，按估计的工程费或实际工程费的一定百分比计价，或在谈判和签约时对所有的服务费用确定一个固定的总价格。

支付方式包括支付货币的种类、分期支付或一次支付的时间、支付单证的规定。

（四）工程承包合同

由于工程承包涉及多方面的内容和环节，因而工程承包合同的内容较为复杂。

工程承包合同有多种形式，工程承包大多采用招标形式成交，这里主要介绍通过国际招标方式业主与承包人签订的工程承包合同。

招标成交的国际工程承包合同是由一些文件组成的，这些文件称为合同文件。合同文件包括招标通知书、投标须知、合同条件、投标书、中标书和协议书等，合同的具体内容均包含在这些文件中。中标后签订的协议书比较简单，只表明双方的意愿和规定合同文件的范围。在工程承包合同中，"合同条件"是用以详细说明项目的内容、承包内容以及发包人与承包人的权利、义务的文件。

按照国际惯例，合同条件除了一些具体说明工程项目内容的条款外，还应包含以下一些共同性的条款。

1. 监理工程师和监理工程师代表的权责

监理工程师是发包人的代理人，监督工程的施工。发包人须将其任命的监理工程师及时通知承包人。在监理工程师中选定监理工程师代表，负责监督总工程施工和处理履约中出现的问题。

2. 工程承包的转让和分包

未经发包人或其代理人的同意，承包人不得将合同的全部或部分转让给第三者。经发包人或其代理人同意，承包人可以把部分工程分包给他人，但原承包人仍对全部工程负责。

3. 承包人的一般义务

承包人应负责工程项目的全部设计和施工，并提供施工必需的劳务、材料、机器设备和管理知识。

4. 特殊自然条件和人为障碍

由于特殊自然条件和人为原因给工程的施工带来困难，必须采取一定的措施才能排除，因而需要增加承包费用或推迟工程进度。这些问题须经监理工程师代表或监理工程师确认。

5. 竣工和推迟竣工

承包人按合同规定的标准和竣工时间完成工程后，经监理工程师或其代表验收后发给竣工证明。如遇特殊情况，如自然条件变化、人为障碍或工程变更，经监理工程师同意，可以延长工程的竣工期限。

6. 专利和专有技术

与专利许可合同或专有技术许可合同的有关条款相似。如承包人对提供的专利技术应承担专利有效及被第三方指控侵权的法律责任。提供专有技术时，双方订立保密条款。

7. 维修条款

工程竣工后应有维修期。在维修期内承包人应按监理工程师的要求，对工程出现的问题进行维修、返工或弥补缺陷。如果出现的问题是承包人的责任，应由承包人承担维修费用；是其他原因造成的，由发包人负担费用。

8. 工程变更条款

合同签订后，发包人或监理工程师有权改变合同中规定的工程项目，承包人应按变更后的工程项目要求进行施工。因工程变更增加或减少的费用，应在合同总价中予以调整，工期也要相应改变。

9. 支付条款

规定支付方式和期限。支付方式采用预付款、临时结算和最后结算等方式，预付款是便于承包人购置设备和购买原料；临时结算是发包人每月向承包人支付一次；最后结算是工程竣工合同期满后，发包人全部付清价款。

10. 违约惩罚条款

分别订立承包人和发包人违约惩罚条款。惩罚包括终止合同、没收保证金或赔偿损失等。

除上述条款外，还要订立仲裁条款、特殊风险条款等。

 谈判技巧

谈判是一门科学，也是一门艺术。谈判的策略多种多样，下面从让步角度介绍3种策略。

一、递减式让步

谈判的成功，某种程度上来说是双方妥协的结果。谈判高手深知，让对方乐于接受交易的最好方法是在最后时刻做出小小的让步。尽管这种让步可能小得可笑，但这招还是很灵验的。因为重要的并不是你让步多少，而是让步的时机。你可能会说："价格我们是不能再降了，但我们可以在其他方面谈一下。如果你接受这个价格，建议客户再向你多购买500箱。"或许你本来就是这样打算的，但现在你找对了时机，不失礼貌地调动了对方，使他做出回应："如果这样，我也就接受这个价了。"此时他不会觉得自己在谈判中输给你了，反而觉得这是公平交易。这里的一个原则是每一次让步都要小于上一次的让步，给对方形成一种价格的确已经到了无法再大幅度压缩的地步。为什么不能一开始就直接给予对方最低报价？如果你在谈判结束之前就全盘让步，最后时刻你手中就没有调动对方的筹码了。许多谈判的成功都是由最后时刻取得的。最后的一分钟往往是智力的较量、毅力的较量、意志和信心的较量，坚持就是胜利。

二、一步到位式让步

该种让步方法又分为两种模式：0/0/0/60 和 60/0/0/0。

这两种模式都比较冒险。第一种模式，因为在前三阶段时间内已方态度坚决，丝毫不让，有可能会让对方觉得没有妥协的余地，而又无法接受已方的初始条件，于是决定退出谈判。而这时若已方又以巨大的让步把对方拉回谈判桌，则对方可能会因此感到振奋，更加斗志昂扬，逼迫已方继续让步，而这时已方又没有了让步的余地。可见，这种模式成功的概率不大。第二种模式与第一种模式正好相反，易使对方先大喜过望，继而大失所望。在已方再三坚持下，谈判有陷入僵局乃至破裂的危险。

三、切腊肠战术

矛盾局面中,为了营造平等的协商环境,采取冒险战术,但因为在对话局面中缺少谈判筹码,所以将一个筹码分成几个,力求获得最多补偿。

警惕"切腊肠战术"。除非对方要求,不要一项一项地列出价格;否则,对方会逐项地"货比三家",也不要试图向对方使用"切腊肠战术",以免对方以牙还牙。

比如我方准备做出20万元的让步,如果一次就让这么多,对方会觉得这条件来得太容易,进而不会降低自己的要求;如果我方分三四次共优惠了20万元,那更容易让对方认为,我方的每一次让步都是艰难的,因而对我方心生感激。

而如果是坏的东西,就正好相反了。所以,好东西要分次给,坏东西要一次给。

一、商务条款谈判

✓ We purchase your technology chiefly in order to innovate our old equipment.
我们购买你们的技术主要是为了改造我们的旧设备。

✓ We will study the patent in question and proceed to take appropriate actions.
我们将深入了解所讨论的专利,并采取适当的行动。

✓ We don't intend to grant you a right to sublicense.
我们不打算给予你方转让许可的权力。

✓ We have no intention of getting into the same line of business.
我们无意与你们在此领域竞争。

✓ We'd like to transfer the right to use the patent in the form of license.
我们想以许可证的形式转让专利使用权。

✓ We also expect that you may make some improvements and feed them back to us.
我们希望你们可以进行一些改进,然后反馈给我们。

二、技术条款谈判

✓ We hope that the technology to be imported must be advanced and capable of developing and producing new products.
我们希望引进的技术必须先进,能开发和生产新产品。

✓ The technicians sent by the licensor have the obligation to give the licensee technical guidance in the plant construction.
许可方派出的技术人员有义务给被许可方提供建厂技术指导。

✓ Would you please distinguish the right to use the invention from the purchase of the relative know-how?
您能说一下发明的使用权和购买这个专有技术间的区别吗?

✓ You shall ensure that the technology provided is complete, correct, effective and capable of accomplishing the technical targets specified.

你们应保证所提供的技术是完整无缺的、正确的、有效的,而且能达到预定的技术指标。

三、法律条款谈判

✓ We will grant you the right to make the product and sell it in your sales territory.
我们将同意你们在销售范围内制造及销售的权力。

✓ We can't disclose such confidential information at present.
我们目前不能泄露这些机密。

✓ We guarantee that the know-how transferred to us will be kept confidential and not let out or be passed on to a third party.
我们保证转让给我们的专有技术将得到严格保密,绝不会泄露或转让给第三方。

✓ Whenever you are aware of somebody infringing upon our patent, please notify us immediately.
当您认为有人侵害了我们的专利权,请立即告知我们。

✓ I would expect you to go after them, such as suing the side infringing upon the patent.
我希望你们能追查到底,比如起诉这些侵权者。

✓ We must insist that you prevent and stop infringement, because you have to ensure our exclusivity.
我们必须坚持你们应该预防并制止侵权行为,因为你们必须保证我们的独家销售权。

✓ You know, it is unlikely that it may infringe upon any patent of a third party.
您知道,这种产品侵犯第三方专利的可能性极小。

✓ While the liabilities of the licensee is limited to a certain amount, that of the licensor is unlimited.
被许可方的责任局限于一定范围,但是许可方的责任是无限的。

✓ In my opinion, it would place an unduly heavy burden on the licensor. It doesn't seem fair.
我觉得它会给许可方带来过重的责任,这看起来不太公平。

✓ Meanwhile, in accordance with the scope and duration agreed upon by us, you shall undertake the obligation to keep the technical secrets confidential.
但同时,在我们商定的范围和期限内,你们应承担保守我们提供的技术秘密的义务。

 实验小结

国际技术贸易或国际服务贸易合同比较复杂,一般属于较长期的合作协议。双方要着眼于互利共赢、共同发展,认真而谨慎地选择合作对象,在充分进行调查论证基础上,才会过渡到谈判环节。

在背景案例中,宏达有限责任公司希望获得专利技术,而劳特公司希望成立合资企业共

同生产。这不仅会涉及技术贸易，更重要的还涉及合资协议谈判。如果劳特公司授权技术的前提是合资的话，谈判的重心应该是如何合资问题。合资生产关乎未来双方的利益分配。技术转让将可能通过传统的使用费、技术入股等方式在未来成立的合资企业中讨论。

特别注意的是，关于这一类商务合作谈判，需要技术专家和国际知识产权专家参与，谈判一般会分成几个阶段进行且要做旷日持久的准备。

意中技术合作谈判

意大利某公司与中国某公司谈判出售某项技术。由于谈判已进行了一周，但仍进展不快，于是意方代表罗尼先生在前一天做了一次发问后告诉中方代表李先生："我还有两天时间可谈判，希望中方配合，在次日拿出新的方案来。"次日上午中方李先生在分析的基础上拿出了一个方案，比中方原要求（意方降价40%）改善5%（要求意方降价35%）。意方罗尼先生讲："李先生，我已降了两次价，计15%，还要再降35%，实在困难。"双方相互评论、解释一阵后，建议休会，下午2:00再谈。

下午复会后，意方先要中方报新的条件，李先生将其定价的基础和理由向意方做了解释并再次要求意方考虑其要求。罗尼先生又讲了一遍其努力，讲中方要求太高。谈判到下午4:00时，罗尼先生说："我为表示诚意向中方拿出最后的价格，请中方考虑，最迟明天上午12:00以前告诉我是否接受。若不接受我就乘明天下午2:30的飞机回国。"说着把机票从包里抽出并在李先生面前晃了一下。中方把意方的条件厘清后（意方再降5%），表示仍有困难，但可以研究，谈判即结束。

中方研究意方价格后认为还差15%，但能不能再压价呢？明天怎么答复？李先生一方面与领导汇报，与助手、项目单位商量对策；另一方面派人调查明天下午2:30的航班是否还有。

结果表明，该日下午2:30没有去欧洲的飞机，李先生认为意方的最后还价、机票是演戏，判定意方可能还有条件。于是在次日上午10:00给意方去了电话，表示："意方的努力，中方很赞赏，但双方距离仍存在，需要双方进一步努力。作为响应，中方可以在意方改善的基础上，再降5%，即从30%降到25%。"意方听到中方有改进的意见后，没有走，只是认为中方要求仍太高。

问题思考：
（1）意方的戏做得如何？效果如何？它还有别的方式做戏吗？
（2）你对中方破戏的方法怎么评价？
（3）意方和中方在谈判的进取性上各表现如何？

中国一汽集团与德国大众股权变更谈判

一、企业背景

1. 中国第一汽车集团有限公司

总部位于长春市的中国第一汽车集团有限公司（原第一汽车制造厂），简称"中国一汽"或"一汽",是中央直属国有特大型汽车生产企业。一汽于1953年奠基新建,1956年建成并投产,当年制造出新中国第一辆解放牌卡车,1958年制造出中国第一辆东风牌小轿车和第一辆红旗牌高级轿车。一汽的建成,开创了中国汽车工业新的历史。经过60多年的发展,一汽已经成为国内最大的汽车企业集团之一。2013年营业额高达4 500亿元。中国一汽累计产销各类汽车2 400余万辆,实现利税5 000多亿元,形成了东北、华北、华南和西南四大基地。在巩固和发展国内市场的同时,不断开拓国际市场,逐步建立起全球营销和采购体系。

2. 德国大众

德国大众汽车集团(Volkswagen,简称"德国大众"或"大众"),成立于1937年,总部位于德国沃尔夫斯堡。大众是德国最大的企业,它于2010年打败日本丰田及美国通用汽车,成为世界最大的汽车公司。大众是一个在全世界许多国家都设有生产厂的跨国汽车集团,名列世界十大汽车公司之首。

3. 一汽-大众

成立于1991年的一汽-大众由一汽、大众、奥迪(大众的全资子公司)合资经营,三方所持股权的比例分别为一汽60%、大众30%、奥迪10%,合作期限为25年。2015年将是一汽集团与德国大众合资的最后一年,2016年双方将履行新的协议,因而新协议的达成可以说是迫在眉睫。

二、谈判过程与结果

2014年以来,中德双方就延长合资企业协议期限及相关问题展开谈判,谈判议题涉及股权变更与合同期限等关系双方核心利益的问题。德方希望大众在合资企业中的股权由40%提高到50%。中方要求德方增持股权的条件之一是提供大众和奥迪品牌技术,以支持一汽自主品牌的发展。但来自大众方面的信息显示,由于这些技术涉及多项德国大众核心专利,现阶段提供给一汽自主品牌技术是"大众难以接受的"。

到11月上旬,中国一汽与德国大众在中德两国总理的共同见证下,正式签署了一汽-大众延长25年经营期限的合资合同及新的合同,期限为从2016年至2041年。此外,双方在股权变更方面也达成了一致意见,一汽出让9%的股权。

对于股权变更问题,早在十多年前大众就向一汽提出过,只是当时由于一汽态度强硬,再加上一汽-大众项目自身盈利现状并不乐观,大众最后只能作罢。此次一汽终于同意放弃9%的股权。在大众看来,一汽拥有两方面优势:一是它拥有齐全的产品库和技术储备,特别是新能源和传统能源等新技术,是中国国内车企所渴求的。二是经过20多年的发展,大众已发展成为在中国最成功的跨国车企之一,品牌具有广泛的号召力。而此时一汽正处于集团整体上市的关键时期。如果要实现整体上市,一汽就必须将一汽-大众中方资产装入上市公司,但由于后者在投资规划、营业收入和管理经营等针对投资者的信息披露上不可避免地涉及外方股东,因此必须寻求合资外方大众的鼎力相助和支持。

当然,对于德方来说,获得在合资企业的更大股权,就意味着在中国市场获得更多的利益。例如,2013年,中国市场为大众贡献了约43亿欧元的利润,大众生产的汽车有近40%在中国出售,其中一汽-大众销售新车160.7万辆,奥迪则继续在中国领跑豪华品牌。2014年前三季度,大众从中国市场获得营业利润39.20亿欧元,约合人民币302.4亿元,同比增长11.9%。中国已经成为大众最大的单一市场,也是最重要的利润来源。

对于中方来说，一汽的持股比例从60%下调至51%，但换来的是外资方股东极大的支持、更多的投资筹码及对未来的信心。另外，一汽希望获得的技术支持也有了一些进展。在过去一汽-大众20多年的合资历程中，大众对一汽进行严密的技术封锁。不过在此次双方达成股权变更意见后，大众在技术合作方面的口风有了明显的变化。按照双方达成的协议，作为补偿，大众承诺不再起诉一汽的技术侵权，并将向中国市场引进更多的产品和更多的新技术。合同还特别约定，合资各方将进一步支持一汽-大众提升研发能力和规划能力，开发新能源车。

问题思考：

1. 在上述谈判中，中国一汽与德国大众各自具有的谈判优势、劣势、机遇和挑战是什么？

2. 中国一汽与德国大众已有的25年合作经验对此次谈判有何影响？双方此次续签的时长对谈判有何影响？

3. 面对复杂的谈判，中方是如何运用股权和市场换取技术和支持的？此次谈判的结果对中国企业"走出去"有何启示？

实验八　国际代理协议谈判

实验背景

中国江苏盛产蚕丝，蚕丝制品业也相当发达。江苏天堂公司是一个新崛起的蚕丝制品公司，处在发展初期，缺少外国客户，所以找到上海唐达进出口公司代理出口业务。同时，日本由于原材料缺乏，蚕丝制品缺少，自然看上了中国的蚕丝制品。日本森板公司得知上海唐达进出口公司代理出口蚕丝制品后，迅速联系了上海唐达公司，欲购进蚕丝手绢。此次谈判是江苏天堂公司与上海唐达公司之间的代理出口业务的谈判……

本次谈判的要点应包括确定代理合同的种类、代理人的权利与义务、委托人的权利与义务、佣金的支付条款、协议的期限和终止、不可抗力和仲裁等。

实验目标

◇ 熟悉代理的性质及特点，以及代理的种类。
◇ 熟悉代理协议的主要内容及我国的外贸代理制。
◇ 熟悉代理协议双方的权利与义务、佣金的计算及支付条款的规定。
◇ 熟悉吹毛求疵策略和最大预算策略。

课程思政导入

随着经济全球化和专业化分工的深入发展，国际代理机制在全球贸易中非常普遍和成熟，代理商在国际贸易中发挥着举足轻重的作用。专业化的国际贸易代理公司致力于产品的销售、物流和售后服务，有利于节约信息搜寻成本，降低交易费用，发挥比较优势，实现规模经济，扩大国际市场占有率和提高企业经营效率。

本次谈判的课程思政目标如下。

◇ 树立法治观念，增强合规意识。要熟悉和掌握国际代理协议的主要内容和注意事项，深入理解代理当事人的权利和义务，并将合法合规的意识贯彻于谈判的全过程。

◇ 树立底线思维，强化风险意识。在国际代理谈判中要注重防范各种风险，提高专业知识和技能，避免合同欺诈造成的损失，最大限度地维护企业和国家利益。

◇ 坚定开放合作、互利共赢的信心和决心。了解我国国际贸易代理模式从外贸代理制到外贸综合服务企业的发展过程，认识和理解我国实施新一轮改革开放的重要意义。在国际代理谈判中本着互利共赢的原则，促进代理当事各方的长期合作和利益共享。

实验准备

一、代理的概念及特征

（一）代理的概念

代理（agency）的一般概念是指代理人（agent）按照委托人（principal）的授权（authorization）代表委托人同第三者订立合同或从事其他法律行为，而由委托人直接负责由此产生的权利与义务。我国《民法通则》第63条规定："代理人在代理权限内，以被代理人的名义实施民事法律行为，被代理人对代理人的代理行为承担民事责任。"

国际贸易中的代理指委托人（principal）即出口商与国外代理商（agent）即中间商签订代理协议，授予其在特定地区和一定的时期内享有代理指定的商品的权利。代理人在约定的时间和地区内，以委托人的名义与资金从事业务活动，并由委托人直接负责由此产生的后果。

（二）代理的特征

在国际贸易中，代理和经销有相似之处。经销（distribution）是指进口商（即经销商，distributor）根据他与国外出口商（即供货商，supplier）达成书面协议，承担义务在规定期限和地域内购销指定商品的做法。经销分为一般经销和独家经销。代理方式同经销方式相比，具有下列基本特点。

（1）代理方式中，代理人与委托人之间是代理关系，代理人行为即委托人行为，委托人对代理商授权范围内的行为直接享有由此产生的权利并承揽相应的义务。法律关系仅存在于委托人与第三者之间，而代理人与第三者间原则上不发生任何法律关系。而经销方式的当事人之间是买卖关系，是转卖性质的贸易。经销商以自己名义向供货商买断商品，再将商品出卖给第三者，而供货商与第三者之间无直接法律关系。供货商与经销商、经销商与第三者之间的合同相互独立，互不相干。

（2）在代理方式中，代理人以委托人的名义与客户签订销售合同，代理人在贸易合同中不作为独立的当事人出现，履行合同的义务属于委托人和当地客户；而在经销方式中，经销商以自己的名义与第三者订立销售合同，并履行合同的责任和义务。

（3）在代理方式中，代理商依订单进货，一般只有样品没有存货。在经销方式中，经销商为应付客户需要，一般都有适当库存，并大多自己处理售后服务。

（4）在代理方式中，代理人赚取的报酬是佣金；而在经销方式中，经销商赚取的是商品买卖差价。

二、确定代理的种类

（一）按委托人授权范围分类

1. 总代理（general agent）

总代理是委托人在指定地区的全权代表。他除了有权代表委托人从事代理协议中规定的一般商务活动外，还有权进行某些非商业性活动。另外，他还有权在当地指派若干分代理人。

2. 独家代理（sole agent or exclusive agent）

独家代理是指代理人在约定的地区和一定期限内，单独代表委托人从事代理协议中规定的有关义务。委托人在该地区和协议有效期限内，不得再委派第二个代理人从事同类业务。采用独家代理方式，应注意避免违反当地管制限制性商业惯例的有关立法。

3. 一般代理（agent）

一般代理又称为佣金代理（commission agent），是不享有专营权的代理。在出口业务中，委托人在同一地区和同一期限内可以委派几个一般代理为其推销同类商品，提供服务，根据其推销商品的数额支付一定的佣金。委托人还可以直接与代理人所在地区的其他客户自行达成交易。在这种情况下，委托人就无须向代理人支付佣金。

（二）按行业性质分类

1. 销售代理

在国际贸易中，销售代理是指代表出口商或制造商为其产品在当地的销售提供各种服务的代理，包括介绍客户、收集订单、签订合同以及进行广告宣传、提供售后服务等。

销售代理中有一种信用担保代理的做法：承担信用担保责任的代理人，要对其所介绍的买主的信誉负责，如果该买主不履行付款义务，则由代理人赔偿委托人由此而遭受的损失。

2. 购货代理

购货代理是指代理人受国外进口人的委托为其在当地采购商品提供服务。

3. 货运代理

在国际贸易中，由一些专门的机构接受卖方或买方的委托为其办理货物托运及有关事项是有益和互利的做法，这就是货运代理人提供的服务。货运代理人一般是以货主的委托人的身份为货主办理有关货物的报关、交接、仓储、调拨、检验、包装、转运、订舱等项业务。根据有些国家运输行业的惯例，如果运输代理人受客户（本人）的委托，向轮船公司订舱位，他自己须向轮船公司（第三人）负责。如果客户届时未装运货物，使轮船空舱航行，代理人须支付空舱费。在这种情况下，代理人可要求客户给予赔偿。如果客户拖欠代理人的佣金、手续费或其他报酬，代理人对在其占有下的客户的货物有留置权，直到客户付清各项费用为止。

4. 保险代理

在国际贸易中，进口人或出口人在投保货物运输保险时，一般不能直接同保险人（如保险公司）订立保险合同，而必须委托保险经纪人代为办理，这是保险行业的惯例。保险代理一般是作为保险人的代理，他根据代理合同的规定，为保险人所经营的保险业务提供服务，并从保险人那里得到佣金。而在其他行业中，代理人或经纪人的佣金或报酬通常是由他们的委托人支付的。

5. 船方代理

船方代理指承运人的代理人，包括外轮代理，为承运人承揽货载提供服务。

> 天津半导体 A 公司欲改造其生产线，需要采购设备、备件和技术。适合该厂的供应商在美国、日本各地均可找到两家以上。正在此时，香港 B 半导体公司的推销人员去天津访问，找到该厂采购人员并表示可以协助该厂购买所需设备和技术。由于香港 B 公司比较熟悉国际市场，工厂同意他代为采购。其后，A 公司为了解市场行情又向美国和日本的厂商询价。结果，美国和日本的厂商有的不报价却回函问：A 公司与香港 B 公司的关系是什么？看来 A 公司拿的探询结果未达到预期目标。问题出在哪里呢？可能有以下原因：A 公司与 B 公司应统一采购谈判内容和策略，并把该项目的询价统一组织起来，不给外商造成有多个同样项目在询价的错觉。

三、代理协议

（一）代理协议的概念

代理协议也称代理合同，它是用以明确委托人和代理人之间权利与义务的法律文件。协议内容由双方当事人按照契约自由的原则，根据双方的共同意思加以规定。

（二）代理协议的主要内容

代理协议是明确委托人和代理人之间权利和义务的法律文书。在销售代理协议中，主要包括以下内容。

（1）订约双方名称、地址及订约的时间、地点。

（2）定义条款。指有关代理人经营的商品的种类、地理范围及商标等项内容，加以明确。

（3）代理的委托、受托及法律关系。主要是指代理的类别、权限等。

（4）委托人的权利与义务。一般应明确下述内容：① 委托人接受和拒绝订货的权利。委托人对客户的订单有接受和拒绝的权利。委托人拒绝订单，不需向代理人解释理由，代理人也不能佣金。代理人在授权范围内按委托人规定的条件与客户订立的合同，委托人应保证执行。② 委托人维护代理人权益的义务。委托人有义务维护代理人的合法权益，保证按协议规定的条件向代理人支付佣金。在独家代理的情况下，委托人应尽力维护代理人的专营权。如因委托人的责任给代理人造成损失的，委托人应给予赔偿。

（5）代理人的权利与义务。协议中一般应明确下列内容。① 明确规定代理人的权利范围，比如代表委托人订立合同的权利，代理其他事务的权利，明确专营权的约定。② 代理人在一定时期内推销商品的最低销售额，并说明核定方法，以及完不成定额的处理办法。③ 代理人应该在代理权限范围内，保护委托人的财产、权利和利益。代理人在协议有效期内无权代理与委托人商品相竞争的商品，也无权代表协议地区内其他相竞争的公司。对代理区域内发生的侵犯委托人知识产权的行为，代理人有义务通知委托人，以便采取必要措施。

④ 关于推销商的推销组织方式，代理人应承担市场调研和广告宣传的义务。⑤ 代理商有义务对客户的资信情况进行调查。⑥ 可要求代理人提供售后服务等。⑦ 代理人应汇报市场情况。⑧ 关于保密问题。

（6）佣金的支付。在代理协议中，应明确规定佣金率、佣金的计算基础、佣金的支付时间和方法。佣金率一般为1%～5%不等。佣金的计算基础，通常是以"发票净售价"作为基础，一般包括：销售税和关税；包装、运输、仓储和保险费；商业折扣和数量折扣；退货的货款；延期付款的利息。

（7）不可抗力和仲裁条款。

（8）代理协议的期限。

（9）代理协议的终止。代理协议终止的情况主要为：代理协议规定的使命完成或期限届满；双方协商同意不再行使现行协议中规定的权利和义务；一方单方面要求终止协议。

四、代理协议谈判中应注意的问题

（一）代理双方的关系、权利及义务的规定

1. 代理协议双方的关系

通常代理协议的双方为委托人（principal）及代理人（agent），代理人以货主的名义从事业务活动。协议双方当事人是独立的、自主的法人或自然人，协议中要明确各方的全称、地址、法律地位、业务种类以及注册日期和地点等。

当事人的关系不是买卖关系，而是通过代理协议或合同的订立所建立的委托代理关系。

2. 代理人的权利与义务

1）代理人的权利

（1）代理人有收取代理费的权利。代理人有权获得按照委托协议规定的代理费，并有权向委托人追偿在特殊情况下为委托人垫付的费用、税金及利息。

（2）如果委托人没有按期支付约定的费用或者偿付有关费用和利益，代理人就可以对被代理人的有关货物及款项享有留置权，以抵偿有关费用和损失。

2）代理人的义务

（1）代理人应认真地履行其代理职责。如果代理人不履行其义务，或者在替委托人处理事务时有过失，致使委托人遭受损失，代理人应对委托人负赔偿责任。

（2）代理人应对委托人诚信、忠实。这主要体现在以下几个方面。

首先，代理人必须向委托人公开其所掌握的有关客户的一切必要的情况，以供委托人考虑决定是否同该客户订立合同。其次，代理人不得以委托人的名义同代理人自己订立合同，除非事先征得委托人的同意。例如，委托人委托代理人替其推销货物时，除非事先征得委托人同意，否则代理人不能利用代理关系的便利同委托人订立买卖合同买进委托人的货物。代理人非经委托人的特别许可，也不能同时兼为第三人的代理人以从两边收取佣金。最后，代理人不得受贿或牟取私利，或与第三人串通损害委托人的利益。代理人不得牟取超出其委托人给他的佣金或酬金以外的任何私利。如果代理人接受了贿赂，委托人有权向代理人索还，并有权不经事先通知而解除代理关系，或撤销该代理人同第三人订立的合同，或拒绝支付代

理人在受贿交易上的佣金，委托人还可以对受贿的代理人和行贿的第三人起诉，要求他们赔偿由于行贿受贿订立合同而使他遭受的损失。

（3）代理人不得泄露他在代理业务中所获得的保密情报和资料。

代理人在代理协议有效期间或在代理协议终止之后，都不得把代理过程中所得到的保密情报或资料向第三者泄露，也不得由他自己利用这些资料同委托人进行不正当的业务竞争。但在代理合同终止后，除经双方同意的合理的贸易上限制外，委托人也不得不适当地限制代理人使用其代理期间所获得的技术、经验和资料。

（4）代理人须向委托人申报账目。代理人有义务对一切代理交易保持正确的账目，并应根据代理合同的规定或在本人提出要求时向委托人申报账目。代理人收取的一切款项须全部交给委托人。但如果委托人欠付代理人的佣金或其他费用时，代理人对委托人交给其占有的货物享有留置权，或以在其手中掌握的属于委托人所有的金钱，抵消委托人欠其款项。

（5）代理人不得把他的代理权委托给他人。代理关系是一种信任关系，因此，在一般情况下，代理人不得把委托人授予的代理权委托给他人，让别人替他履行代理义务。

3. 委托人的权利及义务

1）委托人权利

（1）委托人有依法确定采购需求、采购文件的权利。

（2）委托人有敦促、监督代理人依法履行代理协议的权利。

（3）委托人经调查了解，如查实代理人确有超越代理协议且未征得委托人同意，以委托人名义从事其他活动的行为，有单方终止协议并追究代理人责任的权利。

（4）在代理协议履行期间，如发生危及社会安全稳定的重大事件或遭遇不可抗力，委托人有权单方终止合同，且不承担因此给代理人造成的损失。

2）委托方义务

（1）支付佣金。这是委托人最主要的一项义务。

在代理合同谈判中，对佣金问题特别注意两点。一是委托人不经代理人的介绍，从代理人代理的地区内收到订货单，直接同第三人订立买卖合同，是否仍须对代理人照付佣金。二是代理人所介绍的买主日后连续订货时，是否仍须支付佣金。这两个问题都应在代理合同中明确作出规定，因为有些国家的法律对此并无详细规定，完全取决于代理合同的规定。

（2）偿还代理人因履行代理义务而产生的费用。一般来说，除合同规定外，代理人履行代理业务时所开支的费用是不能向委托人要求偿还的，因为这是属于代理人的正常业务支出。但是，如果他因执行委托人指示的任务而支出了费用或遭到损失时，则有权要求委托人予以赔偿。如代理人根据委托人的指示在当地法院对违约的客户进行诉讼所遭受的损失或支出的费用，委托人必须负责予以补偿。

（3）委托人有义务让代理人检查核对其账册。一般在大陆法国家的法律中会明确规定，代理人有权查对委托人的账目，以便核对委托人付给他的佣金是否准确无误。这是一项强制性的法律，双方当事人不得在代理合同中作出与此相反的规定。

 代理人在履约过程中应该注意的问题

➤ 要注意收集、保存证据；

> 严格按流程操作业务;
> 明确包装材料由谁提供;
> 为避免风险,最好在国际贸易合同中注明自己的代理人身份。

(二)佣金条款的规定

关于代理人的佣金条款,是代理协议的重要条款之一。其中包括下列内容。

1. 代理人有权索取佣金的时间

明确代理人在完成何种代理业务活动时,向委托人收取佣金。一般做法是,只要代理人履行了其代理职责,即有权收取佣金。

2. 佣金率

佣金率的大小,直接关系协议双方的利益,因此在协议中必须明确约定佣金率,通常为 1%~5%。

3. 计算佣金的基础

计算佣金的基础包括以下 3 种。

(1) 以实际出口的数量为准。例如:某商品共 5 000 件,每件付给佣金 10 美分,5 000×0.10=500(美元),那么付给的数额就是 500 美元。

(2) 以发票总金额作为计算佣金的基础。通常是以"发票净售价"作为基础,一般包括:① 销售税和关税;② 包装、运输、仓储和保险费;③ 商业折扣和数量折扣;④ 退货的货款;⑤ 延期付款的利息;⑥ 代理人佣金。

(3) 以 FOB 总值为基础计算佣金。即:运费(F)和保费(I),不付佣金。如果该商品是以 CIF 成交的话,付佣金时把运费和保费减除,公式为:

$$(CIF-F-I) \times 佣金率 = 佣金$$

不论采取何种办法,都应事先在协议中订明。

> 某商品以 CIF 价格条件成交,出口金额为 70 万美元,运费占发票金额的 20%,保险费占发票金额的 3%,佣金率为 4%。求以 FOB 净价为基数的佣金。
>
> 其计算方法是:{70-(70×20%)-(70×3%)}×4% = (70-14-2.1)×4% = 2.156(万美元),那么应付的佣金是 2.156(万美元)。

4. 支付佣金方法

支付佣金的方法包括以下 3 种。

(1) 按约定时间根据累计的销售数量或金额。
(2) 按累计的佣金汇总支付。
(3) 委托人收汇后逐笔结算或从货价中直接扣除。

（三）确定协议的期限和终止条款

1. 协议的期限

协议的期限由双方当事人协商限定。

2. 协议的终止

代理协议终止的情况主要有以下 3 种。
（1）代理协议规定的使命完成或期限届满。
（2）双方协商同意不再行使现行协议中规定的权利和义务。
（3）一方单方面要求终止协议。
造成后两种情况的原因主要有以下 3 个方面。
（1）一方未能履行协议规定的义务，构成违约，并在接到对方要求纠正的通知后若干天内未能加以纠正。
（2）由于发生了符合协议中不可抗力条款所规定的人力不可抗拒的意外事件，造成协议落空。
（3）委托人或代理人死亡、失去能力或破产。

（四）纠纷处理的规定

1. 索赔

一方认为对方未能全部或部分履行合同规定的责任时，向对方提出索取赔偿的要求。引起索赔的原因除买卖一方违约外，还有由于合同条款规定不明确，一方对合同某些条款的理解与另一方不一致而认为对方违约。一般来讲，买卖双方在洽谈索赔问题时应洽谈索赔依据、索赔期限和索赔金额的确定等内容。

索赔依据是指提出索赔必须具备的证据和出示证据的检测机构。索赔方提供的违约不实，必须与品质、检验等条款相吻合，且出证机关要符合合同的规定；否则，都要遭到对方的拒赔。

索赔期限是指索赔一方提出索赔的有效期限。索赔期限的长短，应根据交易商品的特点合理商定。

索赔金额包括违约金和赔偿金。违约金只要确认是违约，违约方就得向对方支付，违约金带有惩罚的性质。赔偿金则带有补偿性。如果违约金不够弥补违约给对方造成的损失时，应当用赔偿金补足。

2. 协商

双方当事人直接磋商解决纠纷，这也是最直接、最和气的办法。如果无法协商解决，就需要进行调解。

3. 调解

在双方当事人协商无果的情况下，请第三方出面调解，使双方在互谅互让的基础上达成一致的和解协议。

4. 仲裁

双方当事人达成协议,自愿将双方之间的纠纷交给某一仲裁机构或交给双方约定的仲裁员进行仲裁。在仲裁谈判时应洽谈的内容有仲裁地点、仲裁机构、仲裁程序规则和裁决的效力等内容。

仲裁机构可以是双方当事人之中一方所在国的机构,也可以是第三国的权威机构,这需要经过谈判确定。

同时,在条款中需要说明仲裁费用的承担问题,一般是由败诉一方承担所有仲裁费用。

5. 诉讼

如当事人在签订合同时没有规定仲裁条款,在合同发生争议后,经双方当事人协商也不能解决问题,双方又达不成一个提交仲裁的协议。在这种情况下,任何一方当事人都可以把双方之间的争议问题向有管辖权的法院提起诉讼。

6. 不可抗力

通常是指合同签订后,不是由于当事人的疏忽过失,而是由于当事人所不可预见也无法事先采取预防措施的事故,如地震、水灾、旱灾等自然原因或战争、政府封锁、禁运等社会原因造成的不能履行或不能如期履行合同的全部或部分。在这种情况下,遭受事故的一方可以据此免除履行合同的责任或推迟履行合同,另一方也无权要求其履行合同或索赔。洽谈不可抗力的内容主要包括不可抗力事故的范围、事故出现后果和发生事故后的补救、手续、出具证明的机构和通知对方的期限。

(五) 我国的国际贸易代理模式

1. 外贸代理制

1991年,国家对外经济贸易部发布了《关于外贸代理制的暂行规定》,对外贸代理制的基本内涵作出了明确界定,即我国的外贸代理制度是指具有外贸经营权的企业接受委托后以自己的名义代理进出口业务。1994年《中华人民共和国对外贸易法》第13条规定:"没有对外贸易经营许可的组织或者个人,可以在国内委托对外贸易经营者在其经营范围内代为办理其对外贸易业务。"外贸代理制是由我国的外贸公司充当国内用户和供货部门的代理人,代其签订进出口合同,收取一定的佣金或手续费,包括代理出口和代理进口,具体做法如下。

1) 代理出口

在出口方面,由外贸公司接受国内供货部门的委托,以外贸公司自己的名义作为卖方,同国外买主签订出口合同,收取约定的佣金。在采用这种做法时,由于外贸公司不是以被代理人(国内供货部门)的名义,而是以外贸公司自身的名义对外签订出口合同,外贸公司作为出口合同的卖方,就必须对出口合同承担责任。因此,即使国内供货部门未能按时、按质、按量提供货源,致使外贸公司不能履行其对外签订的出口合同,但外贸公司作为出口合同的卖方仍需对外承担责任。国外的买主也只能根据出口合同向外贸公司要求赔偿,而不能越过外贸公司向国内供货部门要求赔偿,因为国内供货部门不是出口合同的一方当事人,他们同国外买主之间并无直接的合同关系。至于外贸公司同国内供货部门之间的关系,则只能通过他们之间签订的委托代理出口合同来解决。

2）代理进口

在进口方面，由外贸公司接受国内用货部门的委托，以外贸公司自己的名义作为买方，同国外卖方签订进口合同，收取约定的佣金或手续费。在采用这种做法时，由于外贸公司不是以被代理人（国内用货部门）的名义，而是以外贸公司自身的名义对外签订进口合同，外贸公司作为进口合同的买方，也必须对进口合同承担责任。如果国外的卖方违约，只能由外贸公司根据进口合同以买方的名义对外交涉索赔；如果国内用货部门违约，如无理拒付进口货款或丧失偿付能力，外贸公司作为进口合同的买方，仍须根据进口合同的规定向国外卖方负责。至于外贸公司同国内用货部门之间的关系，同样只能根据他们之间签订的委托代理进口合同来解决。

外贸代理制主要面向的服务主体多为不享有进出口经营资质、国内部分特殊商品进出口资质被限制的中小型企业等，本质上属于法规、政策性质的代理模式，目前实践应用程度较小。

2. 外贸综合服务企业

2004 年修订的《中华人民共和国对外贸易法》标志着我国审批式外贸代理制度转变为新型的登记式外贸代理制，彻底下放了外贸易经营权，打破了外贸易垄断。外贸企业面临转型升级，亟待优化创新外贸代理制度。在此背景下，外贸综合服务企业应运而生。

2017 年 9 月 25 日，商务部、海关总署、税务总局、质检总局、外汇局五部门，联合下发《关于促进外贸综合服务企业健康发展有关工作的通知》，首次明确了外贸综合服务企业的定义。现阶段，外贸综合服务企业是指具备对外贸易经营者身份，接受国内外客户委托，依法签订综合服务合同（协议），依托综合服务信息平台，代为办理包括报关报检、物流、退税、结算、信保等在内的综合服务业务和协助办理融资业务的企业。外贸综合服务企业是代理服务企业，应具备较强的进出口专业服务、互联网技术应用和大数据分析处理能力，建立较为完善的内部风险防控体系。

外贸综合服务企业的服务功能比传统的外贸代理公司更加专业、更加全面，是目前外贸实践中运用最为普遍的一种新型贸易方式。

某境内工程公司（以下称为"最终用户"），欲向某境外设备制造公司（以下称为"外商"）进口一批设备，遂委托某境内外贸公司（以下称为"外贸公司"）代理进口事宜。最终用户与外商的上海代表处先就设备买卖合同中的标的、价款、技术服务等主要内容达成一致后，三方签订了设备购买合同，其中，外商为卖方，外贸公司为买方，该境内工程公司为最终用户。随后，外贸公司又与最终用户签订了委托代理进口合同。

外贸公司按期开立了信用证，在收到外商提交的信用证下的单据后，最终用户也如约向外贸公司支付了 90% 的货款并由外贸公司通过信用证转付给外商。设备到货后，最终用户与外商的上海代表处共同进行了验收，并签署了验收证明。此后，最终用户却以设备在验收后频频出现故障为由拒绝支付剩余 10% 的货款。外商多次讨要无果，遂以设备买卖合同中的买方外贸公司为被申请人提起仲裁。

外贸公司认为：本单设备买卖是由最终用户与外商的上海办事处先磋商达成的（有报价单为证），外商从一开始就明知最终用户为实际买方。相反，外贸公司与外商就本单业务没有进行过任何磋商，更无文件往来，并且已付的货款也实际由最终用户支付（有银行水单为证），而相关的报关单据和最终用户致外贸公司的函件则更进一步证明了外贸公司仅为进口代理，实际买方是最终用户。根据有关规定，本案争议合同应直接约束外商和最终用户，最终用户为实际买方，而外贸公司仅为代理人，不应承担买卖合同下的任何实体义务。外商的反驳观点为：外贸公司在签订合同时从未向外商提示其作为最终用户代理人的身份，并且也无其他书面文件证明外商知晓此种代理关系，而设备买卖合同中的表述明确无误，即外贸公司为合同买方，外商为合同卖方，因此本案争议合同应约束外商和外贸公司。

仲裁机构仲裁结果是：不能认定外商在签订合同时即明知外贸公司与最终用户之间的代理关系。在双方对业务磋商过程都未能提交证据证明的情况下，双方签订的设备购买合同已足以证明双方当事人之间存在买卖关系及各方的权利、义务。因此，外贸公司作为合同买方在设备已验收合格的情况下应承担付款义务，裁定外贸公司败诉。

 谈判技巧

一、吹毛求疵策略

吹毛求疵主要是为了给自己制造理由，也为了向对方表明自己是不会轻易被人蒙骗的精明的内行。其做法在谈判中较为常见。

1. 百般挑剔

买方针对卖方的商品，想方设法寻找缺点，基本上属于"鸡蛋里挑骨头"，并夸大其词，虚张声势，以此为自己还盘提供依据。在代理谈判中不外乎是委托人挑剔代理人的资质或代理经验，而代理人则挑剔委托人的商品不够畅销或品牌不够著名等。

2. 言不由衷

本来满意之处，也非要说成不满意，并故意提出令对手无法满足的要求，表明自己委曲求全，以此为自己提出条件制造借口。商务交易中的大量事实证明，吹毛求疵策略不仅是可行的，而且是富有成效的。它可以打击代理方的自信心，迫使代理方接受委托人的条件，从而使委托人获得较大的利益。

但是，任何谈判策略的有效性都有一定的限度，这一策略也是如此。向对方提出要求时不能过于苛刻，漫无边际；做得要有分寸，不能与通行做法或惯例相去甚远；否则，对方会觉得我方缺乏诚意，以致中断谈判。

欧洲A公司代理B工程公司到中国与中国C公司谈判出口工程设备的交易。中方根据其报价提出了批评。建议对方考虑中国市场的竞争性和该公司第一次进入市场，应认真考虑改善价格。该代理商做了一番解释后仍不降价并说其委托人的价格是如何合理。中方对其条件又做了分析，代理人又做解释，一上午下来，毫无结果。中方认为其过于傲慢固执，代理人认为中方毫无购买诚意且没有理解力，双方相互埋怨之后，谈判不欢而散。其实，欧洲A公司应清醒认识到他进行的是代理地位的谈判，要避免不欢而散，他应调整自己的态度，即"姿态超脱，态度积极地做好人"。

二、最大预算策略

运用最大预算的技巧，通常是在还盘中：一方面，对卖方的商品及报价表示出兴趣；另一方面，又以自己的最大预算为由来迫使卖方最后让步和接受自己的出价。在代理谈判中主要涉及佣金的谈判时会使用这一策略。运用这一策略时应注意以下3个方面。

（1）掌握使用时机。经过多次交锋，代理协议中的水分已经不多，此时以"最大预算"的技法还价，乃是最后一次迫使代理方做出让步。

（2）判断代理方意愿。一般代理方成交心切，易于接受委托人最大预算的还盘；否则，代理方会坚持佣金一分也不能少。

（3）准备变通办法。万一代理方不管我方"最大预算"真假如何，仍坚持原有立场，我方须有变通办法：要么固守最大预算，对方不让步，我方也不能让步，只好以无奈为由中断交易；要么维护最大预算，对方不让步，我方做适当让步，可在代理期限上或代理地区范围上考虑酌减，便于以此为台阶实现交易。

一、权利与义务谈判

✓ We would like to appoint you as our sole representative in your territory.
我们希望指定您为我们在这个地区的独家代理。

✓ Can I represent a larger area?
我能代理更大的范围吗？

✓ My advice is that you shouldn't try to exaggerate the territory you can cover.
我的忠告是您不应该过高估计您所能代理的范围。

✓ You realize that you must promise not to represent other manufactures, don't you?
您知道您必须保证您不代表其他制造商，对不对？

✓ You must commit not to promote the products of our rivals that are of a competitive or potentially competitive nature.
您必须承诺不推销具有竞争力或具有潜在竞争力的我们对手的产品。

✓ I agree to devote my best efforts to promoting the sales of your products.
我同意尽全力推销你们的产品。

二、佣金谈判

✓ Now the key issue: commission. What's your offer on that?
现在关键的问题——佣金,你们给多少?

✓ Another point: you'll have to pay for…
另一点:你必须为……而付出。

三、协议的期限和终止谈判

✓ The agreement is to run for a trial period of one year at the option of either party, provided…
协议是我们任何一方有权选择试行一年,假如……

✓ As far as I am concerned, I don't see why I should stand opposed to that.
就我而言,我不认为我要持反对意见。

✓ Now do you have any ideas about the arrangement of dispute settlement?
现在您对解决争端的安排有什么想法吗?

✓ This agreement shall be interpreted according to the law of People's Republic of China.
本协议应按照中国的法律进行解释。

四、纠纷的解决

✓ In the event of any dispute, an arbitrator shall be appointed by…
一旦发生争端,将由……指定一名仲裁员。

✓ The arbitrator's decision shall be accepted as binding on both parties.
仲裁员的裁决应对双方都具有约束力。

✓ That seems to be in conformity to the general practice. I don't think I have any objection to it.
这好像是通行的做法。我不认为我会有什么反对意见。

五、最终签订协议

✓ Well, I suppose we have discussed everything and have spelt out all the obligations and provisions.
好的,我想我们已讨论了每个细节,也明确了所有的义务和条款。

✓ I think we can start drafting the agency agreement now.
我认为我们现在可以开始草拟代理协议书了。

六、相关英文关键词

✓ agency   代理

✓ agent   代理人

- principal   委托人
- general agency   总代理
- sole agency/exclusive agency   独家代理
- agency   普通代理
- commission agency   佣金代理
- general agent   总代理人

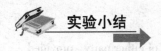

国际代理谈判适用于初涉海外市场的生产商与外贸销售类公司之间，双方是一种战略合作关系，其中的代理方既可能是本国贸易商，也可能是海外贸易商。相对来讲，这类谈判气氛会比较融洽，也比较容易达成一致。值得注意的是，代理协议双方的权利和义务要界定清楚，不要忽略重要的细节，对可能的纠纷一定要在合同中事先规定好处置方案。代理期限和代理费关系双方利害，是谈判的难点。

浙江远洋宁波国际货运代理纠纷案

1991年年底，原告浙江远洋宁波国际货运公司（下称货运公司）与被告黑龙江省轻工业品进出口公司（下称轻工公司）口头达成货运代理协议，由货运公司代理轻工公司将草席从宁波港经香港转船运至西班牙港口，费用由货运公司垫付。1992年1月20日，货运公司依轻工公司的按证发货通知单，将1 540包计221.93立方米草席，用4个40英尺集装箱，从宁波港经香港转运至西班牙巴塞罗那及瓦伦西亚港，每个集装箱全程运费5 150美元，共计20 600美元。同年4月23日和5月13日，货运公司按轻工公司的按证发货通知单的委托，分别将750包计86.94立方米和1 360包计166.05立方米草席散货交由北安轮从宁波经香港运至西班牙，中国远洋总公司浙江省分公司签发了全程提单给轻工公司。该提单背面第12条规定："承运人拥有合理的权利来决定运输方式、线路、处理和储存及转船承运货物。"货抵香港转船时，因西班牙正值1992年奥运会前夕，西班牙港口不接受散货，二程承运人经货运公司同意，遂改用40英尺集装箱转运至西班牙的目的港。从宁波至香港散货运费分别为1 608.39美元和3 071.94美元，从香港至西班牙瓦伦西亚港集装箱运费为11 442.6美元，从香港至西班牙巴塞罗那港集装箱运费为15 808.52美元。货运公司将此情况告知了轻工公司，轻工公司当时并无异议。同年5月17日，货运公司按轻工公司的按证发货通知单，将450包计52.16立方米草席，用一个40英尺集装箱，从宁波经香港运抵西班牙阿耳黑西拉斯港，全程运费4 628美元。同年10月15日，轻工公司向货运公司如数支付第一批运费20 600美元。11月17日，货运公司向轻工公司托收另外几笔运费时，轻工公司以"第二批货物应装40英尺、20英尺集装箱各一个，所有集装箱运费太高，应以5月17日从宁波经香港至西班牙阿耳黑西拉斯港该批货每个40英尺集装箱运费4 628美元计算"为理由，拒付第二批货物运费 5 991.63 美元，第三批货物运费 4 895.13 美元，扣下已结清的第一批货物运费 2 088 美元。另外，第一批货物 4 个 40 英尺集装箱从余姚至宁波的公路运费 3 056 元，轻工公司也未支付给货运公司。

1993 年 8 月 20 日，货运公司向宁波海事法院提起诉讼，要求轻工公司偿付所欠 12 974.76 美元运费、3 056 元境内货运包干费及利息。轻工公司辩称，货运公司集装箱运费超过约定，第二、三批货物未经同意，擅自改变二程运输方式，因之增加的运费应由货运公司承担；并辩称 3 056 元境内货运包干费用途不明。

上述事实有按证发货通知单、提单、运费账单、电汇凭证、中远集团总公司巴塞罗那代表处总裁吴××关于二程船不能散货装运的通知、轻工公司给货运公司关于拒付运费函等证据证实。

宁波海事法院审理认为，货运公司、轻工公司之间货运代理口头约定、书面委托，合法有效。货运公司在代理货运事宜中，依据委托和提单背面第 12 条"承运人拥有合理权利决定运输方式、线路处理和储存及转船承运货物"及奥运会前夕西班牙港口不接受散货的客观情况，同意二程承运人改变第二、三批货物二程运输方式，使货主能及时提到货物，其代理行为并无不当。而且事后货运公司将二程集装箱运输的有关情况告知过轻工公司，轻工公司并无异议。货运公司履行了四批货物代理事项后，有权向轻工公司收取代理中所产生的有关费用。轻工公司以自己测算的每个 40 英尺集装箱装货标准，将第二批货物测算为应装一个 40 英尺和一个 20 英尺集装箱，同时又以不同时间、运抵不同港口的最后一批货物的一个 40 英尺集装箱运费为计算标准的做法，于法无据，不予支持。根据货运公司提供的运费清单及发票，第一批货物 3 056 元境内汽车运费应予保护。

判决：轻工公司支付给货运公司运费 12 974.76 美元及利息 737.18 美元，3 056 元人民币及利息 436.20 元人民币，于判决生效后一个月内一次付清。

判决后，双方都没有上诉，轻工公司已自动执行完毕。

问题思考：

在第二、三批货物委托运输过程中，货运公司在没有轻工公司明确委托的情况下同意改变二程运输方式，是否超越代理权限？

课程思政案例

北京 A 厂商欲引进某半导体生产技术及设备，并委托 F 进出口公司为其进口代理。经调查得知，江苏 B 厂商、贵州 C 厂商和辽宁 D 厂商均有引进该技术和设备的计划。A 厂商担心无序竞价会哄抬市场价格，F 进出口公司建议把以上所有厂商组织起来联合对外，统一与外商谈判。四家厂商认为有意义，同意联合谈判。

F 进出口公司召集四家厂商在北京开会做谈判准备。据了解，各厂商引进技术范围略有不同，资金预算也不同。国外供应商在日本有两家，在欧洲有一家。这三家供应商均来过中国，与其中某几家厂商有过接触或技术交流。根据以上情况，联合谈判班子统一了谈判方案和谈判日程。

联合谈判班子邀请了这三家外国供应商来北京谈判。一轮谈判过后，彼此加深了了解，但对这一揽子方案，三家外国公司态度有所保留，谈判条件咬得很紧，谈判进度较慢，有的外商甚至干脆中止了谈判。

在联合谈判班子研究如何破除僵局时，有的外商主动找到外地B厂商，借参观名义与其接触，并表示了某些优惠条件。B厂商看到外商提供条件比联合谈判更有利，心里很高兴，两方进行秘密谈判。B厂商从直接谈判中获得更好的交易条件后，即提出是否还联合的问题。其他厂商看到联合谈判班子有分裂趋势，也开始单方面做动作。有的外商故意对某厂商态度较好，暗地许诺，对联合谈判代表反而更加强硬，使谈判局面更混乱。F进出口公司得知此情况后，与各厂商代表协商，但彼此均为独立法人，没有委托代理关系，也不是上下级关系，只能提出建议而已。四个厂商各自为政，F进出口公司无可奈何，最终，此次联合对外谈判以失败告终。

问题思考：

1. F进出口公司主持的谈判方案失败在哪里？
2. 外商主持的谈判方案成功在哪里？用到哪些谈判技巧？
3. 中国企业如何通过联合谈判维护企业和国家的整体利益？能否列举一个成功案例进行说明？

实验九　对外加工贸易合同谈判

实验背景

温州是中国制鞋基地之一,有"中国鞋都"之称。温州鞋总量的60%用于出口,其贸易伙伴主要来自欧盟。近年来,欧盟各国对鞋类产品设置了越来越严格的贸易壁垒,在一定程度上影响了温州鞋类企业对欧盟的出口。A公司是温州的一家制鞋企业,由于其制鞋原料未达到欧盟设置的环境和技术标准,导致产品无法进入欧盟市场。B公司是意大利一家鞋类贸易企业,该公司看中了A公司产品的款式和质量,有意为A公司提供制鞋原料,并把A公司产品引入意大利市场。A公司提出采取来料加工贸易的方式与B公司进行合作。中意双方就原材料供应、加工数量、加工费用和交货时间等问题展开谈判……

实验目标

◇ 熟悉对外加工贸易合同谈判方案的制订。
◇ 掌握对外加工贸易合同谈判的注意事项。
◇ 灵活运用有关谈判技巧和常用语言。

课程思政导入

在过去四十多年里,加工贸易已成为中国对外贸易的主要形式,2020年加工产品进出口占外贸进出口的比重已达68.18%。但在新形势下加工贸易的发展必须转变思路,在加工贸易合同谈判中应注重以下三点。一是对加工贸易的发展应坚持质量与效率并重,人与自然和谐共存。"绿水青山就是金山银山",所以在加工贸易的转型升级过程中要兼顾保护环境,这样才能更好地实现经济社会健康可持续发展。二是通过延伸国内价值链,提升企业生产网络地位。在过去四十多年的发展中,加工贸易虽然通过"大进口、大出口"为对外贸易做出了突出贡献,但中国贸易商要想成为领先的生产商,就必须延伸国内制造业贸易的价值链,一方面应寻求与研发部门建立高附加值的关系,积极强化地方知识产权保护,鼓励加工企业设立研发中心;另一方面相关企业要积极承接国际OEM外包合同,增强自身吸收及组织学习能力。三是当前在低碳经济背景下,国际产业转移和要素重组的重心逐渐从制造业转向服务业,加工贸易也由制造类加工贸易向服务类加工贸易转变,我们应抓住机会,主动延伸下游加工价值链如研发及工艺设计、物流、供应链管理及辅助等服务。

综上,本次谈判的课程思政目标如下。

◇ 以科学发展观为指导,在谈判中既强调我方在对外加工贸易上的竞争优势,又要注重加工贸易转型中的环境保护。

◇ 熟悉和掌握国家对加工贸易的各项政策，利用好国家的政策优惠，但又要避免因不熟悉政策调整而在谈判中造成不可挽回的损失。

 实验准备

一、对外加工贸易概述

对外加工贸易是指境内企业从境外保税（即经海关批准并同时办理相关手续，准予暂时免交进口环节关税、增值税及相关许可证件）进口全部或部分原辅材料、零部件、元器件、配套件、包装物料等，经加工或装配后，将成品或半成品复出口的交易形式。从广义上讲，对外加工贸易是境外企业（通常是工业发达国家和新兴工业化国家或地区的企业）以投资的方式把某些生产能力转移到东道国或者利用东道国已有的生产能力为自己加工贸易产品，然后运出东道国境外销售。从狭义上讲，对外加工贸易是部分国家对来料或进料加工采用海关保税监管的贸易。该项业务主要包括来料加工和进料加工两种贸易方式。来料加工贸易是指由外商免费提供全部或部分原材料、辅料、零部件、元器件、配套件、包装料件等，由我方按对手要求进行加工装配，成品交对手销售，我方只收取工缴费的交易形式。进料加工是指有进出口经营权的企业，用外汇买进原材料、元器件和包装料件等，经过生产加工成成品或半成品返销出口的业务。

对外加工贸易的特点主要体现在与一般贸易的区别上。

首先从参与贸易的货物来源角度分析，一般贸易货物主要来自本国的要素资源，符合本国的原产地规则；而加工贸易的货物主要来自国外的要素资源，不符合我国的原产地规则，而只是在我国进行了加工或装配。

其次从参与贸易的企业收益分析，从事一般贸易的企业获得的收益主要来自生产成本或收购成本与国际市场价格之间的差价；而从事加工贸易的企业实质上只收取了加工费。

最后从税收的角度分析，一般贸易的进口要缴纳进口环节税，出口时征收增值税后退还部分税收；加工贸易进口料件不征收进口环节税，而实行海关监管保税，出口时也不再征收增值税。

二、对外加工贸易合同的主要内容

对外加工贸易谈判形成的具体成果就是把谈判所确定的各项事宜以文字形式记录下来，按规范的形式签订合同。对外加工贸易合同的内容一般应包括加工贸易标的、数量、质量、报酬、加工贸易方式、材料的提供、履行期限、验收标准和方法等条款。对外加工贸易合同的内容因项目和加工方式而有区别，不可能完全一致。一般来说，对外加工贸易合同包括以下一些内容。

（一）约首部分

约首部分，即合同的首部，包括合同的名称、合同编号、签约日期、签字地点、签约公司名称、公司地址、电话、传真、电子邮箱及银行账号等。

（二）正文部分

正文部分为合同的标的，主要包括货物的名称、质量、规格、数量和包装等，还有供货方式、支付方式、双方的义务、争议的预防和处理等。

具体说来，正文部分的组成应根据不同的加工贸易方式来确定。

1. 来料加工贸易合同

1）来料或来件条款

确定来料或来件时间、地点、数量、质量、规格、供货方式、支付方式等。来料加工一般应规定外商提供有关图纸资料，确定发生来料或来件短缺现象时的补足办法，确定使用中方企业当地原辅材料及零部件的作价方法；确定外商未能按时来料或来件所承担的责任。

2）提供设备、技术条款

对外商提供的先进技术设备或生产线，应具体说明其型号、规格、技术标准、价格及交货条件、时间、验收办法。如外商不能按规定交货，必须负责由此造成的损失。合同还可以规定由外商负责培训有关操作人员。

3）成品率和原辅材料消耗定额条款

成品率是来料加工贸易业务的关键问题。应做3个方面的规定：一是规定加工贸易的成品率；二是规定原辅材料、零部件的消耗额；三是不能达到规定时受托方（中方企业）的责任。

4）交货条款

一般来说，在规定加工贸易供料、交货的总时间外，每一批加工贸易业务，还应分别订立合同，具体规定原材料、零部件供应时间和成品交货时间，以及规定违约时的责任。

5）产品商标使用条款

来料加工贸易产品商标的使用，应按照《中华人民共和国商标法》及其实施细则的有关规定进行管理。在外商与中方企业签订来料加工贸易合同时，必须要求外商提供经过公证的商标所有权或被许可使用的证明文件。其商标不得与我国已注册的商标相同或近似，商品的造型、包装亦不得仿冒。

6）运输和保险条款

来料、来件加工贸易设备和成品的运输费用，应规定由外商负担。来料、来件及所提供设备的进口由外商在境外保险。加工后的成品出口可由中方企业代为保险，但费用由外商负责。在工厂内加工期间的保险费通过双方协调作出规定。

7）工缴费条款

工缴费在参考国际市场尤其是外商所在国家或地区加工费水平的基础上，全面考虑来料加工的各种费用开支，一般要高于境内同类产品的加工费水平。

其他附加的费用，如代办保险、运输等的费用，应另行计算。

8）支付条款

确定工缴费支付所使用的货币是加工贸易中保证收益的重要方面。由于国际汇率变化频繁，收取工缴费一般避免使用软货币（即汇价下跌的货币）。支付引进设备技术费用则争取使用软货币，如果不得不使用硬货币（即汇价上升的货币），则应在计算价格成本时，把货币升值的因素考虑进去,以避免货币折算上的损失。同一个合同中费用支付应使用同一种货币。如果来料或出口成品实行分别作价,可以采取对开信用证的办法,即中方企业对来料或来件开远期信用证,外商对交付成品开即期信用证。如果来料、来件与成品均不计价,工缴费可以用即期信用证支付。

9) 约束性条款和仲裁条款

一般合同的约束性条款规定,在协议期内,中方受托人不承接除合同客商外第三者加工贸易同类产品。

一般合同的仲裁条款规定,如双方在执行合同中发生争执,首先友好协商解决;如果协商不能解决,应提交双方约定的仲裁机构仲裁,仲裁的裁决是终局的,对合同双方有法律约束力。

10) 期限条款

合同应确定期限,如半年、一年或几年,尤其是外商提供设备、用工缴费补偿其价款的业务,更应规定期限。有的合同规定可以延长合同的有效期,并规定了续约的具体办法。

> 2005年7月25日,一加工贸易企业在海关办理一本来料加工登记手册,进口塑料粒子108吨。2005年12月,当事人接到公司内销订单,由于库存内销原料不能满足订单生产需要,当事人遂于2005年12月15日到2006年1月17日,将登记手册项下的144吨库存ABS-FR染色塑料粒子用于内销产品的生产,并于2005年12月29日将以上144吨ABS-FS染色塑料粒子的外销转内销情况向商务部提出申请并获批准,但未报请海关核准并征税。截至海关核查期间,以上共计144吨ABS-FR染色塑料粒子已制成成品入库,其中47.069吨已销往国内。
>
> 根据《中华人民共和国海关法》(2000年修正版)第86条第(十)项规定,当事人擅自转让海关监管货物,已构成违反海关监管规定的行为。根据《中华人民共和国海关行政处罚实施条例》(2004年)的有关规定,事后当事人被处罚款人民币20万元整,并责令其补缴税款62万元。

2. 进料加工贸易合同

进料加工贸易由于其本身的特点,其合同一般包括进口料件合同、出口成品合同等。

进料加工贸易方式下进口料件合同、出口成品合同的基本内容和一般贸易的进口、出口合同大体相同,只是进料加工贸易的原料来自境外,成品销往境外。

来料加工贸易和进料加工贸易合同的不同在于以下3个方面。一是原料价格的规定,来料加工往往是外商不作价提供;而进料加工需要我方企业用外汇购买。二是对工缴费的确定不同,来料加工赚取的是生产加工费;而进料加工的工缴费是出口成品和进口料件之间的差价,要比来料加工工缴费的核算复杂。三是在运输和保险方面的责任也不一样。

(三) 约尾部分

约尾部分,即合同的结尾部分,包括合同的文字效力、份数、附件、签字等方面。

海关在对某企业实地核查过程中发现,该企业一本有效期为2004年6月至2005年6月的进料加工登记手册项上进口的保税料件镀锌钢板、马口铁、铁网、不锈钢、铝板理论存量少于实际存量,且不能提供正当理由。加工贸易监管部门以保税料件无故短少为由将线索移交缉私部门。经海关缉私部门调查,该案涉案货物价值人民币74.15万元,漏缴税款人民币15.04万元。根据《中华人民共和国海关行政处罚实施条例》的有关规定,当事人被处罚金12万元。

三、对外加工贸易合同谈判中应注意的问题

(一)对承接对外加工贸易资格的规定

凡经批准有对外经营权的外贸(工贸)公司可以对外签约;没有经营权的加工单位在与外商谈判时,需有上述公司参加。外商委托我国境内代理人签订合同的,要提供经境内公证机关或经贸部门认定的委托证明文件。承接来料加工的企业和外商的国内代理人必须是具有法人资格的经济实体。

加工单位与外贸(工贸)公司联合对外签发的,可直接向海关办理有关手续,承接法律责任。参与签约的外贸(工贸)公司要对签约负责,并向海关负连带责任。外贸(工贸)公司单独对外签约而后由公司再组织加工单位进行生产的(包括公司与加工单位按购销关系办理的),由有关公司及企业向海关负法律责任。外商或其代理人违反本规定的行为同样应向海关负法律责任。

(二)对外加工贸易商品范围的规定

对外加工贸易业务是对原材料和零部件加工付出劳动以及一定的技术和工艺。随着劳动力素质的提高及技术设备的改进,加工贸易商品由典型的劳动密集型商品为主逐渐扩大到技术含量高的商品。

开展对外加工贸易业务,一方面是为了增加就业;另一方面是为了促进和扩大出口,提高企业生产技术、产品质量和管理水平。所以要注意引进技术,以加工境内资源不足、生产技术落后的商品为主;而不准承接境内资源充足、出口量大的商品为对外加工贸易的对象。

 加工贸易禁止类目录调整梳理一览表

为落实国务院决定,支持加工贸易稳定发展,商务部和海关总署对加工贸易禁止类商品目录会适时进行调整,现将其简单梳理。

1. 《关于公布加工贸易禁止类目录的公告》(商务部 海关总署公告2014年第90号)

根据2014年海关商品编码,调整后的加工贸易禁止类商品目录共计1 871项商品编码。

2. 《关于对加工贸易禁止类商品目录进行调整的公告》(商务部 海关总署公告2015年第59号)

将海关总署2014年第90号公告中加工贸易禁止类商品目录中符合国家产业政策,不属

于高耗能、高污染的产品以及具有较高技术含量的产品剔除，共计剔除 11 个十位商品编码。

3.《关于调整加工贸易禁止类商品目录的公告》（商务部　海关总署公告 2020 年第 54 号）

将海关总署 2014 年第 90 号公告中关于加工贸易禁止类商品目录中符合国家产业政策，不属于高耗能、高污染的产品以及具有较高技术含量的产品剔除，共计剔除 199 个十位商品编码；同时，对部分商品禁止方式进行调整。

4.《关于调整加工贸易禁止类商品目录的公告》（商务部　海关总署公告 2021 年第 12 号）

自 2021 年 6 月 15 日起，加工贸易企业进口纸制品（税目 4801-4816）加工出口纸制品（税目 4801-4816）不再列入加工贸易禁止类商品目录。

（三）对原材料供应的规定

在合同中应准确列明委托方送交料、交件的时间与地点，并规定对来料、来件的品质、数量的具体要求，以及加工委托方来料、来件不符合合同的处理办法。

对外加工贸易业务能够保质保量按时完成，首先取决于外方提供的来料、来件能否按质、按量准时交付承接方使用。合同中要明确规定来料、来件的数量、批次、质量标准以及每批运到的时间；同时，对来料、来件的验收方法也要有详细的说明，以免产生不必要的纠纷。另外，为保证正常生产的衔接，要考虑一定数量的合理周转储备，以防因原材料、零部件短缺而引起停工。如果因来料、来件不及时或不符合质量标准引起的停工、生产中断的处理方法也要在合同中一并列明。对来料、来件的消耗定额要做科学的规定，既不要因消耗定额过高而产生浪费，也不要因消耗定额过低而出现交付成品数量不足的现象。

（四）对成品质量的规定

在加工贸易业务中，委托方为了保证成品的销路，对成品质量要求比较严格。因此，承接方在谈判与签订合同时，要仔细研究委托方对成品的质量要求，并考虑己方的加工技术条件和工艺水平，并尽可能留有余地，保证委托方能及时按质、按量交货。就生产和管理过程中不可避免而产生的废品、次品要做适当的规定，同样也要在正确估计己方生产的情况下，有所保留地规定废品率和次品率，以免交付时发生困难。

成品的检验，首先要在谈判中就检验方法和检验标准做出详细的规定，成品检验可以由委托方商品检验机构负责检验，也可以由委托方派人驻委托方加工企业验收。

（五）对成品交付数量和期限的规定

谈判中要考虑成品的交付数量和期限，既符合科学又留有余地和一定的灵活性。在对外合同中，通常既要规定合同期内的加工装配总额，又要规定每批次的加工数量和具体的交货时间，还需要规定发生交货不及时或交货数量不足的处理方法。

（六）对工缴费的规定

工缴费的多少是委托方和承接方达成加工贸易业务合同的关键问题。所以，工缴费的确定既要合理，又要有一定的竞争力。所谓合理，是指工缴费的数额在弥补加工装配实际支出后，略有盈余；所谓具有竞争力，是指工缴费的数额要略低于国际市场的工缴费水平，甚至低于周边国家或地区水平。这样才更具有竞争力。具体而言，对外加工贸易工缴费的确定可以考虑以下几个因素。

（1）承接方加工贸易的成本。即承接方为加工贸易产品所发生的所有成本。主要包括工人工资、运输、仓储、设备折旧、保险、税费及其他可能的手续费开支。这是工缴费的主要构成部分。

（2）利润水平。任何商业行为都要求有一定的利润。对外加工贸易业务的利润水平应不低于加工贸易相似产品的利润水平。

（3）加工产品批量。对于批量大的加工业务而言，由于大批量生产，一方面可以降低成本，另一方面可以有持续的收入，因而可以接受较低的单位产品加工费；相反，承接小批量的加工业务可以要求较高的单位产品加工费。

（4）产品在销售市场上的销售情况。如果产品在销售市场上价格较高，销售较好，可以考虑较高的工缴费；反之，委托方只会给予较低的工缴费。

（5）国际市场的工缴费水平，尤其是周边国家或地区的工缴费水平。委托方正是由于考虑到承接方的劳动力价格低，可以降低产品成本，增加产品竞争力，才来寻找承接方承接加工贸易业务。所以，承接方应考虑所要求的工缴费低于国际市场的工缴费水平。特别是由于相邻国家或地区的劳动力价格类似，所以工缴费水平最好能略低于邻近国家或地区的工缴费水平。

（七）对工缴费支付方式的规定

对外加工贸易涉及原材料、零部件的进口和成品的出口，选择适宜的工缴费支付方式，对保证承接方的利益作用重大。

对外加工贸易工缴费的支付方法有两种。

1. 直接支付工缴费

直接支付工缴费即双方对来料、来件和成品均不计价，由委托方按加工贸易进度或成品交付数量支付工缴费。采用该方法支付工缴费，具体可以采用以下方式。

（1）即期托收付款交单（D/P）。即由承接方在加工成品装运后，开具即期汇票，连同全套货运单据，委托本地银行通过其在委托方所在地的分行或代理银行向委托方收取加工费。委托方在付清加工费后，可以从银行收到货运单据。

（2）交货前若干天内汇付（信汇、电汇和票汇）方式。即委托方先将工缴费通过银行汇寄，然后承接方装运成品出口。在这种方式下，一般不采取承接方先寄单据、委托方再汇付工缴费的方法，除非资信可靠的老客户。

2. 间接支付工缴费

间接支付工缴费即双方对来料、来件和成品均分别计价，两者之间的差额为承接方应得的工缴费。一般情况下，承接方在采用该支付方式时，为保证工缴费的收取，应坚持采用先收取成品价款，后才支付料、件价款的方式。具体可采取以下方式。

（1）用对开信用证方式。即承接方在进口原材料、零部件辅助材料时先开立远期信用证，成品出口时要求对方采用即期信用证付款。承接方开出的远期信用证内必须订明：待收到并通知认可对方开来的信用证后,该远期信用证方始生效的条款。

(2)来料、来件用远期托收承兑交单(D/A),成品出口用即期信用证或即期付款交单或汇付。即当委托方开立的远期汇票经承接方承兑后,承接方可取得料、件的货运单据并据此领来料、来件。远期付款的期限要与加工周期加上成品收款所需时间相衔接并适当留有余地。这样,承接方可以用成品出口所收取的货款来偿付来料、来件的价款,避免垫付资金。

(八)对保险条款的规定

原则上,由于对外加工贸易业务中,委托方拥有对来料、来件及成品(除应付工缴费部分外)的所有权,委托方应负责料件及成品的保险。但实际操作中,由于来料、来件的保管、使用及成品的保管、装运均归承接方负责,从承接方办理投保手续更为方便的角度出发,保险费通常连同工缴费或包括在工缴费内由委托方一起支付。

在中国,中国人民保险公司已为开展对外加工贸易业务的需要而设立了来料加工一揽子综合险。保险公司在投保方投保该险别后,承担两段运输及存仓财产险。

 谈判技巧

一、确立信任态度

谈判是高度复杂的交流形式,缺乏信任就无法进行交流。否则,你就会把交流当作操纵和只能猜疑的化装舞会。你要值得信赖,承担你的义务,讲真话,尊重别人对你的信任。

二、表明你自己的立场

使自己处于任人摆布的地位是危险的。这就是在谈判中首先要表明你自己立场的原因;随后,当双方的信任加深,你和对方可以试探更多的诚意,并且认识到自己的真正利益。作为谈判者,你的职责就是通过提问弄清对方的需求或利益。如果你主动营造了互相交流的气氛,你更可能获得对方诚实的答复。

三、把握自己的强势

别以为对方具有某种强势,如处境强势,或对方就是全能的。这样做无异于放弃自己的强势。尽管强势有很多种,但所有的强势可以分成两类:内部强势和外部强势。前者是任何人都无法从你身上攫取的,包括你的个人强势、自尊程度及自信心;外部强势会随着所处的境遇而变化。例如,如果你被解雇或者被贬职,你可能会丧失处境强势;如果引进了新技术,你可能会丧失技能强势。由于强势是易于变化的,谈判绝不会僵持下去。耐心点,强势可能会发生转移。

四、明白赢的概念

对于己方而言,情况最好会怎样?情况最糟又如何?这两者之间的区域就是己方的成交范围。如果能够在己方的成交范围之内达成协议,己方就赢了。别放弃自己的底线,如果失去底线你会自我感觉糟糕，并且事后会对这次交易感到不满，因而就不能彻底履行自己的责任。

✓ We are glad to know that you intend to do business with us on the basis of processing.
得知你们想和我们做加工贸易，我们很高兴。

✓ A reasonable tolerance in the specifications should be allowed for the finished products.
应该允许成品在规格上有合理的公差。

✓ It takes two months to process the goods.
加工这批货物需要两个月的时间。

✓ You can take advantage of the local labor and production cost.
你们可以利用当地的廉价劳动力和生产成本。

✓ We'd like to know your rate of processing charges.
我们想打听一下你们的加工费率是多少。

✓ Tax exemption or reduction for processing in China will allow you at least 5% more profit.
在中国加工，免税或减税至少能给你方增加5%的利润。

✓ The allowance for damage to materials in the course processing is 3%.
加工过程中原料的损坏率允许为3%。

✓ You've no doubt noticed the lower cost of labor in China, which will greatly reduce the price of the finished products.
您肯定已经注意到了中国廉价的劳动力成本，它将大大降低成品的价格。

✓ You can take advantage of the preferential policies in the Special Economic Zones in China.
您可以利用中国经济特区的优惠政策。

✓ Before going further, please indicate the rate of processing or assembling charges, and also the method of payment.
详谈之前，请说明加工费或装配费及支付方式。

✓ Payment for the processing fees and shipping expenses is to be made by sight L/C.
加工费和运输费要用即期信用证支付。

✓ The business of processing and assembling business is a component part of our company's foreign trade.
加工和装配业务是我公司对外贸易的一个组成部分。

✓ Processing supplied and assembling supplied parts play quite an important role in expanding our company's foreign trade.
来料加工和来件装配对扩大我公司的对外贸易有着重大作用。

✓ If you're interested in the assembling business, please let us know your specific requirements.

如果你方对装配业务感兴趣,请告知贵公司的具体要求。

✓ We process with supplied materials, or according to supplied samples, or under designed brand names.

我们利用来料加工,或按来样或按指定的商标名称加工。

✓ All the materials are provided by you, while our company is only responsible for processing, for which we would charge a processing fee.

全部材料由你方提供,我公司只负责加工,因此需要收取加工费。

✓ We hope for you to provide us with the necessary technique used in assembling the parts.

我方希望你方提供装配零件所使用的必要技术。

✓ The supplied assembly tools shall be re-inspected at this end to ensure that they correspond to the standards.

所提供的装配工具需在我方重新检验,以确保其符合标准。

✓ We agree to pay for the equipment and technology by installments with the processing fees payable to us.

我们同意用我们的加工费来分期支付设备和技术的价款。

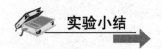

实验小结

在我国,加工贸易谈判的主导权一般都在外方即委托加工方,这主要受国内市场环境影响,同类加工能力企业间竞争激烈。在实际谈判中,留给境内加工企业的讨价还价余地不大,所以,这种谈判受托方关键在于平衡和把握好拿到订单和订单收益哪个更重要,如何找到最佳点。同时,双方都要考虑长期利益和短期利益,尽可能达成长期合作协议以降低交易成本。

中美医药中间体加工费的谈判

委托加工方为美国A公司,加工方为唐山B公司,加工品是A公司正在研发的一种抗癌药的中间体。A、B公司之间达成了关于该中间体加工贸易的协议。具体内容是:原料由A公司提供,加工、化验、包装、发运均由B公司负责。加工工艺按A公司提供的美国食品医药协会的要求及其制作要求执行;化验方法及标准均由A公司提供;包装要求按A公司标准办理。B公司为精细化工产品生产厂,设备及人员齐备并且具有一定工艺水平,适合A公司产品加工的需要,对开辟新产品也有浓厚兴趣。初次谈判一拍即合,由于双方的需要,第一个加工合同条件谈判比较顺利:按上述要求B公司每加工出一千克中间体,A公司支付320美元;但B公司加工出的所有中间体只能卖给A公司。

双方按此条件进行了多批加工,A公司订单逐渐加大。一年之后,B公司派技术专家去

A 公司访问。B 公司专家通过实地考察发现两个问题：一是 A 公司的成品加工车间很小，工艺流程短，即加工成本远比中间体低；二是其成品也是供成药制造厂用的更进一步的中间体，但其价格在 2 000 美元/千克，两次加工价格悬殊。B 公司领导听取出国人员汇报后开会讨论对策。会上意见纷杂：一派主战，要求提价，或分利，或要求开发生产销售委托加工产品的权利；另一派主和，首先保住订单，不亏就行。唯一达成共识的是，先把不满的意见向 A 公司提出，看对方反应。

问题思考：

（1）对 B 公司提出的提价、分利或要求开发生产销售委托加工产品的权利，A 公司可能做出哪些反应？

（2）双方如何寻求新的利益平衡点才能实现"双赢"的谈判结果？

中韩代理加工贸易谈判

1999 年 10 月 26 日，韩国 A 公司与中国 B 公司签立 SJ-99-156 号采购订单和"无商业价值的合同"，双方当事人于采购订单中约定：中国 B 公司为韩国 A 公司加工女式夹克；款式号为 186-5764 共 1 500 件，186-5765 共 730 件，186-5766 共 300 件，总计 2 530 件；加工价款为 5 美元/件，总金额 12 650 美元；价格条款：FOB 中国大连；装船港中国大连港，目的港日本空港；船期 1999 年 11 月 11 日、11 月 21 日；支付方式：装船后电汇。双方当事人于"无商业价值的合同"中约定：韩国 A 公司向中国 B 公司提供加工原材料，计 P/U 涂胶面料（150 cm 宽）4 716 码，拉链 1 052 个，挂钩 6 120 个，商标 2 580 套；总价值 58 245.60 美元；价格条款：CIF 中国大连港；支付方式：无商业价值；目的港中国大连，装船港韩国仁川；装船期 1999 年 10 月 30 日。

1999 年 11 月 3 日，韩国 A 公司与中国 B 公司签立 SJ-99-172 号采购订单和"无商业价值的合同"，双方当事人于采购订单中约定：中国 B 公司为韩国 A 公司加工女式夹克；款式号为 86-3409 共 400 件，86-3410 共 200 件，86-3411 共 400 件，86-3412 共 200 件，总计 1 200 件；加工价款为 5 美元/件，总金额 6 000 美元；价格条款：FOB 中国大连；装船港中国大连港，目的港日本空港；船期 1999 年 11 月 22 日；支付方式：装船后电汇。双方当事人于"无商业价值的合同"中约定：韩国 A 公司向中国 B 公司提供加工原材料，计 P/U 涂胶面料（150 cm 宽）2 164 码，拉链 816 个，扣 2 500 个，纯涤纶面料 150 码，商标 1 230 套；总价值 19 732.90 美元；价格条款：CIF 中国大连港；支付方式：无商业价值；目的港中国大连，装船港韩国仁川；装船期 1999 年 11 月 13 日。

合同签订后，韩国 A 公司向中国 B 公司提供了约定的各类原材料，但挂钩缺少 2 000 个。中国 B 公司收货后即开始进行服装加工，共实际加工服装 3 681 件，实际交付 3 649 件服装，已经加工完成但留置服装 32 件。韩国 A 公司于 1999 年 11 月 13 日、11 月 22 日、12 月 3 日以海运方式，于同年 11 月 17 日、11 月 24 日、12 月 1 日以空运方式自中国大连装货，向日本丰岛株式会社发运各款服装。韩国 A 公司发运的服装，另包括除千里马公司之外的其他企业加工的各款服装。

按照当事人双方约定的加工单价，中国B公司现已向韩国A公司交付的3 649件服装加工价款计18 245美元。2000年2月24日，韩国A公司向中国B公司汇款11 714.63美元。中方提起了诉讼，要求韩方支付剩余价款6 545.37美元，并承担逾期付款违约金。

双方争议的焦点：① 中方认为韩方提供原材料的时间迟于合同约定的时间导致交货时间延迟，韩方因此增加的空运费中方没有责任；② 韩方提供了日本丰岛株式会社出具的因服装质量问题向A公司索赔一万美元的证明，但根据日方质量索赔材料并不能确定日方收取的服装中中国B公司加工的服装存在质量问题。

法院审理后认为：① SJ-99-156号、SJ-99-172号"无商业价值的合同"均载明了提供加工原材料时"CIF中国大连港"这一国际贸易术语条款，依照国际惯例，在当事人引用"CIF"术语时，韩国公司在约定的日期或期间内，在装运港将货物交付至船上，即属履行其交货义务；而并不以中国公司实际受领货物的时间，来确定韩国公司迟延交货与否。中国公司提交的进口货物报关单、进口料件报关登记表，系其受领加工原材料时间的证明，对其所称的韩国公司迟延交货不具有证明效力。② 韩国公司先后六次接收中国公司交付的加工服装，其应按合同约定——"装船后电汇"履行付款义务；中国公司现已向韩国公司交付的3 649件服装加工价款计18 245美元，韩国公司收货后未及时给付上述加工价款的行为，显属违约，依法应承担相应的法律责任。

资料来源：本案例根据大连经济技术开发区人民法院民事判决书（2000）开经初字第806号进行编辑和节选。

问题思考：
1. 如何正确理解加工贸易中原料采购合同与加工出口合同的关系？
2. 作为中方公司的业务人员，你能从此案例中吸取哪些教训，从而避免走向诉讼？

谈判评估报告

第四篇 实战演练

——铁矿石谈判全景

题目：铁矿石（赤铁矿）谈判

买方：宝钢集团

宝钢集团是中国最具竞争力的钢铁企业，盈利水平居世界领先地位，产品畅销国内外市场。现在，长期信用等级从"BBB+"提升至"A-"，这是目前全球钢铁企业中最高长期信用等级，也是中国制造业中的最高等级。在全球钢铁企业中，能够取得 A- 的企业仅有宝钢和韩国浦项，并连续 4 年跻身世界 500 强。据统计，宝钢集团 2016 年产钢能力达 2 300 万吨，铁矿石进口量近 3 400 万吨，其中宝钢和唐钢的长期协议最大供应量可达每年 4 000 万吨。

卖方：澳大利亚 FMG 公司

FMG 已经和 35 家中国大中型钢铁企业签订了 10 年以上的长期协议，每年供应量近 1 亿吨，其计划 2019 年将产量提高到 6 000 万吨，再用四年左右升至 2 亿吨，即接近世界第二大矿业公司力拓。

要求：买卖双方就交易中的所有条款进行谈判。

> **点评**：从近几年的课程实践来看，案例所给的背景资料会越来越详细，力求在一个较为明确的框架下进行谈判。这样做有以下考虑：一是减小双方因资料收集渠道不同而导致的数据不准或差距较大；二是减轻负担，此课程目标是对贸易条款的训练，资料收集工作虽是一个重要的环节，但主要还是为目标服务的。下面就以两组学生所做的计划书为例，具体介绍谈判的准备及应注意的事项。

一、双方优劣势的分析

（一）卖方对双方形势的分析

由于 2009 年中方同力拓的铁矿石谈判一度陷入僵局，使得中国钢铁工业协会与我公司的合作意向比较明显，此次同宝钢集团的购销合同对我集团在中国钢铁工业市场上的市场开拓具有重大意义，对我集团海外市场的开发有很大的好处。中国是世界上最大的铁矿石进口国，而宝钢集团又是中国最大的钢铁工业集团，因此该项合同的达成对我方极有好处；宝钢集团作为铁矿石需求方，在暂时失去力拓这个合作伙伴的情况下，急需供应方，而我方作为有实力的供应商，可以满足其需求，所以双方都有达成协议的良好意愿，有很大可能在双赢的条件下达成合同。

目前国际铁矿石市场仍呈现供大于求的局面，且在未来一定时期内仍将维持这一局面。全球钢企多处于亏损状态，因此铁矿石进一步涨价的空间很小，过去的几个月，澳大利亚成为中国最大的铁矿石进口来源国，双方有很强的合作意向；近期中国国内钢铁产量没有减产的苗头，并对铁矿石需求保持强劲态势，因此后期铁矿石价格难以回调，将保持高位震荡。

另外，鉴于中国进口铁矿石库存量较大，能维持钢铁企业暂时的生产活动，且中国有稳定的国产矿自给；在海外，除澳矿外，还有巴西、印度、南非等地的铁矿石可供选购，权益矿的规模也相应在不断扩大，所以总体来看，双方各有优势和劣势，所以存在较强的合作意愿，可以通过双方的合作诚意和谈判努力达成较好的交易条件。

（二）买方对双方形势的分析

1. 对卖方形势分析

1）优势

近期我方对铁矿石的需求量比较大，且澳大利亚是与我方合作的5家铁矿石企业中铁矿石的主要进口来源国。

2）劣势

该公司的规模没有我方大，且澳大利亚的铁路系统并不是很发达，可能会带来负面影响。同时，澳方比较依赖于我方。今年4月29日，我国湖南华菱钢铁集团有限公司成为澳方的第二大股东，签订了一系列条款，并同意签订为期半年的长期协议，其中粉矿下降35.27%，块矿下降50.42%。

2. 对买方形势分析

1）优势

（1）我方企业规模大，技术、资金实力雄厚，长期信用高，在澳大利亚占有较大市场份额，具有一定的话语权。

（2）多次与澳方厂家贸易往来，双方合作愉快，并为该厂改造提供技术及设备支持。澳方的铁矿石企业并不是很发达，澳方比较依赖于我方。

（3）除澳方以外，我方还与巴西、印度、南非等国合作密切。如果谈判不成，还可以寻求新的贸易伙伴。

（4）中国是国际铁矿石的最大买主，且库存量较大，并拥有稳定的国产矿自给率。

2）劣势

近期我方对铁矿石的需求量比较大，且澳大利亚是与我方合作的5家铁矿石企业中铁矿石的主要进口来源国。

> **点评**：从形式上看，买方对双方优劣势的分析要详细一些；而卖方则相对笼统一些；从内容上看，买方的准备也充分得多。有些学生认为这种分析流于形式，觉得没什么作用，其实不然。在后面的条款谈判中，不论你是要在价格上做文章还是要想在支付条件上取得胜利，主要的依据其实就在你对双方实力及彼此需求强度的分析。如你能切中要害，你拿到的条件就会越有利。这里需注意的是：请保留你资料的来源，如能把它打印出来，在谈判时提交给对方或明确说明你在何处查寻或收集到此资料，相信会更有说服力。

二、条款的具体准备

(一) 买方对卖方的总体分析

在品质、数量、包装条款方面,对方会在品质机动幅度、溢短装等方面有所坚持。对方会更加倾向于较高的品质机动幅度和溢短装;而在运输与保险条款方面,对方比较希望选择 CIF 术语进行成交,这样对方对货物所有权的掌握比较有利,还能从中获得一些保险回扣。在价格条款方面,以及计价货币和支付货币方面,对方会倾向于选择硬币或美元。关于支付方式条款,对方更加倾向于信用证的方式,或采用托收或电汇与银行保函或备用信用证相结合的方式。

(二) 卖方对买方的总体分析

在价格术语上,对方会比较倾向于选择 FOB 术语进行成交,这样对方对货物所有权的掌握比较有利,且关于保险险别的选择对方可能会在最基本险别——平安险之外另附某种特殊附加险或希望投保一切险。对于这项条款而言,我方仅负责代办保险,关于保险费率以及多余的保险费我方并不承担;在运输条款方面,按照对方 FOB 术语的成交方式,对方可能会选择程租船的方式,并选择中方的货运公司;计价货币和交收货币方面,对方会倾向于选择软币或本国货币人民币;关于支付条款,对方比较倾向于选择托收或电汇的方式,这样对方收到货物后再付款,安全性比较好。

> **点评**:在这部分的分析中,无论是卖方还是买方,基本上是站在己方的角度对对方可能提出的条件做出了客观分析。从各个条款来看,双方均符合国际贸易实务中的惯常做法。但谈判最关键的是如何得到自己最想要的结果。

(三) 关于品质、数量及包装条款

1. 卖方列出的谈判条件

由于赤铁矿的主要成分氧化铁含铁量为 70%,再考虑原生赤铁矿中不可避免地含有杂质,其含铁量通常为 50%~60% 不等,而我方能提供的赤铁矿理化指标可达到如表 4-1 所示的标准,可以看出,我方从铁矿石的品名、产量和运输都具有很大的优势。

表 4-1 赤铁矿石的品名、规格、包装、价格及可供数量

品名	规格	包装	价格	可供数量
赤铁矿	铁:66% $P \leq 0.1\%$ $S \leq 0.1\%$ $SiO_2 \leq 12\%$ $Al_2O_3 \leq 3\%$ $As \leq 0.05\%$ 密度:7.4(g/cm^3)	散装		月供 500 万吨
运输	从澳大利亚布里斯班港运至上海港			

根据中方宝钢集团以往年度铁矿石的进口数量以及本年度以来中国铁矿石进口量的统计数据，本次铁矿石购销合同的交易数量底线大致可定在月供 300 万吨的水平，我方预期可与对方达成的数量为 400 万吨。若对方对此交易数量不能接受，则我方希望对方可在品质机动幅度和溢短装条款以及品质增减价条款上给予我方以让步，最终希望达成条款为：

（1）在铁矿石品位达到 66% 的基础上给予我方上下 5% 的品质机动幅度；

（2）当品质指标每上升一个百分点时在价格上多支付 0.5%；

（3）溢短装条款的幅度希望可达成上下 10%，且溢装部分的价格按照交货时价格计算，短装部分按照签订合同时的市价进行计算。

2. 买方列出的谈判条件

1）品质

赤铁矿的主要成分氧化铁含铁量为 70%，再考虑到原生赤铁矿中不可避免地含有杂质，其含铁量通常为 50%～60% 不等，平均水平是 60%～70%。我方制定的最优目标是纯度为 68%，这样离最高水平 70% 之间就差两个百分点。若对方要求纯度每提高 1%，价格相应提高时，我方损失的相对较小；若对方是不同意可降至 67%～66%，最好不要低于 66% 的纯度。我方制定品质机动幅度，最优为 1%，期待为 2%～3%，最低为 5%。我方可以先要求低一些，给对方留出提高的幅度。其中溢出来的部分用合同价，短出来的部分按市场价（我方看跌）。对方可能会用数量的让步来换取品质机动幅度或溢短装的优惠，因此我方可以把品质机动幅度、溢短装和数量挂钩。

2）数量

2016 年宝钢产钢能力达 2 300 万吨，铁矿石进口量近 3 400 万吨。2017 年宝钢产钢能力达 2 273 万吨，铁矿石进口量近 3 373 万吨。2018 年宝钢产钢能力达 3 544 万吨，铁矿石进口量近 4 644 万吨。而 2019 年 1 月到 10 月累计进口铁矿石与 2018 相比年同比增加 36.7%，因此 2019 年预计进口量为 4 644 万吨×（1+36.7%）= 6 348 万吨。

澳大利亚，2 200 万吨；巴西，1 200 万吨；印度，800 万吨；南非，250 万吨；其他，500 万吨。则澳：巴：印：南：其=45：24：16：5：10。计算出从澳大利亚进口量为 45%×6 348=2 856 万吨。因此，我方制定的最低目标 2 800 万吨，月供 233 万吨；期待目标 2 850 万～2 900 万吨，月供 237.5 万～240 万吨；最优目标 3 000 万吨，月供 250 万吨。溢短装最优 3%，期待 3%～5%，最低 7%。若对方可以按我方的数量成交，我方可以将溢短装让步到 7%；按净重计算。

3）包装

包装方式采用散装。

点评：在这部分的谈判条件，两个小组各有特色。卖方在产品质量上的描述具体、明确；而买方则在产品数量上测算较精确，但谈判中这属于己方自己应掌握的底线，在此仅供参考，但说明买方一组学生在准备时工作做得充分，这点值得肯定。从谈判要求来看，一般我们在背景材料中会直接告知交易的数量。另外，在这一部分中值得肯定的地方就是两组均考虑到要将品质与数量及机动幅度挂钩来谈。

(四）关于运输及保险条款

1. 买方列出的谈判条件

1）运输条款

贸易术语最优采用 FOB，该术语对我方比较方便；期待目标是 CFR，我方负责保险；最低是 CIF。不转船，运输路线为直达航线，从布里斯班港到上海港，装运港为黑德兰港，目的港为上海港。因为从布里斯班港到上海港航线最短，相应的成本最低。采用租船订舱的程租运输，可以分批装运。可按季度分批，从而减轻运输负担。若对方坚持采用 CFR 或 CIF 术语成交，我方要求指定船公司，由于每次的成交量较大，大约是每季度 700 万吨，每个月 230 万吨左右，还是希望我方负责运输或是保险，即采用 FOB 或 CFR 术语成交。澳大利亚的黑德兰港到中国上海港航程为 4 460 海里，航运期为 14～16 天，运费为每吨 36 美元。装船通知在装船期前 15 天将船舶名称、船期，用电报通知卖方准备接船。装运期在合同签订后的 1 个月内装船。（若对方分批装运，第一批货物在合同签订后 20～30 天装船）。若对方比较有诚意，剩下的三批货物可以按照 30 天的周期顺延。卖方应于货物装船后，立即将合同号、货物品名、件数、重量、发票金额及装船日期电告我方，以便我方准备接货，办理进口手续等。运输标志需要标明收货人代码或缩写、合同号、目的港、箱号数量等内容。由于铁矿石进出口通常采用散装海上运输，我方建议采用好望角型散货船或大湖型散货船。

2）保险条款

我方希望采用 CFR 贸易术语成交，但若对方不同意我方可以答应采用 CIF 成交，但我方希望保险公司由我方选择一家资信条件较好的公司，投保一切险，还有一般附加险包括淡水雨淋险、偷窃提货不着险、混杂玷污险等险别。希望对方能够为我方支付一般附加险部分的保费，保险加成率为 10%，"仓至仓条款"；同时，卖方应向我方提供有效的保险凭证及保险单。

$$保险费 = 保险金额 \times 保险费率$$
$$保险金额 = CIF 货价 \times (1+加成率)$$

2. 卖方列出的谈判条件

我方希望可以按照 CIF 术语进行成交，这样对于我方来说，运输保险等事情交接比较方便，且按照 CIF 术语成交，我方采用的是澳大利亚五星船务有限公司（布里斯班）的班轮与航线，因为该船务公司为中方中远集团运输有限公司的全资子公司，主要经营的业务即中澳之间铁矿石进出口业务，对 SAS 航线的业务比较熟悉，而且对于中方来讲，由于在中国各大工业及贸易城市均有中远集团有限公司的分公司经营业务，也是一个很好的值得信赖的选择。另外，澳大利亚五星船务有限公司（布里斯班）每周都会有班轮挂靠，前往上海港，对货物交接事宜都比较方便，采用 CIF 术语并不会给对方带来风险和不便。所以，在运输条款方面，我方希望达成的协议如下。

（1）以上海港为目的港，航运时间为 15～18 天，运输路线为直达航线，不转船，不分装。

（2）争取以 CIF 术语成交，所选运输公司为澳大利亚五星船务有限公司（布里斯班），航线为 SAS 航线，船只信息为：

船名	船舶代码	劳氏号	船旗	制造年份	呼号
EMPRESS HEAVEN	CDJ1—27	9041227	Panama	1993	3FIA3

铁矿石进出口通常采用散装海上运输,目前国际大宗货物运输尤其是铁矿石类别的货物通常采用好望角型散货船或大湖型散货船,而后者仅指经由圣劳伦斯水道航行于美国、加拿大交界处五大湖区的散货船,所以采用好望角型散货船,其载重量在 15 万吨。根据中方宝钢集团以往年度铁矿石的进口数量及本年度以来中国铁矿石进口量的统计数据,本次铁矿石购销合同的交易数量大致可定在月供 300 万吨的水平。若关于数量条款的谈判进行得顺利,双方成交数量可达到 400 万吨,则按照所使用散装货轮的载重量测算,每月需要 20～27 艘货轮来运输,所使用船只的信息如上。

(3) 在货物装船后 24 小时工作日内(我方按照时差换算为北京时间)我方向对方发出通知,以便对方安排货物交接事宜。

(4) 综合双方谈判时间周期以及市场行情的变化,我方希望第一次交货时间定为明年 1 月 27—30 日(即在布里斯班港口将货物装船的日期),若对方与我方签订长期协议,则以后月份交货日期按照 30 日的周期顺延。

(5) 在按照 CIF 术语成交的基础上,若对方无特殊要求,我方将按照最低险别为对方投保平安险,保险公司为澳大利亚安宝保险公司。这是澳大利亚保费收入最高、资信最好的保险公司,保费加成率为 10%。

替代方案:如对方坚持采用 FOB 贸易术语,我方可进行让步,但要以此为交换条件,要求对方采用在澳大利亚有常驻办事处或分支机构的航运公司和保险公司或我方指定的航运公司和保险公司,并且我方货物备妥前一个月通知对方,对方的船只要在我方将货物备妥之时(即对方收到我方通知一个月之后)到达布里斯班港口,以方便货物及时交接。

点评:这两组学生在这一条款的谈判中均采用了国际贸易中的惯常手法。卖方希望用 CIF 上海港成交,买方希望用 FOB 黑德兰港。买方希望采用租船运输,卖方希望采用班轮运输,在这一问题上,两组均未比较两种运输形式在运费上的差别,所以在谈判中均缺乏说服力。关于保险条款,卖方把握了只投保最低险别,买方则针锋相对,要求卖方投保一切险。但这里,买方有一个根本性错误,就是要求在一切险基础上再投保一般附加险。大家知道,一切险中即已包含一般附加险。在谈判中有的学生也会犯这种根本性的错误。另外,就算投保一般附加险,买方的考虑与货物本身的性质结合不紧密,如要求投保偷窃提货不着险、混杂玷污险,如果查到的资料有支撑这一说法的可以提出来;如没有,则容易给对方留下不够专业的印象。这里有一点需要特别提醒:因为我们进行的是模拟谈判,所以关于运输条款中的具体问题均要双方谈到;但在实际业务中,进出口商不可能详细谈到这些,双方仅仅就谁来负责运输及运输的具体要求达成共识,然后由负责的一方与船代及货代公司联系,安排运输。当然,作为外贸业务人员,熟悉每一个环节只会有利而无害。

(五) 关于价格条款

1. 买方列出的谈判条件

1) 报价

最优目标：CIF 1 100 元/吨；

期待目标：CIF 1 150～1 200 元/吨；

最低目标：CIF 1 250 元/吨。

2) 计价方式

人民币对澳元的汇率在近期一段时间总体是呈下降趋势的，即人民币相对澳元是贬值的，因此人民币是软币，澳元是硬币，我方主张采用软币即本国货币人民币计价和支付。但从长期来看，澳元的走势不定，又考虑到这次货物数量庞大，可能会分批装运、付款，因此我方更加倾向于选择较稳定的货币计价和支付。

具体方案是，计价货币采用人民币，这样对我方支付货款比较方便；就支付货币方面，我方希望采用美元作为支付货币。若对方不同意，我方的替代方案是按照美元或人民币计价，支付货币可以一半为人民币，另一半为澳元，以抵消双方的换汇风险。

3) 作价方法

我方希望采用固定作价的方法，若对方不同意则可以制定保值条款。

2. 卖方列出的谈判条件

1) 价格核算

成本单价＝USD 87.35/公吨（零利润），包括生产成本和表4-2中的费用。

表4-2 费用名称及费用金额

费用名称	费用金额（备注说明）
订舱费	USD 2.54/公吨
报关费	USD 14.7/票
商检换证凭单	USD 14.7/票
仓库内箱费	USD 5.35/公吨
单证费	USD 22.1/票

$FOB = 87.35 \times (1+10\%) = USD\ 96.08/公吨$（含10%利润）

国外海运费：布里斯班—上海，包含附加费在内平均每公吨的运费 $R = USD\ 141.00$，则

$CFR\ 价 = FOB + R$

$CFR\ 价 = 96.08 + 141.00 = USD\ 237.08/公吨$

$CIF\ 价 = CFR/[1-(1+投保加成率) \times 保险费率]$

$CIF\ 价 = 237.08/(1-1.1 \times 0.35\%) = USD\ 238.00/公吨$

保险费 $= 238.00 \times 1.1 \times 0.35\% = USD\ 0.916\ 3/公吨$

经核算，我方若要保证10%的利润，则不能低于每公吨 USD 238.00CIF 上海港。因此在该核算价格的基础上，报价可适当上浮，但不可过高；让价幅度不宜过大，严格掌握价格的底线，否则易造成微利或亏损。

2) 关于计价货币和交收货币

我方倾向于选择从现在到收汇这段时间内汇价比较稳定且有上升趋势的货币，即硬币或退一步选择我方本国货币。而按照目前汇市状况，买方本国货币人民币即属于硬币，在未来有升值趋势，因此我方希望对方按照人民币或澳元来计价。为达到目标，我方可先提出以澳元计价；若对方不答应，我方可让步以人民币来计价，并要求对方为此给予我方在交收货币和其他方面以让步。

替代方案：若不能完全达成协议，我方的替代方案是双方按照美元或人民币计价，交收货币一半为人民币，另一半为澳元，以抵消双方的汇率风险。

3) 关于作价方法

我方希望按照固定作价方法；若对方不同意，则与计价货币和交收货币挂钩，以达成一个整体上比较合理的交易条件。

> **点评**：价格条款往往是谈判中最复杂也最艰难的部分，但如果双方均进行了认真的核算，相信达成共识也不是难事。从案例中的两个小组来看，其所计算出来的价格相差还是较大的。这就要求核对资料或数据的来源，如运费及保费的查询是在专业网站上，还是仅凭网上只言片语就采信了。在保证数据准确的前提下，还要仔细核算，实务中基本的计算都讲过，但有些学生恐怕面对一项项的费用还是不知如何计算。在谈判中经常听到一方要求另一方解释价格的构成，这个要求本身没错，不过成本和利润本来是一个企业的秘密，如何能得到真正的答案？答案就是可以通过运费及保费的扣除倒推回去，当然也可以多查询本行业或相似产品的价格，从而做到心中有数。但模拟谈判中有时可能没办法做到那么精确。从实践来看，如果一方有翔实的资料，而另一方没有，那么掌握资料的一方往往较为有利。还有一点要强调的是，关于计价货币的选择，案例中的两组都考虑到了，而且双方还根据自己掌握的资料做出了预测，这点做得非常到位。

(六) 关于支付条款

1. 买方列出的谈判条件

1) 最优目标

货款分3部分支付。第一部分是预付全部货款的5%～10%，电汇预付。第二部分是我方收到前两批货后再支付，采用跟单托收中的远期付款交单。代收行为中国银行，托收行为澳大利亚任意一家资信较好的银行。托收行在寄单时采用快邮形式，支付工具采用汇票。第三部分货款是收到所有货后结清全部货款。

2) 期待目标

(1) 第一部分预付全部货款的5%～10%，电汇预付；第二部分和第三部分货款采用跟单托收中的远期付款交单，开立备用信用证。

（2）5%～15%电汇预付，第二部分和第三部分货款采用跟单托收中的即期付款交单。

3）底线

50%货款采用跟单托收中的远期付款交单，这部分货款是我方收到前两批货后支付，50%采用远期不可撤销跟单信用证。其中，我方要求卖方交单议付期应在提单日后15天后送到当地银行议付。（理由：一般规定是14～21天到银行交单议付有效。）

2. 卖方列出的谈判条件

作为卖方，我方最希望的必然是100%现金支付方式。但这并不是最佳选择，对于双方来说都不利于资金周转，因此我方退一步的选择应该是50%货款按照即期信用证方式，其余50%按照电汇方式，但是这种方式对于我方来说风险系数偏高。因此，我方的谈判目标是买方先预付30%货款，50%按照即期信用证方式支付，剩余20%按照托收或电汇方式支付；若对方不能接受，则可就三种支付方式的比例协商或就托收的具体种类做让步，如采取承兑交单或是付款交单，或者与其他条款进行挂钩谈判。

> **点评**：支付条件大概是除价格条件以外，买卖双方最为重视的一个条款。从案例中可以看出，双方均站在自己的角度争取对自己最有利的条件。这个宗旨没错，不过很难达成共识，也就是说不能达成交易，所以在实际谈判中关于这个条款双方争议最大。因为双方根本不考虑对方可能不同意自己所提条件，基本上是自说自话，这样的准备就显得意义不大。作为指导教师来讲，应该更关注学生对对方所提条件会作出怎样的反应，以及为什么。关于信用证的使用，在授课中给予了充分的重视，因为据资料显示，我国出口交易中60%是使用信用证来结算的。具体到我们的案例，可从双方合作的年限、彼此的实力、交易的金额等来入手，商讨是单纯使用信用证还是结合其他方式。如果使用信用证，还要考虑是即期的还是远期的。另外还有很重要的一点，就是无论采用何种方式都是需要向银行支付费用的，因此再考虑到押金及利息，双方更应该仔细核算。在这个案例中，买方为了证明使用信用证费用之高，曾经列出详细的费用清单（本书未列出），应该说是很有说服力的。买方所列条件中关于托收有一个小错误，把托收行和代收行搞混了。表4-3～表4-5分别为3种支付方式的收费标准。

表4-3 汇款业务收费标准

业务类别	收费项目	收费标准
境外汇入/汇出境外汇款	电汇	汇款金额的0.1%，最低50元，最高1 000元，另加邮电费
	信汇、票汇	汇款金额的0.1%，最低100元，最高1 200元，另加邮电费
	汇款修改	每笔100元，另加邮电费
	退汇	每笔100元，另加邮电费

表 4-4 托收业务收费标准

业务类别	收费项目	收费标准
进口代收	进口代收	进口代收金额的 0.1%，最低 200 元，最高 2 000 元
	保付	保付金额的 0.1%，最低 150 元，按月收取
	提示承兑	150 元
	提单背书：银行收单前	货款金额的 0.05%，最低 500 元
	提单背书：银行收单后	每笔 50 元
出口托收	跟单托收	托收金额的 0.1%，最低 200 元，最高 2 000 元
	退单	100 元每笔
	催收	100 元每笔

表 4-5 信用证业务收费标准

业务类型	收费项目	收费标准
进口跟单信用证	开证	基本费率的 0.15%，最低为 500 元；有效期三个月以上按照授信情况及风险程度每三个月增收部分费用，该费用不低于信用证金额的 0.05%
	承兑	承兑金额的 0.1%，最低 500 元，按季收费
	提货担保	提货担保金额的 0.05%，最低 500 元
	提单背书：银行收单前	货款金额的 0.05%，最低 500 元
	提单背书：银行收单后	每笔 50 元
出口跟单信用证	撤证	每笔 100 元
	通知/转递	每笔 200 元
	保兑	保兑金额的 0.2%，最低 500 元，按季收费
	付款	付款金额的 0.15%，最低 200 元
	承兑	承兑金额的 0.1%，最低 150 元，按月收取
	审单	审单金额的 0.125%，最低 300 元

（七）关于商检、索赔及不可抗力条款

1. 卖方列出的谈判条件

1) 商检

我方希望商检方式是在澳大利亚布里斯班港检验品质，在中国上海港对数量进行检验，因为这样可以防止在散装条件下经过长途海上运输，铁矿石的含铁量等指标发生微量变化。商检费用为各自承担各方的商检费用。关于商检部门，我方提供的商检部门是澳大利亚商检局或其分支机构，我方希望对方的商检机关也是当地权威的商检结构，如中华人民共和国国际质量监督检验检疫总局或其分支机构。

若买方不同意，双方可就商检费用的分摊方面做出让步，达成协议。

2) 仲裁

我方希望仲裁机构的选择可以根据具体违约事宜，在违约方所在地的仲裁机构进行仲

裁，这样对双方都比较方便。我方选择的仲裁机构是澳大利亚仲裁员和调解员协会，是澳大利亚最大的、独立的仲裁和调解机构；对于买方而言，我方希望所提供的仲裁机构也是中方比较权威的机构，如中国国际经济贸易仲裁委员会。最终的仲裁费用由败诉方负担。

3）索赔

当双方任何一方有违约情形时，都要由对方当地公证机构出具证明其违约事实的公证书。

关于索赔对象：向卖方索赔——原装数量不足，货物品质、规格与合同不符，包装不良导致货物受损，未按期交货或拒不交货。

向船公司索赔——原装数量少于提单数量。清洁提单，但货物有缺损，且属船方过失。

关于索赔有效期：我方希望将双方的索赔有效期设定为 90 天，这样对双方的时间都比较充裕，可以在违约事件发生后有较充裕的时间作出反应。

另外，我方希望适用罚金条款时，可以给双方一个优惠期，如 15 天。若 15 天后违约方还不能按照合同条款履行合同条款，则开始适用罚金条款，其中 14 天内都按照 0.5% 的罚金率，超过 14 天后按照货款的 5% 收取罚金。

4）不可抗力

我方希望按照综合式条款，由于战争、地震、水灾、火灾、暴风雨、雪灾或其他不可抗力的原因，致使对方不能全部或部分装运或延迟装运合同货物，我方对这种不能装运或延迟装运本合同货物不负有责任。但我方用电报或电传通知买方，并在 15 日内以航空挂号信件向买方提交由澳大利亚国际贸易委员会出具的证明此类事件的证明书。

2. 买方列出的谈判条件

1）商检

（1）商检方式。出口国检验进口国复检（这种检验方式对买卖双方都有好处，且比较公平合理，也是国际贸易业务中最常用的方式）。具体规定：在目的港卸货后检验，即以到岸品质、重量为准。货物一到达目的港（中国上海）后由双方约定的目的地检验机构进行检验，其出具的品质和重量证书视为决定交货品质和重量的最后依据。如检验证书证明货物与合同规定不符确属卖方责任，卖方应予负责。

（2）商检机构。我方检验机构是中华人民共和国国际质量监督检验检疫总局，我方希望对方的商检机构能够是当地权威的商检结构，如澳大利亚国家检验机构协会。

（3）检验证书。我方要求对方出具法律效力的品质检验证书、产地检验证书、重量检验证书及数量检验证书等有关铁矿石出口的常规商检证书。其他附加的证书没有特别要求。

（4）商检时间。货物到达港口之日起 48 小时之内进行，10 天内完成。

2）仲裁

我方期待的最优目标是在我国仲裁；但若对方不同意，我方希望仲裁机构选择在有违约行为的违约方所在地仲裁。而第三国仲裁比较麻烦，又考虑到双方所要承担的费用会比较昂贵，所以建议不要考虑。

仲裁费用由败诉方承担。我方选择的仲裁机构是中国国际经济贸易仲裁委员会，我方希望对方所提供的仲裁机构是澳方比较权威的机构，如澳大利亚仲裁员和调解员协会。

> **点评**：这部分谈判内容相对来讲最为轻松。从案例中也可看出，双方准备得均非常充分。从我们的实践来看，分歧主要在仲裁机构的选择及不可抗力条款上。关于仲裁机构的选择其实并没有那么复杂，如果不能在贸易双方所在地选择，可以选择第三方，但这个第三方的选择要考虑双方对其规则是否熟悉及成本问题。不可抗力条款中主要涉及罢工是否可直接认定，这可以结合案例考察贸易双方所在国家的状况再决定，一般容易达成共识。

3）索赔

当双方任何一方有违约行为时，都要由对方当地公证机构出具证明其违约事实的公证书。

（1）向卖方索赔。原装数量不足，货物品质、规格与合同不符，包装不良导致的货物受损，未按期交货或拒不交货等行为。

（2）有效期。我方认为索赔期限在60天比较合适，自全船货物目的港卸货完毕之日起计算。这样对双方的时间都比较充裕，可以在违约事件发生后有充裕的时间准备。我方拟采用罚金条款规定，若只有5%的货物出现了问题，我方可以同意对方在20天之内换货，过期将有权启动罚金条款或拒绝收货。

（3）具体规定。结合商检条款，卖方不能如期交货，每延误7天买方应收取0.5%的罚金，不足7天者按7天计算；延误4周时，买方有权撤销合同，并要求卖方支付延期交货罚金，罚金数额不得超过货物总金额的5%。卖方支付罚金后并不能解除继续履行合同的义务。如发现品质或数量、重量与合同规定不符时，除属保险人或承运人责任外，可向卖方提出退货或索赔，所有退货或索赔引起的一切费用及损失均由卖方承担。

4）不可抗力

如由于战争、地震、水灾、火灾、暴风雨、雪灾或其他不可抗力的原因，致使卖方不能全部或部分装运或延迟装运合同货物，卖方对这种不能转运或延迟装运本合同货物不负有责任。但卖方须用电报或电传通知买方，并须在15天内以航空挂号信件向买方提交当地商会出具的或其他合法的公证机构的证明书。

实战篇案例及
计划书资料

参考文献

[1] 刘向丽. 国际商务谈判 [M]. 北京：机械工业出版社，2020.
[2] 孟东梅，姜延书，邓炜，等. 新编国际贸易实务 [M]. 北京：经济科学出版社，2021.
[3] 白远. 国际商务谈判：理论案例分析与实践 [M]. 北京：中国人民大学出版社，2022.
[4] 徐美荣. 外贸英语函电 [M]. 北京：对外经济贸易大学出版社，2019.
[5] 刘园. 国际商务谈判 [M]. 北京：中国人民大学出版社，2022.
[6] 黄卫平，董丽丽. 国际商务谈判 [M]. 北京：机械工业出版社，2016.
[7] 方其. 商务谈判：理论、技巧、案例 [M]. 北京：中国人民大学出版社，2011.
[8] 丁衡祁，张静. 商务谈判英语：语言技巧与商业习俗 [M]. 北京：对外经济贸易大学出版社，2009.
[9] 崔日明，李兵，包艳. 国际经济合作 [M]. 北京：机械工业出版社，2019.
[10] 卢进勇，杜奇华，杨立强. 国际经济合作 [M]. 北京：北京大学出版社，2018.
[11] 杨晶. 商务谈判 [M]. 北京：清华大学出版社，2016.
[12] 刘宏，白桦. 国际商务谈判 [M]. 大连：东北财经大学出版社，2019.
[13] 栗丽. 国际货物运输与保险 [M]. 北京：中国人民大学出版社，2019.
[14] 刘园，彭程跃. 国际商务谈判 [M]. 4版. 北京：中国人民大学出版社，2019.
[15] 张鹏蓉. 谈判口语应急6步制胜 [M]. 大连：大连理工大学出版社，2008.
[16] 王正元. 商务谈判英语口语 [M]. 大连：大连理工大学出版社，2005.
[17] 丁建忠. 九战四十五策：商业谈判战法 [M]. 北京：中信出版社，2002.
[18] 孙绍年. 商务谈判理论与实务 [M]. 北京：清华大学出版社，2007.
[19] 丁建忠. 商务谈判 [M]. 2版. 北京：中国人民大学出版社，2006.
[20] 丁建忠. 商务谈判教学案例 [M]. 北京：中国人民大学出版社，2007.
[21] 赵立民. 外贸函电用语实用手册 [M]. 北京：对外经济贸易大学出版社，2007.
[22] 马克态. 商务谈判理论与实务 [M]. 北京：中国国际广播出版社，2004.
[23] 刘必荣. 达成交易的完美谈判 [M]. 北京：北京大学出版社，2007.
[24] 塞利奇，贾殷. 全球商务谈判实务操作指南 [M]. 曹宇，孔琳，项娟，译. 北京：中国人民大学出版社，2008.
[25] 吕克. 谈判 [M]. 冯华，译. 北京：机械工业出版社，2005.
[26] 姬会英. 国际经济合作实务 [M]. 北京：北京交通大学出版社，2008.
[27] 贾蔚，栾秀云. 现代商务谈判理论与实务 [M]. 北京：中国经济出版社，2006.
[28] 井润田，席酉民. 国际商务谈判 [M]. 北京：机械工业出版社，2006.
[29] 邱革加，杨国俊. 双赢现代商务英语谈判 [M]. 北京：中国国际广播出版社，2006.
[30] 唐涛. 加工贸易实务 [M]. 北京：中国海关出版社，2004.
[31] 童宏祥. 加工贸易实务 [M]. 上海：上海财经大学出版社，2008.
[32] 吴建伟，谢尔曼. 商务谈判策略 [M]. 北京：中国人民大学出版社，2006.

[33] 邹建华,陈腾华. 现代国际商务谈判实务 [M]. 广州:中山大学出版社,2000.
[34] 杜奇华,国际技术贸易 [M]. 北京:对外经济贸易大学出版社,2007.
[35] ACUFF F L. How to negotiate anything with anyone anywhere around the world [M]. Boston:Harvard Business School Press,2000.
[37] GHAURI P N, USUNIER J C. International business negotiations [M]. New York:Pergamon,1996.
[38] 梅鹏. 商务谈判实践教学的新模式 [J]. 黑龙江农业工程职业学院学报,2006(1).
[39] 鲁小慧.《商务谈判》教学中模拟谈判实践的探索 [J]. 河南商业高等专科学校学报,2008(6).
[40] 张亚军.《商务谈判》实践教学方法初探 [J]. 中国科教创新导刊,2008(14).
[41] 宾敏. 基于实践的《商务谈判》课程教学改革模式探讨 [J]. 市场周刊:理论研究,2009(1).
[42] 吴洪刚. 模拟商务谈判实践教学的流程设计及意义探析 [J]. 河南教育:高校版,2009(2).
[43] 靖巍. 高校"商务谈判"课程中的实训教学方法 [J]. 中国冶金教育,2008(1).
[44] 刘霖,宋阳. 情景教学法在国际商务谈判课程中的应用 [J]. 消费导刊,2009(1).
[45] 中国商务部对外投资和经济合作司,http://hzs.mofcom.gov.cn/.
[46] 福步外贸论坛,http://bbs.fobshanghai.com/index.php.
[47] THOMAS R. Pellegring. 谈判英语一日通 [M]. 张中倩,译. 北京:科学出版社,2005.
[48] 姜延书,白小伟,谢朝阳,等. 国际贸易谈判实验教程 [M]. 北京:北京交通大学出版社,2010.